高等职业教育"十三五"精品规划教材

（汽车制造类专业群）

汽车使用与维修技术

主　编　刁立福

副主编　李清民　孙　菲

中国水利水电出版社
www.waterpub.com.cn

内 容 提 要

汽车使用与维修技术对于汽车安全、环保、节能、高效、可靠运行具有重要意义，是汽车优良技术状况的重要保障。本书内容包括汽车使用条件与性能指标、汽车运行材料与其使用、汽车在特定条件下的使用、汽车技术状况变化与等级评定、汽车使用寿命、汽车维修制度与维修规范、汽车发动机维修技术、汽车底盘维修技术等 8 个项目，31 个任务。项目前设有项目导读，每个项目有若干个任务，项目后附有项目小结、项目训练。全书注重理论与实际相结合，每个任务设有任务描述、相关知识、任务实施。

本书可作为高等职业学校汽车类专业课程教学用教材，也可供相关人员学习和参考。

本书配有电子教案，读者可以从中国水利水电出版社网站和万水书苑免费下载，网址为：http://www.waterpub.com.cn/softdown/和 http://www.wsbookshow.com。

图书在版编目（CIP）数据

　　汽车使用与维修技术 / 刁立福主编. -- 北京 : 中国水利水电出版社, 2016.4
　　高等职业教育"十三五"精品规划教材. 汽车制造类专业群
　　ISBN 978-7-5170-4207-5

　　Ⅰ. ①汽… Ⅱ. ①刁… Ⅲ. ①汽车－使用方法－高等职业教育－教材②汽车－车辆修理－高等职业教育－教材 Ⅳ. ①U472

中国版本图书馆CIP数据核字(2016)第061232号

策划编辑：祝智敏　　责任编辑：李 炎　　加工编辑：高双春　　封面设计：李　佳

书　名	高等职业教育"十三五"精品规划教材（汽车制造类专业群） **汽车使用与维修技术**
作　者	主　编　刁立福 副主编　李清民　孙　菲
出版发行	中国水利水电出版社 （北京市海淀区玉渊潭南路1号D座　100038） 网址：www.waterpub.com.cn E-mail：mchannel@263.net（万水） 　　　　sales@waterpub.com.cn 电话：（010）68367658（发行部）、82562819（万水）
经　售	北京科水图书销售中心（零售） 电话：（010）88383994、63202643、68545874 全国各地新华书店和相关出版物销售网点
排　版	北京万水电子信息有限公司
印　刷	三河市铭浩彩色印装有限公司
规　格	184mm×240mm　16开本　15.25印张　332千字
版　次	2016年4月第1版　2016年4月第1次印刷
印　数	0001—3000 册
定　价	35.00 元

凡购买我社图书，如有缺页、倒页、脱页的，本社发行部负责调换

版权所有·侵权必究

高等职业教育"十三五"精品规划教材(汽车制造类专业群)

丛书编委会

主　任　于明进
副主任　祝智敏
委　员　(按姓氏笔画)

刁立福　王　磊　王林超　王国林

王宝安　叶　芳　田秋荣　冉广仁

白秀秀　刘家琛　刘照军　孙　菲

李清民　吴芷红　何全民　张玉斌

张玉斌　陈　聪　郑　磊　赵长利

赵培全　郭荣春　曾　鑫　颜　宇

潘　毅

Ⅰ 前言

汽车使用与维修技术对于汽车安全、环保、节能、高效、可靠运行具有重要意义，是汽车优良技术状况的重要保障。

本书系统阐述了汽车的使用技术与维修技术。

本书内容包括汽车使用条件与性能指标、汽车运行材料与其使用、汽车在特定条件下的使用、汽车技术状况变化与等级评定、汽车使用寿命、汽车维修制度与维护规范、汽车发动机维修技术、汽车底盘维修技术等 8 个项目，31 个任务。项目前设有项目导读，每个项目有若干个任务，项目后附有项目小结、项目训练。全书注重理论与实际相结合，每个任务设有任务描述、相关知识、任务实施。

本书由刁立福任主编，李清民、孙菲任副主编。参加编写人员还有周长峰、王林超、衣丰艳、陈雯、陈德阳、李鹏、李厚玉，刁立福对全书内容进行了统稿。编写过程中，参阅了许多作者的文献资料，在此对他们表示衷心的感谢。

本书可作为高等职业学校汽车类专业师生教学用教材，也可供相关人员学习和参考。

由于作者的学识、水平所限，书中的错误和不足之处在所难免，敬请使用本书的读者批评指正，以便再版时修正。

刁立福
2016 年 3 月

目　录

前言

项目一　汽车使用条件与性能指标 …………… 1
　【项目导读】 ………………………………… 1
　任务一　汽车使用条件 ……………………… 1
　　【任务描述】 ……………………………… 1
　　【相关知识】 ……………………………… 1
　　　一、气候条件 …………………………… 1
　　　二、道路条件 …………………………… 2
　　　三、运输条件 …………………………… 2
　　【任务实施】 ……………………………… 6
　任务二　汽车运行工况 ……………………… 6
　　【任务描述】 ……………………………… 6
　　【相关知识】 ……………………………… 6
　　　一、汽车运行工况调查一般步骤 ……… 7
　　　二、汽车运行工况调查分析 …………… 8
　　【任务实施】 ……………………………… 9
　　　一、实验目的 …………………………… 9
　　　二、实验内容 …………………………… 9
　　　三、实验仪器、设备 …………………… 9
　　　四、实验步骤 …………………………… 9
　　　五、实验数据 …………………………… 9
　　　六、实验结果分析 ……………………… 10
　任务三　汽车使用性能指标 ………………… 10
　　【任务描述】 ……………………………… 10
　　【相关知识】 ……………………………… 11
　　　一、容载量 ……………………………… 11
　　　二、使用方便性 ………………………… 12
　　　三、可靠性和耐久性 …………………… 13
　　【任务实施】 ……………………………… 14
　【项目总结】 ………………………………… 14
　【项目训练】 ………………………………… 14

项目二　汽车运行材料与其选用 …………… 16
　【项目导读】 ………………………………… 16
　任务一　汽车燃料与其选用 ………………… 16
　　【任务描述】 ……………………………… 16
　　【相关知识】 ……………………………… 17
　　　一、车用汽油的使用性能与标准 ……… 17
　　　二、车用柴油的使用性能与标准 ……… 22
　　　三、石油代用燃料 ……………………… 29
　　【任务实施】 ……………………………… 31
　　　一、车用汽油的选用 …………………… 31
　　　二、车用柴油的选择和使用 …………… 31
　任务二　汽车润滑剂与其选用 ……………… 32
　　【任务描述】 ……………………………… 32
　　【相关知识】 ……………………………… 32

一、发动机油的使用性能与分类……… 32
　　二、车辆齿轮油的使用性能与分类……… 39
　　三、汽车自动变速器油的使用性能与品种 44
　　四、汽车润滑脂的使用性能与分类……… 46
　【任务实施】……………………………… 51
　　一、发动机油的选用……………………… 51
　　二、车辆齿轮油的选用…………………… 54
　　三、自动变速器油的选用………………… 55
　　四、润滑脂的选用………………………… 60
任务三　汽车特种液与其选用…………… 62
　【任务描述】……………………………… 62
　【相关知识】……………………………… 62
　　一、汽车制动液的使用性能与标准……… 62
　　二、汽车冷却液的组成与标准…………… 65
　【任务实施】……………………………… 67
　　一、制动液的选择和使用………………… 67
　　二、冷却液的选择和使用………………… 69
任务四　汽车轮胎与其选用……………… 71
　【任务描述】……………………………… 71
　【相关知识】……………………………… 71
　　一、汽车轮胎的分类……………………… 71
　　二、汽车轮胎的规格……………………… 73
　　三、汽车轮胎的国家标准………………… 75
　【任务实施】……………………………… 76
　　一、汽车轮胎的选择……………………… 76
　　二、汽车轮胎的合理使用………………… 77
　【项目总结】……………………………… 78
　【项目训练】……………………………… 80

项目三　汽车在特定条件下的使用……… 82
　【项目导读】……………………………… 82
任务一　新车的选配与使用……………… 82
　【任务描述】……………………………… 82
　【相关知识】……………………………… 82
　　一、新车的选配…………………………… 82
　　二、汽车走合期内的使用特点…………… 85

　【任务实施】……………………………… 86
　　一、新车使用前的准备工作……………… 86
　　二、轿车开蜡……………………………… 86
　　三、汽车走合期内应采取的主要措施…… 87
任务二　汽车在低温条件下的使用……… 88
　【任务描述】……………………………… 88
　【相关知识】……………………………… 88
　　一、发动机起动困难……………………… 88
　　二、机件磨损损坏严重…………………… 89
　　三、燃料消耗量增加……………………… 90
　【任务实施】……………………………… 90
　　一、车辆在使用前应预热，尽量使发动机
　　　　在热态条件下起动……………………… 91
　　二、车辆在低温条件下停放时，应采取
　　　　保温措施………………………………… 91
　　三、合理使用燃料与润滑剂……………… 92
　　四、合理使用特种液……………………… 92
　　五、改善混合气形成条件………………… 92
　　六、低温季节前进行换季维护…………… 93
　　七、外力起动……………………………… 93
任务三　汽车在高温条件下的使用……… 93
　【任务描述】……………………………… 93
　【相关知识】……………………………… 94
　　一、发动机功率下降……………………… 94
　　二、燃烧不正常…………………………… 94
　　三、汽油机供油系易产生气阻…………… 94
　　四、润滑油易变质………………………… 94
　　五、零件磨损加剧………………………… 95
　　六、汽车液压制动工作可靠性下降……… 95
　　七、轮胎易爆胎…………………………… 95
　【任务实施】……………………………… 95
　　一、改进散热装置、提高发动机冷却系
　　　　的冷却强度……………………………… 96
　　二、加强冷却系的检查、及时清除水垢，
　　　　保持冷却系良好的冷却效果…………… 96

三、防止供油系产生气阻 …………… 96
　　四、防止轮胎爆胎 …………………… 97
　　五、合理使用润滑剂 ………………… 97
　　六、正确使用特种液 ………………… 97
　　七、高温条件下的维护 ……………… 97
任务四　汽车在高原和山区条件下的使用 …… 98
　【任务描述】…………………………… 98
　【相关知识】…………………………… 98
　　一、发动机动力性下降 ……………… 98
　　二、汽车燃料经济性下降 …………… 99
　　三、对汽车环保性的影响 …………… 100
　　四、怠速转速下降且运转不稳定 …… 100
　　五、行驶安全性下降 ………………… 100
　【任务实施】…………………………… 101
　　一、增大发动机的压缩比 …………… 101
　　二、合理选择配气相位 ……………… 101
　　三、加装增压设备 …………………… 102
　　四、合理调整油、电路 ……………… 102
　　五、采用含氧燃料 …………………… 102
　　六、改善制动性能 …………………… 102
　　七、加强制动系和转向系的检查维护
　　　　工作 ………………………………… 103
　　八、对发动机采取一定的冷却和保温
　　　　措施 ………………………………… 103
　　九、其他 ……………………………… 103
任务五　汽车在坏路和无路条件下的使用 …… 104
　【任务描述】…………………………… 104
　【相关知识】…………………………… 104
　　一、土路 ……………………………… 104
　　二、砂路 ……………………………… 105
　　三、雪路 ……………………………… 105
　　四、冰路 ……………………………… 106
　【任务实施】…………………………… 106
　　一、采用防滑装置 …………………… 106
　　二、采取汽车自救措施 ……………… 107

　　三、合理选用汽车轮胎 ……………… 107
　　四、保持正确的驾驶方法 …………… 108
　【项目总结】…………………………… 108
　【项目训练】…………………………… 109
项目四　汽车技术状况变化与等级评定 …… 111
　【项目导读】…………………………… 111
任务一　汽车技术状况变化的原因与
　　　　影响因素 ……………………… 111
　【任务描述】…………………………… 111
　【相关知识】…………………………… 111
　　一、磨损 ……………………………… 112
　　二、疲劳损坏 ………………………… 112
　　三、塑性变形与损坏 ………………… 112
　　四、腐蚀 ……………………………… 112
　　五、老化 ……………………………… 112
　【任务实施】…………………………… 112
　　一、汽车结构与工艺 ………………… 113
　　二、环境条件 ………………………… 113
　　三、道路状况 ………………………… 114
　　四、交通状况 ………………………… 114
　　五、装载质量 ………………………… 114
　　六、汽车运行材料 …………………… 115
　　七、汽车驾驶员驾驶技术 …………… 115
　　八、汽车维修质量 …………………… 115
任务二　汽车技术状况的变化规律 ………… 116
　【任务描述】…………………………… 116
　【相关知识】…………………………… 116
　　一、汽车技术状况的函数变化规律 … 116
　　二、汽车技术状况的随机变化规律 … 117
　【任务实施】…………………………… 118
任务三　汽车技术等级与评定 ……………… 118
　【任务描述】…………………………… 118
　【相关知识】…………………………… 119
　　营运车辆技术等级划分 ……………… 119
　【任务实施】…………………………… 127

【项目总结】……128
【项目训练】……128

项目五　汽车使用寿命……129
　【项目导读】……129
　任务一　汽车使用寿命分类……129
　　【任务描述】……129
　　【相关知识】……129
　　　一、汽车自然使用寿命……129
　　　二、汽车技术使用寿命……130
　　　三、汽车经济使用寿命……130
　　　四、汽车折旧使用寿命……130
　　【任务实施】……131
　任务二　汽车的损耗与更新……131
　　【任务描述】……131
　　【相关知识】……131
　　　一、汽车有形损耗……131
　　　二、汽车无形损耗……131
　　　三、汽车综合损耗……132
　　【任务实施】……132
　　　一、"无维修设计"方案……132
　　　二、汽车已达到完全有形损耗，而汽车无形损耗期尚未到来……132
　　　三、汽车无形损耗期早于汽车有形损耗期……134
　任务三　汽车经济使用寿命的确定方法……134
　　【任务描述】……134
　　【相关知识】……134
　　　一、低劣化数值计算法……134
　　　二、应用现值及投资回收系数计算法……136
　　　三、面值计算法……137
　　【任务实施】……137
　　　一、低劣化数值法计算实例……137
　　　二、应用现值及投资回收系数计算法实例……137
　　　三、面值计算法实例……138

　任务四　汽车报废标准……138
　　【任务描述】……138
　　【相关知识】……139
　　　一、《机动车强制报废标准规定》……139
　　　二、机动车使用年限及行驶里程参考值汇总表……141
　　【任务实施】……143
　【项目总结】……143
　【项目训练】……143

项目六　汽车维修制度与维修规范……145
　【项目导读】……145
　任务一　汽车维修制度……145
　　【任务描述】……145
　　【相关知识】……145
　　　一、汽车维修制度概况……145
　　　二、现行汽车维修制度……146
　　【任务实施】……146
　任务二　汽车维护规范……147
　　【任务描述】……147
　　【相关知识】……147
　　　一、日常维护……147
　　　二、汽车一级维护……147
　　　三、汽车二级维护……148
　　【任务实施】……149
　　　一、汽车二级维护进厂检验项目及技术要求……149
　　　二、汽车二级维护过程检验技术要求……151
　　　三、汽车二级维护竣工检验项目及技术要求……154
　任务三　汽车修理规范……158
　　【任务描述】……158
　　【相关知识】……158
　　　一、汽车修理分类……158
　　　二、汽车修理质量检测标准……159
　　　三、汽车维修业应配备的仪器设备……159

【任务实施】……………………………… 164
  一、汽车和总成大修送修标志………… 164
  二、汽车和总成的送修规定…………… 164
  三、修竣汽车和总成的出厂规定……… 165
【项目总结】……………………………… 165
【项目训练】……………………………… 166

项目七　汽车发动机维修技术　…… 167
【项目导读】……………………………… 167
任务一　汽车零件的检验……………… 167
【任务描述】……………………………… 167
【相关知识】……………………………… 167
  一、汽车零件形位误差检验…………… 167
  二、磁粉探伤…………………………… 170
  三、渗透探伤…………………………… 171
  四、汽车零部件的平衡检验…………… 172
【任务实施】……………………………… 173
任务二　发动机机械维修……………… 176
【任务描述】……………………………… 176
【相关知识】……………………………… 176
  一、发动机机体组维修………………… 176
  二、活塞连杆机构维修………………… 177
  三、曲轴与轴承检修…………………… 179
  四、配气机构检修……………………… 181
【任务实施】……………………………… 183
  一、发动机装配中应注意的一般问题… 183
  二、装配的程序和要求………………… 184
任务三　电控汽油喷射系统检修……… 187
【任务描述】……………………………… 187
【相关知识】……………………………… 187
  一、电控汽油喷射系统的组成………… 187
  二、各传感器和执行元件结构与工作
    原理………………………………… 189
【任务实施】……………………………… 198
【项目总结】……………………………… 200
【项目训练】……………………………… 200

项目八　汽车底盘维修技术　………… 203
【项目导读】……………………………… 203
任务一　离合器维修…………………… 203
【任务描述】……………………………… 203
【相关知识】……………………………… 204
  一、离合器常见故障分析……………… 204
  二、离合器主要件耗损分析…………… 204
  三、离合器主要零部件检修…………… 204
【任务实施】……………………………… 205
  离合器的装配与调整…………………… 205
任务二　变速器维修…………………… 206
【任务描述】……………………………… 206
【相关知识】……………………………… 206
  一、变速器常见故障分析……………… 206
  二、变速器主要零部件检修…………… 207
【任务实施】……………………………… 207
任务三　传动轴维修…………………… 208
【任务描述】……………………………… 208
【相关知识】……………………………… 208
  一、主要件耗损分析…………………… 209
  二、主要零件的检修…………………… 209
  三、传动轴的平衡……………………… 209
任务四　驱动桥维修…………………… 210
【任务描述】……………………………… 210
【相关知识】……………………………… 210
  一、主要件耗损分析…………………… 210
  二、主要零件检修……………………… 210
【任务实施】……………………………… 211
任务五　制动系统维修………………… 213
【任务描述】……………………………… 213
【相关知识】……………………………… 213
  一、鼓式制动器检修…………………… 213
  二、盘式制动器检修…………………… 215
【任务实施】……………………………… 218
任务六　自动变速器维修……………… 218
【任务描述】……………………………… 218
【相关知识】……………………………… 219

一、自动变速器检修注意事项………… 219
二、项目检查………………………… 219
三、自动变速器性能试验…………… 221
【任务实施】………………………………… 224
一、液力变矩器的检修……………… 224
二、离合器、制动器的检修………… 224

三、行星机构及单向离合器的检修……… 227
四、阀体检修………………………… 227
【项目总结】………………………………… 228
【项目训练】………………………………… 230
参考资料……………………………………… 234

1 汽车使用条件与性能指标

【项目导读】

通过本项目的学习,要求掌握汽车使用条件的含义,掌握汽车运行工况研究的方法与意义,掌握汽车主要的使用性能,掌握汽车主要使用性能的评价指标。

任务一 汽车使用条件

【任务描述】

汽车完成运输工作,都是在一定的外界条件下进行的,外界条件包括环境温度的高低、道路的好坏、运输对象的特征等。由于这些条件的不同,同一汽车会有不同的使用效果。例如,在恶劣的道路条件下,通过变速器低挡来降低汽车速度。另外,汽车车速、汽车燃料经济性、汽车各总成和轮胎的可靠性、耐久性以及驾驶人疲劳程度等,都与汽车使用条件有关。

【相关知识】

汽车使用条件,是指影响汽车完成运输工作的各类外界客观条件,主要包括气候条件、道路条件与运输条件。

一、气候条件

气候,主要用气温、湿度等指标表示。
环境温度(气温)对汽车,特别对发动机的热工况影响很大。
寒冷地区,发动机起动困难,运行油耗增加,机件磨损量增大;风窗玻璃容易结霜、结冰；冰雪道路易发生交通事故。

　　炎热地区，发动机容易过热，燃料消耗增加。汽车电气系统、燃料供给系零部件易过热，导致故障，如蓄电池电解液蒸发过快所引起的故障。环境温度过高，若散热不良，容易在燃料供给系形成气阻，影响发动机正常工作。高温可能造成润滑脂熔化，被热空气从密封不良的缝隙挤出，增加机件磨损，导致故障。高温还会导致制动液粘度下降，在制动系中形成气阻，导致制动故障。高温会加速非金属零件的老化及变形。另外，高温影响驾驶人的工作条件，影响行车安全。

　　气候干燥、风沙大的地区，汽车及其各总成的运动副容易因风沙侵入而加剧磨损。

　　气候潮湿和雨季较长的地区及沿海地区，如果发动机、驾驶室、车厢的防水和排水不良，将引起零件锈蚀以及因潮湿使电气系统工作不可靠。

　　高原地区，空气稀薄，大气压力低，水的沸点下降且昼夜温差大。因此发动机冷却液易沸腾，气压制动系统可能出现气压不足以及驾驶人体力下降等问题。

　　不同气候条件对汽车结构和使用提出了不同的要求，应针对具体的气候条件，合理选用汽车，并制定相应的技术措施，努力克服或减少气候条件造成的各种困难，做到合理使用，取得较佳的使用效果。

二、道路条件

　　道路条件是指由道路状况决定的并影响汽车使用的因素。

　　汽车运输对道路的要求是：在充分发挥汽车动力性的情况下，保证车辆安全行驶；满足该地区对道路所要求的最大通行能力；车辆通过方便，乘客有舒适感；车辆通过道路的运行材料消耗量最低，零件损坏最小。

　　车辆运行速度和道路通行能力是道路条件的主要特征指标，是确定道路等级、车道宽度、车道数、路面强度以及道路纵断面和横断面的依据。

　　根据公路交通量及其使用任务和性质，交通运输部标准《公路工程技术标准》将公路分为五个等级：高速公路、一级公路、二级公路、三级公路和四级公路。另外，高等级公路是指高速公路、汽车一级专用公路与汽车二级专用公路。

　　道路条件对汽车行驶速度、平顺性及装载质量利用程度的主要影响，来自道路等级和道路养护水平。例如，汽车在良好路面上行驶，可获得较高的车速和良好的燃料经济性；汽车在崎岖不平的道路上行驶，平均技术速度低，需要频繁地进行换挡和制动操作，加剧了零件的磨损，增加了油耗和驾驶人工作强度；路面不平也使零部件冲击载荷增加，加剧汽车行驶系损伤和轮胎磨损，影响汽车的运行油耗、维修费用与大修里程。

三、运输条件

　　运输条件，是指由运输对象的特点和要求所决定的影响汽车使用的各种因素，分为货运条件和客运条件。

1. 货运条件

货运条件主要包括货物类别、货物运量、货物距离、货物装卸条件、货物运输类型和货物组织特点。

（1）货物类别

货物，是指从接受承运起到送交收货人止的所有商品或物资。通常，根据汽车运输过程中的货物装卸方法、运输和保管条件以及批量对货物进行分类。货物按装卸方法可分为堆积、计件和灌装三类。按运输保管条件分，货物可分为普通货物（一等货物、二等货物、三等货物）和特殊货物（长大笨重货物、危险货物、贵重货物、鲜活货物）。按一次托运货物的数量，可分为小批和大批货物。小批货物又称为零担货物，如食品、邮件和行李等个别少量运输的货物。大批货物指大批量运输的货物，又称大宗货物。

（2）货运量和货物周转量

在汽车运输中，完成或需要完成的货物运输数量称为货运量，通常以 t 为计量单位。完成或需要完成的货物运输工作量，即货物的数量和运输距离的乘积称为货物周转量，它以复合指标 t·km 为计量单位。货运量和货物周转量统称为货物运输量。

按托运货物的批量，货运量可分为零担和整车两类。在我国，凡是一次托运货物在 3t 以上为整车货物，不足 3t 为零担货物。需要较长时间和较多车辆，才能运完的整车货物为大宗货物，而短时间内或少数车辆即能全部运完的货物为小宗货物。

小批量货物宜采用轻型汽车运输，而大宗货物采用大型汽车运输时技术经济效益高，所以汽车运输行业应配备不同吨位的汽车，合理地组织运输，提高运输经济效益。

（3）货物运距

货物运距是货物由装货点至卸货点间的运输距离，一般用 km 作为计量单位。

货物运距在很大程度上影响运输汽车的利用效率指标，并对汽车的结构和性能提出不同的要求。当运距较短时，要求汽车结构能很好地适应货物装卸的要求，以缩短货物的装卸作业时间，提高汽车短运距的生产率。长途运输汽车，其运输生产率随汽车的速度性能提高和载质量的增大而显著增加。

（4）货物装卸条件

货物装卸条件决定了汽车装卸作业的停歇时间、装卸货物的劳动量和费用，从而影响汽车的运输生产率及运输成本。运距越短，装卸条件对运输效率的影响越明显。

装卸条件受货物类别、运量、装卸点的稳定性、机械化程度以及装卸机械等诸多因素的影响。

一定类别和运量的货物要求相应的装卸机械，也决定了汽车的结构特点。如运输土、砂石、煤炭等堆积货物的汽车，要考虑铲斗装卸货物时，货物对汽车系统及机构的冲击载荷，以及汽车的装载质量和车厢容积与铲斗容积的一致，才能保证获得最高的装运生产率。

带自卸机构的汽车可缩短汽车装卸作业时间，但是，自装卸机构使汽车的成本及载质量比相同吨位的汽车要小。实践表明，只有在短运距运输时，自卸汽车才能发挥其优越性。

（5）货运类型与组织特点

货物运输类型有多种分类方法，如短途货运、长途货运、城市货运、城间货运、营运货运、自用货运、分散货运、集中货运等。

自用货运是指利用本单位的汽车完成货运任务。

分散货运是指在同一运输服务区内，若干汽车货运企业或有车单位各自独立地调度汽车，分散地从事货运工作。显然分散货运的汽车，里程、载质量利用率都低，从而降低了汽车运输生产率，增加了汽车运输成本。

集中运输是指在同一运输服务区内的汽车和完成某项货运任务的有关单位汽车，集中由一个机构统一调度，组织货物运输工作，这种运输类型可提高汽车载质量利用率和时间利用率，从而有利于提高汽车运输生产率，降低运输成本。

货运汽车结构应与选择的路线相适应。

往复式行驶线路是指在货物运送过程中，车辆在两个物流结点之间往返运行的线路形式。根据汽车在行驶时的载运情况，又可分为单程有载往复式、回程部分有载往复式和双程有载往复式行驶线路。

1）单程有载往复式行驶线路：如图 1-1（a）所示，这种车辆行驶线路也就是车辆在运送货物过程中回程不载货。由于回程不载货，车辆的利用情况相对较差，里程利用率不到 50%，即 $\beta \leqslant 50\%$。在这种情况下，只有利用装卸作业点之间的最短路线，才能缓解车辆被利用的情况。

2）回程部分有载往复式行驶线路：如图 1-1（b）所示，车辆在回程部分有载往复式行驶线路上行驶时有回程货物运送，但回程货物不是运到线路的端点，而只是运到线路中间的某个结点，车辆在每一周转中须完成两个运次。这种行驶线路，由于它回程部分有载，车辆的里程利用率有了一定的提高，即 $50\% \leqslant \beta < 100\%$，车辆的利用效果有所改善。

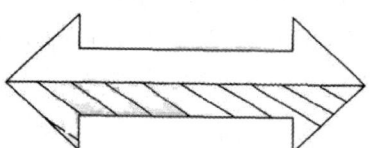 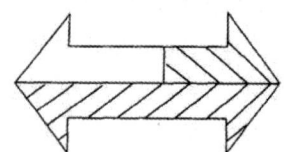

（a）单程有载往复式行驶线路示意图　　（b）回程部分有载往复式行驶线路示意图

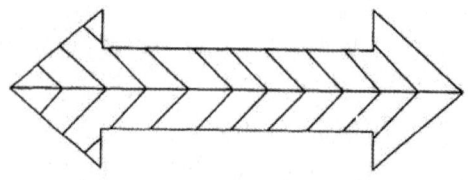

（c）双程有载往复式行驶线路示意图

图 1-1　车辆在两个物流结点之间往返运行的线路形式

3）双程有载往复式行驶线路：如图 1-1（c）所示，车辆在双程有载往复式行驶线路上行驶时，回程（从卸货点到装货点）全部载有货物。车辆在每一周转中同样完成了两个运次，空载行程为0。这种行驶线路，由于它回程全部有载，因此，它的里程利用率得到了最大的提高，即 $\beta=100\%$，车辆的利用效果也得到充分改善。

由上可见，车辆在双程有载往复式行驶线路上运送货物时效果最好，在回程部分有载往复式行驶线路上次之；在单程有载往复式行驶线路上最差。

长运距的往复式运行路线，宜使用速度性能优良、载质量大的汽车列车。为了提高汽车运输的时间利用率，牵引车驾驶室设有卧铺，便于两个驾驶人轮班驾驶，减少因停车休息而延长的运行时间，也可在中途设站更换驾驶人驾驶。

环形式运行路线是指汽车运输过程中，在由若干装卸作业点组成的封闭行驶线路上，作连续单向运行的一种行驶线路，可分为简单式、交叉式、三角形式和复合式四种，如图1-2所示。

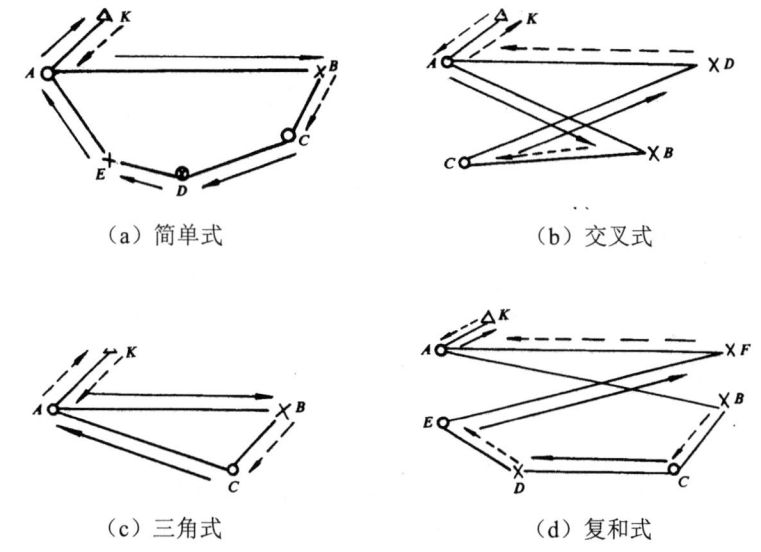

（a）简单式　　（b）交叉式

（c）三角式　　（d）复和式

图1-2　环形式运行路线示意图

汇集式行驶线路指车辆沿分布于运行线路上各物流结点依次完成相应的装卸作业，且每次的货物装卸量均小于该车额定载货量，直到整个车辆装满（卸空）后返回出发点的行驶线路。

汇集式行驶线路有环形的，也有直线形的，一般情况下为封闭路线。这种线路主要有以下三种形式：

分送汇集式运行路线：车辆沿运行线路上各物流结点依次卸货，直到卸完所有待卸货物返回出发点，如图1-3（a）所示。

收集汇集式运行路线：车辆沿运行线路上各物流结点依次装货，直到装完所有待装货物返回出发点，如图所示1-3（b）所示。

分送—收集汇集式运行路线：车辆沿运行线路上各物流结点分别或同时装、卸货物，直到完成对所有待运货物的装卸作业返回出发点，如图示1-3（c）所示。

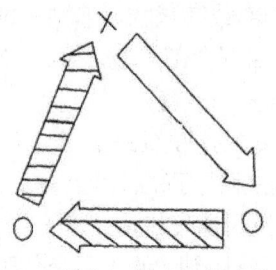 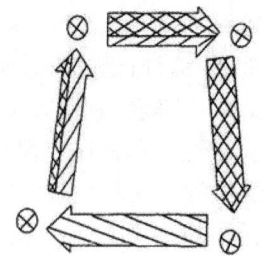

（a）分送汇集式运行路线
示意图

（b）收集汇集式运行路线
示意图

（c）分送—收集汇集式运行路线
示意图

图1-3 汇集式行驶线路

环形式或汇集式运行路线，车辆载质量应与每运次的运量相适应，其结构还应便于途中装卸货物。

2. 客运条件

客运分为市内客运和公路客运，各种客运应配备不同结构型式的客车。

市区公共客车采用车厢式多站位车身，通道很宽，车门数目多，车厢地板较低。有的客车为方便残疾人轮椅上下，车门踏板采用可自动升降结构。市区公共汽车为了适应乘客高峰满载的需要，要求有较高的动力性。为了适应城市道路的特点，还要求汽车操纵方便。

城间客车，要求有较高的行驶速度和乘坐舒适性。通常座位宽大舒适，椅背倾斜可调，车门数少，其他辅助设施较齐全。为了适应旅游的需要，高级旅游客车还配备卫生间、微型酒吧以及汽车两侧下部设有较大空间的行李舱。

【任务实施】

运用本任务所学知识，讨论在实际行车中影响汽车使用效果的具体因素。

任务二 汽车运行工况

【任务描述】

汽车完成运输任务是在一定的道路和交通条件下进行的。为了提高汽车运输生产率、降低汽车运输成本、提高汽车运行品质，就必须研究汽车在所运行的道路和交通条件下的运行工况，即汽车运行工况。

【相关知识】

汽车运行工况是指用多参数描述的汽车运行状况。

汽车运行工况参数包括车速、变速器挡位、发动机转速、节气门开度、制动频度等。在特定的汽车运行工况研究中，还包括发动机输出功率、发动机输出转矩、汽车油耗、冷却液温度、各总成润滑油温度、各挡使用频度、离合器接合频度等。

汽车运行工况是一个随机过程，受到许多因素的影响，汽车运行工况的研究常采用测试统计方法和计算机数字仿真方法。在汽车运行工况研究中，汽车运行工况调查是首先要进行的工作。通过汽车运行工况调查，掌握在特定的使用条件下，反映汽车运行状况的各参数的变化范围和变化规律，为评价汽车的合理使用以及汽车结构、性能是否满足使用要求提供基础资料。

一、汽车运行工况调查一般步骤

1. 汽车运行工况调查的准备工作

（1）选线

选择反映汽车运行状况，具有代表性的典型试验路线，并取得道路资料和交通状况的调查数据。

（2）选参数

车速、发动机转速、汽车油耗、节气门开度、变速器挡位、累积停车次数和累积制动次数等。必要时还要记录交通流情况，如交通量、交通构成等。汽车运行工况调查的内容，应根据研究任务的需要而增减。

（3）选择汽车

汽车运行试验所用的汽车，必须符合国家标准规定。

（4）选择试验仪器设备

传感器、工况记录仪等。在汽车运行试验中，主要使用非电量的电测法，即在测量部位安装将非电量状态参数转换为电信号的传感器，将信号直接或经放大后传送至测量仪表和记录器（如磁带机、示波器、x－y记录仪或计算机硬盘），供统计分析使用。

（5）选择驾驶员和试验人员

要求驾驶员驾驶技术熟练、试验人员能够熟练使用仪器设备。

2. 汽车运行工况实验

汽车运行工况试验是汽车运行工况调查的重要步骤。

汽车运行工况的计算机模拟方法采用数学模型方法，将汽车运行工况看成由汽车动力传动系模型、道路模型、驾驶人模型及交通流干扰模型组成的系统的输出。输入有关道路及设施数据、发动机数据、汽车传动系数据、轮胎数据、气温、风速、驾驶人习惯、换挡过程时间分布、自由行驶－跟驰行驶－超车行驶的概率，在计算机上模拟汽车的运行，并统计出反映汽车运行状态的各个参数。

在测试汽车运行工况时，风速、气温、海拔高度等试验条件应符合试验规范或对测试参数进行修正。

运行试验中所做的记录称为汽车运行工况记录。某城市公交客车运行工况记录中车速曲线，如图1-4所示。

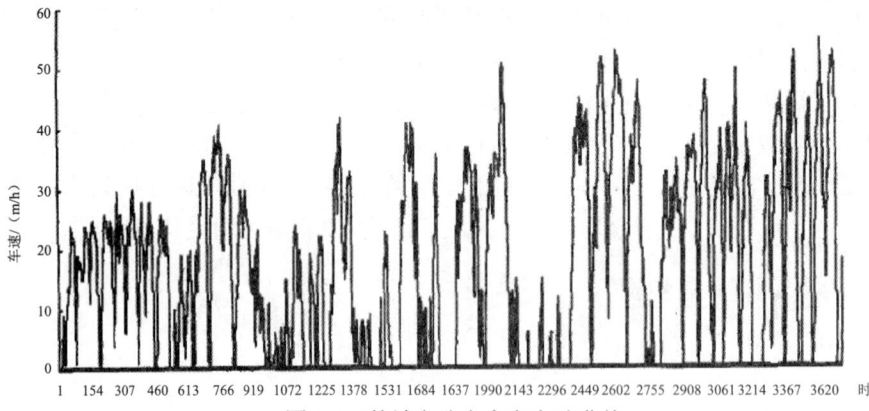

图 1-4 某城市公交客车车速曲线

二、汽车运行工况调查分析

汽车运行试验的试验数据必须经过处理后，才能得出汽车运行工况的统计特征和分布。在汽车运行工况记录中，速度、转速、节气门开度、曲轴转矩等模拟量曲线，需要进行数字化处理，然后才能进行分布及统计特征分析。

速度模拟量数据处理的基本步骤为：模拟量速度曲线的离散化，即根据香农（Shannon）采样定理确定取样间隔；判别并剔除异常数据；求均值；求频率分布，并绘制频率分布图。某城市公交客车运行工况的速度统计分布，如图 1-5 所示。

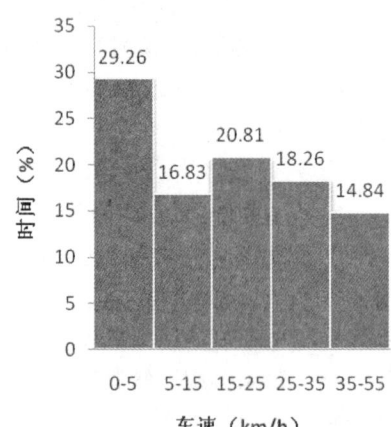

图 1-5 某城市公交客车运行工况的速度统计分布

通过频率分布图可了解汽车运行工况样本的一些分布特征。例如，数据的密集位置、离散程度以及分布的大体情况等。

同样，还可对汽车运行工况记录中的挡位使用情况，发动机转速变化情况及节气门开度变化情况等进行数据处理。

在汽车运行工况调查中，当有特殊要求时，除了要按需增加测量参数之外，在数据处理时，还可进行数学特征计算、区间估计和分布检验，以便对汽车运行工况进行更加深入的分析。

为了获得良好的使用效果，必须在汽车运行工况调查的基础上，结合汽车的结构特点及具体的使用条件，确定汽车的常用工况及其特征。对于所处的常用工况是否合理进行认真分析，评价汽车常用工况的使用合理性及其影响因素，并且寻求改善汽车使用合理程度的措施。

【任务实施】

一、实验目的

（1）掌握"汽车运行工况实验"方法。

（2）通过对被实验汽车在一定使用条件下工况参数的测量和调查，分析汽车常用工况，研究充分发挥汽车运输能力的措施，为合理选用汽车提供依据。

二、实验内容

记录汽车实验距离/时间、各排挡的使用次数、离合器的使用次数、制动器的使用次数、汽车车速/发动机转速。

三、实验仪器、设备

测试汽车、测试仪器设备

四、实验步骤

1. 准备

（1）选定实验路线。

（2）调整实验车辆，使其技术状况良好。

（3）安装实验用仪器设备。

2. 实验

（1）进入实验路段，实验开始；记录汽车各排挡的使用次数、汽车离合器的使用次数、汽车制动器的使用次数、实验时间、实验距离、汽车车速/发动机转速。

（2）返程重复上述操作。

五、实验数据

将实验数据填入表1-1。

实验日期：_____ 实验地点：_____
车型：_____发动机型号：_____行驶里程：_____km

表 1-1 实验原始数据表

实验路线	往						返					
实验距离												
实验时间												
汽车车速（km/h）												
发动机转速（r/min）												
离合次数												
排挡次数	空	I	II	III	IV	V	空	I	II	III	IV	V
制动次数												

六、实验结果分析

1. 绘图
（1）汽车发动机转速随时间变化曲线。
（2）汽车车速随时间变化曲线。
（3）操纵装置单位里程使用次数直方图。
2. 计算汽车平均技术速度
3. 结合实验道路、交通状况以及对驾驶员的调查等，谈谈如何高效运用汽车

任务三　汽车使用性能指标

【任务描述】

汽车使用条件复杂，运输任务各异，要求选用的汽车满足使用要求。为了评价汽车结构的完善程度，即在给定的使用条件下评价汽车有效利用的可能性，必须编制汽车使用性能指标体系。

【相关知识】

汽车使用性能是指汽车在一定的使用条件下，以最高效率工作的能力。它是对汽车结构特性的表征或描述。汽车使用性能指标体系，见表1-2。

表1-2 汽车使用性能指标体系

使用性能		量标和评价参数	使用性能	指标和评价参数
容载量		额定装载质量（t） 单位装载质量（t/m³） 货厢单位有效容积（m³/t） 货厢单位面积（m²/t） 座位数和可站立人数	速度性能 （动力性）	平均技术速度（km/h）
使用方便性	操纵方便性	每百公里平均操纵作业次数 操作力（N） 驾驶人座椅可调程度 照明、灯光、视野、信号完好	越野性、机动性（通过性）	汽车最小离地间隙 接近角 离去角 纵向通过半径 前后轴荷分配 轮胎花纹及尺寸 轮胎对地面单位压力 前后轮辙重合度 低速挡的动力性 驱动轴数 最小转弯直径
	出车迅速性	汽车起动暖车时间		
	乘客上下车和货物装卸方便性	车门和踏板尺寸及位置 货厢地板高度 货厢栏板可倾翻数 有无随车装卸机具		
	维修性	维护和修理工时 每千公里维修费用 对维修设备的要求	安全性	稳定性	纵向倾翻条件 横向倾翻条件
				制动性	制动效能 制动效能恒定性 制动时方向稳定性
可靠性和耐久性		大修间隔里程（km） 主要总成的更换里程（km） 可靠度、故障率（1/1000km） 故障停车时间（h）	乘座舒适性	平顺性	振动频率 振动加速度及变化率 振幅
环保性（汽车公害）		噪声级 CO、HC、NO_x 排放量 电波干扰		设备完备性	车身类型 空气调节指标 车内噪声指标（dB） 座椅结构
燃料经济性		最低燃料消耗量（L/100km） 平均最低燃料消耗量（L/100km）			

下面对汽车性能中的容载量、使用方便性、可靠性和耐久性逐一进行介绍。

一、容载量

汽车容载量，就是汽车能够装载货物的数量或乘坐旅客的人数。

容载量常用比装载质量和装载质量利用系数评价。

$$比装载质量 = \frac{汽车装载质量}{汽车车厢容积}, \quad t/m^3 \tag{1-1}$$

$$装载质量利用系数（容载量利用率）= \frac{实际装载质量}{额定装载质量} \tag{1-2}$$

比装载质量、装载质量利用系数反映了汽车结构对各种货物需要的适应能力，决定了某车型装载何种货物能够装满车厢或充分地利用汽车的全部装载能力。

普通货车装载密度小的货物时，不能充分利用汽车的装载质量。但为了避免汽车超载，不宜增加栏板高度。汽车栏板的标准设计高度一般不大于600mm。

汽车装载质量越大，就越不适合装载密度小的货物。为了充分利用货车的装载质量，装运密度小的货物时，在保证货物完整的条件下，可采用适当措施增加装货高度，否则汽车只能缺载。

二、使用方便性

使用方便性是汽车的一项综合使用性能，它是指汽车在结构上为使用者提供各种条件的方便程度。

1. 操纵轻便性

操纵轻便性决定了驾驶人的工作条件，对减轻驾驶人的疲劳，保证行车安全具有重要作用。它的主要评价指标为操纵力、操作次数、驾驶人座位参数与可调参数、驾驶人的视野参数等。

驾驶人控制操纵装置的力，一般用测力计测定。为减轻驾驶人的操纵力，设置转向助力器、制动助力器等助力装置。

驾驶人的操作次数通常用换挡、踏离合器和制动的次数表征。驾驶操作次数是通过在该类车常见路况下，在典型道路上的使用试验确定，并将试验路段上各类操作次数换算为100km行程的操作次数。一般选用多辆同型号汽车进行试验，以排除驾驶人技术水平和操作习惯差异的影响。

驾驶人座椅的结构和操纵杆件的配置是否舒适方便，也影响汽车使用方便性。适当增加驾驶座椅的高度，减小座垫与靠背的倾角，可显著改善驾驶人劳动条件。为了保证不同身高的驾驶人都能有合适的驾驶操作姿势，驾驶座椅设计成可沿着水平和垂直方向调节，并且座椅和靠背的倾角也可调节，即驾驶座椅应具有多维调节的功能；同时，转向盘的位置还应按着驾驶人的需要调节。

为了提高汽车的操纵轻便性，各种操纵机构应有良好的接近性。显示仪表应具有必需的显示亮度，以利于驾驶人观察。控制参数进入临界值时，发出声、光信号，以便驾驶人能及时掌握汽车状况。

驾驶人的视野性能主要取决于座椅的布置、高度以及座垫和靠背的倾角，车窗尺寸、形状、布置和支柱的结构等。

为了改善驾驶人的工作环境，提高劳动效率，在驾驶室内应设空调及采暖通风装置。

2. 出车迅速性

出车迅速性取决于汽车的起动性能与预热时间。

3. 乘客上下车方便性、货物装卸方便性

（1）乘客上下车方便性

乘客上下车方便性作为使用方便性之一，影响客车，特别是城市公共汽车站点的停车时间，从而影响客车的线路运行时间。

乘客上下车的方便性，主要取决于车门的布置（轿车）和踏板的结构参数（客车）。

对于轿车，主要取决于车门支柱的布置。特别是两门轿车，保证后座出入方便的影响尤其明显。车门支柱倾斜适当，可改善乘客出入的方便性。

对于客车，主要取决于踏板高度、深度、级数及车门的宽度。踏板高度和深度应与日常生活中所习惯的楼梯台阶一致。为了方便残疾人轮椅和童车的上下，有的公共汽车踏板设计成高度可调式或自动升降式。

（2）货物装卸方便性

货物装卸方便性，是指汽车对装卸货物的适应性。它用汽车装卸所耗费的时间和劳动力评价。

货物装卸方便性的结构参数主要包括：货箱底板的高度；从一面、两面、三面或上面装卸货物的可能性；箱式车车门的结构、布置和尺寸；有无随车装卸装置及其效率。

在载货汽车的技术规格中，一般不给出货箱底板的高度。但此参数在汽车使用中很重要，尤其在人工装卸时，货箱底板的高度越大，装卸货时间和劳动力消耗就越大。目前，对汽车货箱底板高度尚无统一的标准和要求。在机械化装卸的场合，货箱底板高度对装卸效率无明显影响。通用栏板汽车可在三面进行装卸货，它较单门箱式汽车，栏板货箱易于适应装卸货点的需要，可减少在装卸点的调头时间。

4. 维修方便性

维修方便性是指汽车适应维修要求程度，如：维修部位是否容易接近、是否便于拆装调整、所需工具是否通用、配件是否齐全等。

维修方便性评价指标：维修工时、维修停场车日、1000km 维修费用。

5. 最大续驶里程

最大续驶里程，是指汽车燃油箱加满燃油后，所能连续行驶的最大里程。

合适的汽车最大续驶里程，可减少中途停车，提高汽车运输效率。电动汽车（EV）、压缩天然气（CNG）汽车和液化石油气（LPG）汽车的最大续驶里程短，一般用于市区客运、厂区运输或出租车。

三、可靠性和耐久性

可靠性和耐久性都表示汽车能够长期正常工作的能力，但他们是用不同的指标、从不同的角度进行评价。

1. 可靠性

可靠性是指汽车在规定的使用条件下和规定的行程内完成规定功能的能力,常用可靠度或故障率评价。

$$可靠度 R(t) = \frac{残存数}{试样数} \quad (1-3)$$

累积故障率或不可靠度 $\quad F(t) = 1 - R(t) \quad (1-4)$

2. 耐久性

耐久性是指汽车在规定的使用和维修条件下,达到某种技术或经济指标极限时完成规定功能的能力。或者说汽车进入极限技术状态之前,经预防维修(不更换主要总成和大修)维持工作能力的性能。

耐久性常用大修间隔里程评价。

【任务实施】

利用网络和相关资料,查找不同的车型,找出动力性、经济性、环保性、制动性、操稳性、通过性、平顺性、容量等相关数据,并分析其使用性能指标要求有什么不同。

【项目总结】

1. 汽车使用条件,是指影响汽车完成运输工作的各类外界条件。主要包括:气候条件、道路条件、运输条件。

2. 汽车运行工况是指多参数描述的汽车运行状况。汽车运行工况参数包括汽车速度、变速器挡位、发动机转速、节气门开度、制动频度等。在特定的汽车运行工况研究中,还包括发动机输出功率、发动机输出转矩、汽车油耗、冷却液温度、各总成润滑油温度、各挡使用频度、离合器接合频度等。

3. 汽车运行工况研究中,汽车运行工况调查是首先要进行的工作。通过汽车运行工况调查,掌握在特定的使用条件下,表征汽车运行状况的各参数变化范围和变化规律,为评价汽车的合理使用以及汽车结构、性能能否满足使用要求提供基础资料。

4. 汽车使用性能是指汽车在一定的使用条件下,以最高效率工作的能力。它是对汽车结构特性的表征或描述。主要包括容载量、使用方便性、可靠性、耐久性、环保性、动力性、燃料经济性、安全性、通过性、平顺性等。

【项目训练】

一、概念题

汽车使用条件、汽车使用性能、汽车容载量、汽车装载质量利用系数、汽车最大续驶里

程、汽车常用工况、汽车运行工况

二、判断题

1．市区运行车速分布一般具有正态分布的特征，公路运行车速分布多为具有偏态特征的近似威布尔分布。

2．交通流密度是常用车速的分布范围和均值的重要影响因素。公路行驶车辆的平均车速受车辆本身结构和动力性能的影响不大。市区车辆主要受交通安全限制，并与汽车动力性和平顺性有密切关系。

3．常用车速偏低，反映出车辆动力利用率不高，将造成车辆使用效率下降。常用车速也是油耗量最多的行驶工况，汽车节约燃料的重点应放在努力改善常用车速下的燃料经济性。

4．按时间统计，公路行驶车辆的高挡利用率低，低挡利用率很低。市区运行，高挡利用时间略有增加。

5．公共汽车因常常起步停车，要重视改善公共车辆发动机过渡工况的燃料经济性，并注意改善驾驶操作条件和提高驾驶技术。

6．汽车运行中，发动机转速处于不稳定工况，油耗较稳定工况少。

7．现代载货汽车制造技术进步的重要标志之一是汽车整备质量利用系数的降低。

8．汽车额定装载质量越大，就越不适合装载密度大的货物。

9．汽车额定装载质量越大，装载密度越小的货物，则装载质量利用系数越小。

三、简答题

1．汽车使用条件主要包括哪些方面并进行分析。
2．道路分哪些等级？
3．货运条件包括哪些内容？
4．汽车运行工况参数有哪些？
5．简述汽车运行工况调查的准备工作与方法。
6．简述汽车运行工况研究的意义。

2 汽车运行材料与其选用

【项目导读】

汽车使用过程中所消耗的燃料（汽油、柴油、代用燃料）、润滑剂（发动机油、齿轮油、自动变速器油、润滑脂）、特种液（制动液、冷却液、空调制冷剂与冷冻机油）和轮胎等统称为汽车运行材料。

汽车运行材料与汽车使用性能密切相关，汽车运行材料关系到汽车的动力性、燃料经济性、制动安全性、操纵稳定性、舒适性、通过性、环保性、可靠性与耐久性。历史发展表明，汽车技术总是与汽车运行材料同步发展以及升级换代。若汽车运行材料选用不当，不仅会影响汽车使用性能的发挥，往往还会导致汽车早期损坏、资源浪费、环境污染，甚至酿成事故。通常把燃料比作粮食、把润滑剂比作血液、把特种液比作体液、把轮胎比作鞋子，可见汽车运行材料作用之大。汽车运行材料已成为汽车技术的重要组成部分，也是汽车技术管理的主要内容。我国汽车运行材料正按照国际有关标准，迅速与国际接轨，步入标准化、系列化、高档化的发展轨道。

通过本项目的学习，初步了解汽车燃料、润滑剂、特种液、轮胎的关键性能与表示方法；能说出汽油、柴油牌号划分的依据；能说出汽车发动机油、齿轮油、润滑脂、自动变速器油分类的方法；能说出制动液、冷却液分类的依据；能说出轮胎分类的方法；能合理选用汽车燃料、润滑剂、特种液、轮胎。

任务一 汽车燃料与其选用

【任务描述】

汽车燃料是指通过化学反应（燃烧）能够将自身储存的化学能转变为热能的物质。汽车燃料是汽车发动机的"粮食",是产生汽车动力的来源,汽车燃料的种类及其理化性质直接影响汽车发动机的性能。汽车发动机所用燃料主要有汽油、柴油和代用燃料。

【相关知识】

一、车用汽油的使用性能与标准

车用汽油是现代汽车所用点燃式发动机的主要燃料。

1. 车用汽油的使用性能

（1）蒸发性

蒸发性是指汽油由液态转化为气态的性质。

汽油进入发动机气缸之前,必须先经过汽化并与空气混合。现代汽车发动机转速很高,汽油在发动机内蒸发和形成混合气的时间十分短促,要在如此短的时间内形成均质可燃混合气,除汽油发动机技术状况、环境气温和压力等条件以及驾驶操作技术水平外,主要由汽油本身的蒸发性决定。

蒸发性很弱的汽油,不能形成良好的混合气,这样不仅会造成汽油发动机起动困难、加速缓慢,而且未汽化的悬浮油滴还会使发动机工作不稳定,燃油经济性变差。若未燃尽的油滴附着在气缸壁上,还会破坏润滑油膜,甚至窜入曲轴箱稀释润滑油,从而使发动机润滑不良,造成机械磨损增大。

汽油的蒸发性越强,就越容易汽化,与空气混合就越均匀。由于汽化良好,混合均匀的可燃混合气的燃烧速度快、燃烧完全,因而不仅能使发动机容易起动、加速及时,而且能减少机械磨损,降低汽油消耗。因此,汽油发动机要求汽油必须具有良好的蒸发性,但蒸发性也不能过强。蒸发性过强的汽油在炎热的夏季以及在大气压力较低的高原和高山地区使用时,汽油发动机的燃油供给系统容易产生气阻,严重时导致供油中断。另外,在储存、运输过程中,还会增加蒸发损失。

蒸发性的评价指标是馏程和饱和蒸气压。

1）馏程。

油品在规定条件下,蒸馏所得到的以初馏点和终馏点表示其蒸发特征的温度范围叫馏程。试验时将试样加入蒸馏烧瓶中,按要求调节加热速度,从冷凝管下端滴下第一滴冷凝液所观察到的温度叫做初馏点；量筒回收到 10mL、50mL、90mL 冷凝液时,所同时观察到的温度分别称为10%、50%、90%蒸发温度；当全部液体从蒸馏烧瓶底部蒸发后的温度称为终馏点或干点。

汽油的各蒸发温度对发动机性能的影响如下：

初馏点表示汽油中是否含有在低温起动时所需的轻质馏分,是汽油的最低蒸发温度,影响发动机低温起动性,一般车用汽油初馏点约在 35℃～45℃。

10%蒸发温度表示汽油中轻质馏分的含量,它对汽油机起动的难易程度和供油系是否产生气阻倾向有很大影响。10%蒸发温度越低,发动机越易起动,并且起动时间越短,燃料消耗量越少；但是 10%蒸发温度并不是越低越好。过低时，表示轻质馏分太多，在炎热的夏季或气压低的地区，供油系易产生气阻。在一般情况下，汽油的 10%蒸发温度不宜低于 60℃～65℃。

50%蒸发温度表示汽油的平均蒸发性。该温度低可改善发动机的加速性，工作稳定性和起动后的暖车升温性能。

汽油蒸发性与汽油发动机的加速性有密切关系。因为发动机加速时要快开节气门，使进入气缸的混合气浓度迅速增加，增大发动机功率，提高转速。但实际情况却往往相反，当节气门突然开大时，由于空气的惯性比燃油的惯性小，增加快，而燃油的增加则较慢。又因为有一部分燃料不能蒸发而形成油膜，只能沿进气管壁缓慢流到各气缸，使混合气变稀。另外，节气门打开后，进气管内真空度减小，不利于燃料蒸发。50%蒸发温度低，节气门突然开大时，供油量急剧增加，而且大部分汽油能汽化，能供给气缸较浓的混合气，以满足加速时的需要，使加速及时，工作平稳。

汽油蒸发性与汽油发动机的暖机性的关系：汽油发动机冷起动后，必须怠速运转一段时间，待汽油发动机的温度上升到 50℃左右，才能带负荷运转。汽油 50%蒸发温度低，在常温下也能有较多的汽油蒸发，这样会使混合气中的汽油蒸气较多，燃烧放出的热量较多，因而发动机预热到正常工作所需的时间就短，能缩短汽油发动机暖机时间，从而减少汽油消耗。

90%蒸发温度和终馏点都是表示汽油中重质馏分的含量，该温度高，汽油蒸发性差，即在发动机燃烧室中处于未蒸发状态的汽油数量多。这些未蒸发的汽油，一方面由于燃烧不完全，会造成油耗大，增加污染；另一方面将冲刷气缸壁上的油膜，稀释润滑油，增加机械磨损。一般来说，90%蒸发温度和终馏点低些好。

残留量是在标准蒸馏条件下，测得的残留物质占试油的体积百分比，表示汽油中最不易蒸发的重质馏分和储存过程中生成的氧化胶状物的含量。这些物质的含量过高会使汽油燃烧时燃烧室积碳增加，进气门、喷油器喷嘴处结胶严重，从而影响发动机的正常工作，故使用中应严格控制。

2）饱和蒸气压。

在规定条件下，油品在适当的试验仪器中气液两相达到平衡时，液面蒸气所显示的最大压力，称饱和蒸气压，用 kPa 表示。饱和蒸气压用来判断汽油发生气阻倾向的大小。

汽油馏程中规定 10%蒸发温度不高于某一数值，以保证汽油的起动性。但 10%蒸发温度过低时，易产生气阻。汽油形成气阻的倾向，用蒸气压表示更为直接，因而汽油同时规定了蒸气压这一质量要求。

饱和蒸气压与汽油所含轻质馏分的多少、温度的高低和气液两相体积之比有关。汽油内含轻质馏分越多，汽油温度越高，气液相体积比越大，饱和蒸气压越高。

汽油饱和蒸气压过高时，夏季工作的汽油机，特别在高原地带，常发生气阻，汽油在储存和使用中的蒸发损失增大。在国家标准中规定汽油蒸气压，春夏季不得大于 74kPa，秋冬季不得大于 88kPa。因为汽油饱和蒸气压的大小与使用时的大气温度和大气压有关，大气温度越高、大气压越低，则汽油的蒸气压越高，在发动机中也就越容易产生气阻。

（2）抗爆性

抗爆性是指汽油在发动机气缸内燃烧时抵抗爆燃的能力，是车用汽油的一项重要质量指标，用辛烷值评定。

辛烷值是表征点燃式发动机燃料抗爆性的一个约定数值。在规定条件下的标准发动机试验中，通过和标准燃料进行比较来测定，采用和被测燃料具有相同抗爆性的标准燃料中异辛烷的体积百分数表示。测定的方法有研究法（Research Octane Number，RON）和马达法（Motor Octane Number，MON）两种。

由于汽车在道路上行驶时对辛烷值的要求不能单独用研究法辛烷值或马达法辛烷值来描述，目前常采用抗爆指数 AI（Anti-Lock Index）这一指标来表示汽油的抗爆性能。

$$AI = \frac{RON + MON}{2} \tag{2-1}$$

（3）安定性

汽油在正常的储存和使用条件下保持其性质不发生永久性变化的能力，称为汽油的安定性。安定性好的汽油长期储存不会变质；安定性差的汽油在储存和使用过程中会出现颜色变深、生成粘稠胶状沉淀物的现象。使用这类安定性差的汽油会在油箱、输油管和滤清器中形成胶状物，堵塞油路、甚至中断供油。胶状物还能使气门粘滞，关闭不严，降低发动机的功率。胶状物在高温时会分解生成积碳沉积在气缸盖、气缸壁及活塞顶上，导致气缸散热不良，发生过热，引起爆振和加大磨损。此外，安定性不好的汽油在储存中，随着胶质的增长，会使辛烷值下降，酸值增加。因此，汽油必须有良好的安定性。

评定安定性的指标主要有溶剂洗胶质含量和诱导期。

溶剂洗胶质含量是指在规定的条件下测得的车用汽油蒸发残留物的正庚烷不溶部分，以 mg/100mL 表示。测定时，按 GB/T8019《车用汽油和航空汽油实际胶质测定法（喷射蒸发法）》规定，使已知量的汽油在控制温度和空气流的条件下蒸发，再在残留物中加入一定量正庚烷，按规定除去正庚烷溶液后剩余部分便为溶剂洗胶质含量，用 100mL 试样中所含 mg 数（即 mg/100mL）表示。它可用来判断汽油在汽油机中生成胶质的倾向，可以通过这一指标来鉴别汽油能否使用和是否能够继续储存。

诱导期是指在规定的加速氧化条件下，油品处于稳定状态所经历的时间，可评定汽油在储存期间产生氧化和形成胶质的倾向。诱导期越长，汽油越不易被氧化。测定时，按 GB/T256《汽油诱导期测定法》规定，把试样置于密闭容器中，在压力为 686kPa、温度为 100℃的条件下，保持压力不下降所经历的时间，以 min 计。

（4）无腐蚀性

汽油在运输、储存和使用过程中，不可避免地要与各种金属接触。如果汽油具有腐蚀作用，就会腐蚀运输设备、贮油容器和发动机的零部件。

组成汽油的各种烃类，都是没有腐蚀性的化合物。如果汽油具有腐蚀性，那完全是烃类以外的一些物质所引起的，如硫及硫的化合物、水溶性酸及碱、有机酸和水等。

控制无腐蚀性的指标主要有硫含量、水溶性酸碱、酸度、铜片腐蚀试验、博士试验等项。

（5）清洁性

清洁性是指汽油中是否含有机械杂质和水分。所谓机械杂质就是存在于油品中所有不溶于规定溶剂的杂质。由于机械杂质和水分的危害很大，所以不允许存在。

（6）无害性

无害性是指汽油中不应含有对车辆排放污染控制装置和环境有害的物质。它是对车用汽油质量提出的一个更高要求。我国国家环境保护总局发布的《车用汽油有害物质控制标准》，规定了苯、烯烃、芳烃、锰、铁、铜、铅、磷、硫含量的控制限值。

2. 车用汽油的标准

汽油标准随着汽油发动机的结构特点、使用条件和石油的炼制水平不断修订。

我国汽油的发展经历了高辛烷值化、无铅化，已向清洁化方向发展。GB17930－2013 中《车用汽油》，车用汽油（Ⅲ）和车用汽油（Ⅳ）按研究法辛烷值分为 90 号、93 号和 97 号 3 个牌号，车用汽油（Ⅴ）按研究法辛烷值分为 89 号、92 号、95 号和 98 号 4 个牌号。牌号的含义为研究法辛烷值（RON）。例如：90 号汽油表示该汽油 RON 值不小于 90。车用汽油（Ⅳ）和车用汽油（Ⅴ）的技术要求与试验方法，分别见表 2-1、2-2。

表 2-1　车用汽油（Ⅳ）的技术要求和试验方法

项目		质量指标			试验方法
		90	93	97	
抗爆性： 研究法辛烷值（RON） 抗爆指数（RON+MON）/2	≮ ≮	90 85	93 88	97 报告	GB/T5487 GB/T503、GB/T5487
铅含量/（g/L）	≯	0.005			GB/T8020
馏程： 10%蒸发温度/℃ 50%蒸发温度/℃ 90%蒸发温度/℃ 终馏点/℃ 残留量（体积分数）/%	≯ ≯ ≯ ≯ ≯	70 120 190 205 2			GB/T6536
蒸气压/kPa 11月1日至4月30日 5月1日至10月30日	≯ ≯	42～85 40～68			GB/T8017
胶质含量/（mg/100mL） 未洗胶质含量（加入清净剂前）≯ 溶剂洗胶质含量（加入清净剂前）≯		30 5			GB/T8019
诱导期/min	≮	480			GB/T8018
硫含量/（mg/kg）	≯	50			SH/T0689

续表

项目		质量指标			试验方法
		90	93	97	
硫醇（满足下列指标之一，即判断为合格）： 博士试验 硫醇硫含量（质量分数）/%	≥	通过 0.001			SH/T0174 GB/T1792
铜片腐蚀（50℃，3h）/级	≥	1			GB/T5096
水溶性酸或碱		无			GB/T259
机械杂质及水分		无			目测 d
苯含量（体积分数）/%	≥	1.0			SH/T0713
芳烃含量（体积分数）/%	≥	40			GB/T11132
烯烃含量（体积分数）/%	≥	28			GB/T11132
氧含量（质量分数）/%	≥	2.7			SH/T0663
甲醇含量（质量分数）/%	≥	0.3			SH/T0663
锰含量/（g/L）	≥	0.008			SH/T0711
铁含量/（g/L）	≥	0.01			SH/T0712

表2-2 车用汽油（V）的技术要求和试验方法

项目		质量指标				试验方法
		89	92	95	98	
抗爆性： 研究法辛烷值（RON） 抗爆指数（RON+MON）/2	≤ ≤	89 84	92 87	95 90	98 93	GB/T5487 GB/T503、GB/T5487
铅含量/（g/L）	≥	0.005				GB/T8020
馏程： 10%蒸发温度/℃ 50%蒸发温度/℃ 90%蒸发温度/℃ 终馏点/℃ 残留量（体积分数）/%	≥ ≥ ≥ ≥ ≥	70 120 190 205 2				GB/T6536
蒸气压/kPa 11月1日至4月30日 5月1日至10月30日	≥ ≥	45～85 40～65				GB/T8017
胶质含量/（mg/100mL） 未洗胶质含量（加入清净剂前） 溶剂洗胶质含量（加入清净剂前）	≥ ≥	30 5				GB/T8019

续表

项目		质量指标				试验方法
		89	92	95	98	
诱导期/min	≤	480				GB/T8018
硫含量/（mg/kg）	≥	10				SH/T0689
硫醇（满足下列指标之一，即判断为合格）： 博士试验 硫醇硫含量（质量分数）/%	≥	通过 0.001				SH/T0174 GB/T1792
铜片腐蚀（50℃，3h）/级	≥	1				GB/T5096
水溶性酸或碱		无				GB/T259
机械杂质及水分		无				目测[e]
苯含量（体积分数）/%	≥	1.0				SH/T0713
芳烃含量（体积分数）/%	≥	40				GB/T11132
烯烃含量（体积分数）/%	≥	24				GB/T11132
氧含量（质量分数）/%	≥	2.7				SH/T0663
甲醇含量（质量分数）/%	≥	0.3				SH/T0663
锰含量/（g/L）	≥	0.002				SH/T0711
铁含量/（g/L）	≥	0.01				SH/T0712
密度（20℃）/（kg/m³）		720～775				GB/T1884、GB/T1885

二、车用柴油的使用性能与标准

车用柴油是压燃式发动机（即柴油发动机）的主要燃料。由于柴油机与汽油机的工作过程有本质的区别，因此对燃料的要求也与汽油有所不同。柴油发动机对车用柴油的要求是：良好的燃烧性、良好的低温流动性、适当的蒸发性、良好的安定性、合适的粘度、良好的抗腐蚀性。

1. 车用柴油的使用性能

（1）低温流动性

低温流动性是指柴油在低温条件下的流动性能。温度对柴油的影响远大于对汽油的影响，柴油在低温条件下流动的特性对柴油车的运行性能有很大影响。流动性不好，发动机燃料供给系在低温下不能正常供油，发动机就不能正常工作。而且流动性的好坏与柴油在低温下的储存、运输、倒装等作业能否正常进行都有着密切的关系。

柴油的低温流动性评定指标有凝点、浊点、冷滤点三种。在日本用凝点来评定，在美国用浊点来评定，在欧洲国家中多采用冷滤点来评定，我国用凝点和冷滤点来评定。

1）凝点。

凝点是指试样在规定条件下冷却至液面停止移动时的最高温度，以℃表示。

柴油和其他石油产品一样，是由多种烃类组成的复杂混合物，每一种烃都有它自己的凝点。因此，柴油不像均匀的单体物质那样具有一定凝点。当温度降低时，油品并不立即凝固，而要经过一个稠化阶段，在相当宽的温度范围内逐渐凝固。所以，油品凝点只是油品丧失流动性时近似的最高温度，是一个受试验条件影响的相对数值。为此，不得不在严格的试验条件下测定油品的凝点。我国的石油产品凝点测定方法应按 GB/T510 执行。凝点的测定方法概要是：将试样装在规定的试管中，并冷却到预期的温度时，将试管倾斜45°，经过1min，观察试样液面是否能移动，从而找出其液面停止移动的最高温度，即为所测油品的凝点。

油品的凝点与油品的化学组成有关。由石蜡基石油制成的油品要比环烷－芳香烃基石油制成的油品的凝点高。正构烷烃的凝点随链长度的增加而升高；异构烷烃的凝点比正构烷烃的凝点低；不饱和烃的凝点比饱和烃的凝点低。石油产品随着温度的降低会逐渐失去流动性是由于溶解在油品中的石蜡发生结晶所引起的。油品冷却到某一临界温度时，石蜡开始形成小结晶体，再进一步冷却时，液体中析出石蜡的现象加剧，并使各单位微粒的结晶体聚合起来，形成所谓的石蜡结晶网络。在凝固过程中，这种网络延伸到全部液体，使液体流动阻力逐渐增加，最后完全控制住液体，以致使全部油品失去流动性。

为了保证柴油机正常工作，柴油的凝点应较柴油机使用的周围地区风险率为 10%的最低气温低 4℃～6℃。国产车用柴油按凝点分为七种牌号，即 10 号、5 号、0 号、-10 号、-20 号、-35 号、-50 号。

2）浊点。

柴油浊点是从柴油中开始析出石蜡晶体，到柴油失去透明时的最高温度，以℃表示。

柴油浊点的高低同样与柴油的烃类组成有关，浊点对柴油的使用性能来说，其实用意义更大，也就是说，柴油机使用周围地区的气温与柴油的浊点相同时，这时柴油机燃料供给系统向柴油机燃烧室中供给的柴油的量将受到影响，也影响了柴油机的工作性能。

3）冷滤点。

冷滤点是在规定条件下，1min 内通过过滤器的柴油不足 20mL 时的最高温度，以℃（按1℃的整数）表示。

冷滤点越低，流动性能越好。一般柴油冷滤点比其凝点高 4℃～6℃，比其浊点略低。通过大量试验，证明冷滤点与柴油实际使用温度有着良好的对应关系。冷滤点对柴油的使用有着实际的指导意义。另外，冷滤点还可以表明加有流动性能改进剂的柴油的质量。

（2）雾化和蒸发性

在既定的燃烧室和喷油设备条件下，柴油的雾化和蒸发性就决定了柴油发动机燃烧室内形成的混合气的质量。影响柴油雾化和蒸发的主要因素有柴油的馏程、运动粘度、密度和闪点。

1）馏程。

柴油馏程的测定方法同汽油馏程的测定方法。

柴油馏程中各蒸发温度低，柴油蒸发就快，对形成混合气有利。否则，柴油蒸发就慢，形成的混合气质量就差,燃烧将在膨胀行程中继续进行,影响发动机正常工作。

柴油馏程中 50%蒸发温度越低,说明柴油中的轻质馏分越多,使发动机容易起动。但应注意:不能单从起动难易角度来要求柴油有过多的轻质馏分。因为含有过多轻质馏分的柴油往往是含较多的自燃点高的烃,它将使发动机产生工作粗暴现象。柴油馏程中 90%和 95%蒸发温度越低,说明柴油中的重质馏分越少,这不仅可以提高发动机的动力性,减少机械磨损,避免发动机产生过热现象,还可以降低燃油消耗。

2)运动粘度。

运动粘度表示液体在重力作用下流动时内摩擦力的量度,其值为相同温度下液体的动力粘度与其密度之比,在国际单位制中以 m^2/s 表示;单位习惯用厘斯,符号为 cS_t($1cS_t=1mm^2/s$)。

柴油经喷油器孔以高速喷入气缸,由于气缸内压缩空气的阻力和柴油流经喷孔时油柱内部的扰动作用,喷入的柴油被分散成细小的油滴并在气缸内散布开来,形成一团由无数细粒组成、外形与火炬相似的油雾。雾化要求油雾细、分布均匀、形状应与燃烧室的形状相适应。这样,油雾的蒸发表面积才大,才能形成良好的混合气,缩短着火落后期,使燃烧充分。反之,会引起后燃,甚至产生排气冒黑烟的现象。

柴油粘度大,分子间相互作用力大,这种作用力有阻止油柱分散的作用。因此,柴油喷出的油滴直径大、射程远、圆锥角小,使油滴的有效蒸发表面积减小,混合气形成不良,燃烧不完全,油耗增大。柴油粘度小,喷出的油流射程近,圆锥角大,这样油滴直径小,但其油柱形状与燃烧室形状不适应,同样造成混合气形成不良。

综上所述,柴油粘度不可太大,也不可太小。另外,在柴油机的燃料供给系统中,喷油泵和喷油器都是由精密零件组成的,例如柱塞偶件、出油阀偶件和针阀偶件。这些配合件在工作时,经常处于摩擦状态,而摩擦面的润滑要求是靠柴油来保证的。粘度太小的柴油,在摩擦面间不能形成油膜,使精密配合件的磨损增大,不仅会因漏失量增大而减少供油量,而且使喷雾质量下降。柴油粘度大一些对精密配合件的润滑有利,但过大了也会降低喷雾质量并使燃烧过程恶化。

3)密度。

柴油密度的增大也会影响喷入燃烧室内油柱的射程。随着柴油密度的增大,其粘度也要增大,这样也要影响柴油的雾化。柴油的密度大,还会提高柴油机在一个工作循环内的供油量,表面上看,可提高柴油机的功率。但由于此时柴油雾化质量差,不能形成良好的混合气,使燃烧条件变坏,排气冒黑烟,所以反而会使柴油机的经济性降低。柴油密度的提高也是柴油内存在芳香烃的标志,它将导致柴油机工作中产生粗暴现象。

4)闪点。

在规定条件下,加热油品所逸出的蒸气和周围空气形成的混合气与火焰接触发生瞬间闪火的最低温度,叫闪点,以℃表示。

油品闪点根据测定方法不同分为开口闪点和闭口闪点两种。开口闪点是用规定的开口杯闪点测定器所测得的闪点,以℃表示,多用于重质油品(如发动机油、齿轮油)闪点的测定。

闭口闪点是用规定的闭口杯闪点测定器所测得的闪点，以℃表示，多用于轻质油品（如柴油）闪点的测定。

柴油闪点既是控制柴油蒸发性的指标，也是确保柴油安全性的指标。闪点低的柴油蒸发性好，但是闪点不能太低，否则储存过程中会有危险。

从储存和运输环节来看，馏分过轻的柴油不仅蒸发损失大，而且产生大量的柴油蒸气也不安全。所以闪点也是保证柴油安全性的评定项目。油品的危险等级就是根据闪点来划分的，闪点在 45℃以下的为易燃品，45℃以上的为可燃品。在储存、运输中禁止将油品加热到它的闪点温度，加热的最高温度，一般应低于闪点 20℃～30℃。

在柴油馏程控制项目的指标中，50%蒸发温度只规定了不高于 300℃，以保证柴油有较强的蒸发性，但没有规定不低于多少度。为了控制柴油的蒸发性不致过强，国家标准规定了柴油的闪点应不低于某一温度。GB19147-2013《车用柴油》规定 5 号、0 号、-10 号柴油闭口闪点不低于 55℃；-20 号柴油闭口闪点不低于 50℃；-35 号、-50 号轻柴油因用于寒区冬季，馏分较轻，允许不低于 45℃。这样用闭口闪点和前述的馏程两个项目相互配合，就可控制柴油的馏分不致过重或过轻。

注意闪点、燃点、自燃点的区别：在规定条件下，加热油品所逸出的蒸气和周围空气形成的混合气与火焰接触发生瞬间闪火的最低温度为闪点（柴油一般用闭口杯测定，为闭口闪点）；如果在闪火温度的基础上，再继续对燃油加热，当接近火焰时，不但油面上的混合气体有闪火现象，而且整个液体油面都开始着火的最低温度称为燃点；若再加热，直至液体油面不接触火焰而自行着火，即燃油出现自燃现象，燃油发生自燃的最低温度称为自燃点。

（3）燃烧性

柴油的燃烧性常用十六烷值来表示。十六烷值高的柴油，自燃点低，当柴油喷入气缸后，在高压高温条件下，容易形成高度密集的过氧化物，很快着火燃烧，故着火落后期短；在速燃期内压力升高率不过大，不易产生工作粗暴。反之，十六烷值低的柴油，自燃点高，着火落后期长，则在气缸内积聚并完成燃烧准备的柴油就多，造成大量柴油同时燃烧，使缸内压力急剧升高，发动机运转不平稳，容易产生工作粗暴。但是柴油的十六烷值并不是越高越好。因为十六烷值过高的柴油，其分子量大，使柴油的低温流动性、雾化和蒸发性均受到影响。还会因分子量大，喷入的柴油裂化较快形成大量难于燃烧的游离碳，使补燃期延长。若来不及燃烧，会出现排气冒黑烟，使功率下降、油耗上升。同时，十六烷值过高，一般凝点较高，也不利于使用。

（4）安定性

安定性是指柴油在运输、储存和使用过程中保持其外观颜色、组成和使用性能不变的能力。安定性好的柴油在储存过程中外观颜色和所含胶质变化不大，也不生成不可溶性胶质和沉渣。影响柴油安定性的因素主要是柴油中所含的不同的不安定组分。这些不安定组分在烃类中主要是二烯烃、烯烃和环烷芳香烃；在非烃类中主要是苯硫酚类、酚类和吡咯类等。其次是外部环境的影响。

评定安定性的项目有以下几项：

1) 色度。

色度表示油品颜色的深浅，可反映馏分的轻重。控制柴油的色度主要是控制其重质馏分，即控制其残碳和沉渣。油品色度按 GB/T6540《石油产品颜色测定法》规定测定，色度从 0.5～8 共分 16 个色号（每 0.5 为一级）。

2) 氧化安定性。

氧化安定性是指一定量的过滤柴油，在规定的条件下氧化后所测得的总不溶物的量，以 mg/100mL 表示。总不溶物是指粘附性不溶物和可过滤的不溶物之和。粘附性不溶物是在规定的试验条件下，柴油在氧化过程中产生并在柴油放出后粘附在氧化管壁上的不溶于异辛烷的物质。可过滤不溶物是在规定的试验条件下，柴油在氧化过程中产生并通过过滤从柴油中能分离出来的物质。它包括两部分，一部分是氧化后在柴油中悬浮的物质，另一部分是在管壁上用异辛烷易于洗下来的物质。

3) 10%蒸余物残碳（质量分数）。

10%蒸余物残碳是指柴油的 10%蒸余物（馏程测定中馏出 90%以后的蒸余物）经强烈加热一定时间即进行裂化和焦化反应，在规定的加热时间结束后，将盛有碳质残余物的坩埚置于干燥器内冷却并称重，计算得到的残碳值，以原试样质量的百分数表示。

10%蒸余物残碳值是柴油馏程和精制程度的函数。柴油的馏分越轻，精制程度越深，则残碳值越小；馏分越重，精制程度越浅，则残碳值越大。残碳值大的柴油，在柴油发动机气缸内生成积碳的倾向大，喷油器孔也易结胶堵塞，影响发动机正常使用。

4) 实际胶质。

柴油实际胶质是指柴油在规定的试验条件下，油中的烃类经热空气气流蒸发、氧化、聚合和缩合所生成的深棕色、黄色或黑色的残留物，以 mg/100mL 表示。

柴油中不安定组分越多，实际胶质就越大，油的贮存安定性越差。柴油的实际胶质测定方法与汽油的实际胶质测定方法相同，只是操作温度较汽油更高。

（5）腐蚀性

柴油中的腐蚀性物质有硫、硫化物、水溶性酸碱等。柴油腐蚀性的评定项目有硫含量、硫醇硫含量、铜片腐蚀试验、水溶性酸碱。

柴油中的硫含量一般比汽油中的高。柴油中的硫化物不管是活性的，还是非活性的，燃烧后都生成 SO_2 和 SO_3（使水蒸气露点升高）。这些酸性氧化物在气缸温度不高时，与水蒸气作用生成 H_2SO_3 和 H_2SO_4。

这不仅强烈腐蚀发动机零部件，而且还会使润滑油的某些成分变成磺酸或胶质等，加速润滑油老化。酸性氧化物还会与气缸壁上的润滑油和尚未燃烧的柴油起反应，加速烃类的聚合反应，使燃烧室、活塞顶和排气门等部位的漆状物和积碳增多。积碳层中如有硫存在会使其变得很坚硬，不仅增大零部件磨损，而且很难清除。

（6）清洁性

清洁性是指柴油中是否含有机械杂质和水分。柴油的清洁性常用机械杂质、水分和灰分来评定。

灰分是指溶于柴油中无机酸盐类和有机酸盐类以及不能燃烧的机械杂质经过煅烧后所剩余的不燃物质。所以，灰分就间接表示了上述物质的含量。灰分所表示的物质能侵蚀金属，在摩擦副起磨料作用，是造成气缸壁与活塞环以及喷油泵柱塞套筒偶件磨损的重要原因之一。

（7）无害性

无害性是指柴油中不应含有对车辆排放污染控制装置和环境有害的物质。它是对柴油质量提出的一个更高要求。柴油中的硫含量、芳烃含量对柴油机的排放污染影响很大，应加以限制。

2. 车用柴油的标准

GB19147－2013《车用柴油标准（Ⅴ）》将柴油按凝点分为5号、0号、-10号、-20号、-35号、-50号共6个牌号。牌号的含义为凝点。例如：5号表示该种柴油的凝点不高于5℃。车用柴油（Ⅳ）和车用柴油（Ⅴ）技术要求和试验方法，分别见表2-3、2-4。

表2-3 车用柴油（Ⅳ）技术要求和试验方法

项目	5号	0号	-10号	-20号	-35号	-50号	试验方法
氧化安定性（以总不溶物计）/（mg/100mL） ≥	2.5						SH/T0175
硫含量/（mg/kg） ≥	50						SH/T0689
酸度（以KOH计）/（mg/100mL） ≥	7						GB/T258
10%蒸余物残碳（质量分数）/% ≥	0.3						GB/T268
灰分（质量分数）/% ≥	0.01						GB/T508
铜片腐蚀（50℃，3h）/级 ≥	1						GB/T5096
水分（体积分数）/% ≥	痕迹						GB/T260
机械杂质	无						GB/T511
润滑性 校正磨痕直径（60℃）/μm	460						SH/T0765
多环芳烃含量（质量分数）/% ≥	11						SH/T0606
运动粘度（20℃）/（mm²/s）	3.0～8.0		2.5～8.0		1.8～7.0		GB/T265
凝点/℃ ≥	5	0	-10	-20	-35	-50	GB/T510
冷滤点/℃ ≥	8	4	-5	-14	-29	-44	SH/T0248
闪点（闭口）/℃ ≤	55			50	45		GB/T261
着火性（需满足下列要求之一） 十六烷值 ≤ 十六烷指数 ≤	49 46			46 46	45 43		GB/T386 SH/T0694

续表

项目	5号	0号	-10号	-20号	-35号	-50号	试验方法
馏程： 50%回收温度，℃ ≥ 90%回收温度，℃ ≥ 95%回收温度，℃ ≥	300 355 365						GB/T6536
密度（20℃）/（kg/m³）	810～850			790～840			GB/T1884 GB/T1885
脂肪酸甲酯（体积分数）/% ≥	1.0						GB/T23801

表2-4 车用柴油（V）技术要求和试验方法

项目	5号	0号	-10号	-20号	-35号	-50号	试验方法
氧化安定性（以总不溶物计）/ （mg/100mL） ≥	2.5						SH/T0175
硫含量/（mg/kg） ≥	10						SH/T0689
酸度（以KOH计）/ （mg/100mL） ≥	7						GB/T258
10%蒸余物残碳 （质量分数）/% ≥	0.3						GB/T268
灰分（质量分数）/% ≥	0.01						GB/T508
铜片腐蚀（50℃，3h）/级 ≥	1						GB/T5096
水分（体积分数）/% ≥	痕迹						GB/T260
机械杂质	无						GB/T511
润滑性 校正磨痕直径（60℃）/μm	460						SH/T0765
多环芳烃含量（质量分数）/% ≥	11						SH/T0606
运动粘度（20℃）/（mm²/s）	3.0～8.0		2.5～8.0		1.8～7.0		GB/T265
凝点/℃ ≥	5	0	-10	-20	-35	-50	GB/T510
冷滤点/℃ ≥	8	4	-5	-14	-29	-44	SH/T0248
闪点（闭口）/℃ ≤	55			50	45		GB/T261
着火性（需满足下列要求之一） 十六烷值 ≤ 十六烷指数 ≤	51 46			49 46	47 43		GB/T386 SH/T0694
馏程： 50%回收温度/℃ ≥ 90%回收温度/℃ ≥ 95%回收温度/℃ ≥	300 355 365						GB/T6536

续表

项目	5号	0号	-10号	-20号	-35号	-50号	试验方法
密度（20℃）/（kg/m³）	810~850			790~840			GB/T1884 GB/T1885
脂肪酸甲酯（体积分数）/% ≯	1.0						GB/T23801

三、石油代用燃料

汽车的发展，促进了经济和社会的发展，同时也加剧了石油资源的短缺和生态环境恶化。它必将对汽车使用的传统石油燃料（汽油、柴油）发起挑战。因此，石油代用燃料（Alternative Fuel）的重要性越来越突出。

1. 石油代用燃料研究开发的意义

20世纪70年代石油危机的出现，促使工业化国家进行汽车代用燃料的研究开发，以对付石油供应的危机及最终的石油枯竭。然而在发展中国家，由于当时能源的消耗量极少，所以能源问题并未受到足够重视。

20世纪80年代，环境保护（汽车尾气排放的限值更为严格，且采取了强制措施）和经济性这两个方面的因素进一步推动了可清洁燃烧的代用燃料在工业化国家中的应用。同时，虽然大部分发展中国家已经开始注意到石油使用量的增加所造成的环境影响，但是他们对此问题的关心程度还不足以使他们使用代用燃料。不过，出于经济方面的考虑，低廉的代用燃料在一些发展中国家（如阿根廷和巴西）得到了广泛使用。

20世纪90年代，由于执行了严格的汽车尾气排放法规和进行了技术改进，工业化国家中的汽车尾气排放得到了较好的控制。但是，持续的工业增长以及汽车的广泛使用，抵消了尾气排放控制所取得的技术进展。

使用石油代用燃料可能是解决环境污染、石油供应不足以及石油储藏最终枯竭的最有效的办法之一。代用燃料通常要比汽油和柴油便宜，这就使得代用燃料在经济上更具有吸引力。我国能源结构的特点是煤多油少，地区分布不均衡，故代用燃料的研究对改善我国能源结构有重要意义。在煤多油少的情况下，以煤为原料生产甲醇，再以甲醇代替汽油是改善能源结构的重要措施。特别是在少油地区，大力开发醇类燃料有助于改变石油分布不均衡的局面。

石油紧缺不仅带来了油价高涨，也使过去在中国能源体系中被长期边缘化的煤基醇醚燃料，如甲醇、乙醇、二甲醚等，以替代能源的身份走向舞台中央。在中国的石油消耗中，交通运输占到50%左右。此前，在山西、山东、云南、四川等地已经进行了甲醇燃料替代汽油的试验研究，在黑龙江、吉林、辽宁、河南、安徽5省的全部地区和河北、山东、江苏、湖北的部分地区推广使用了车用乙醇汽油。甲醇作为车用替代燃料在经济上可行，只要遵守操作规程，外界所担心的对人体健康的影响不会很大。二甲醚前途很好，原料应以煤为主。包括乙醇汽油在内的生物质油应"不与民争粮，不与民争地"，扩大原料来源，并合理考虑运输半径。

因此，研究和使用代用燃料对应付石油危机、在石油资源枯竭后燃料品种的平稳过渡以及减少汽车的排气污染、保护环境等都具有重要的现实意义和战略意义。由于环保问题的日益突出，各种代用燃料在减少汽车排气污染方面的作用越来越引起人们重视，因而代用燃料有时也被称之为清洁燃料。应该注意的是燃烧清洁燃料的汽车不等于低排放汽车，因为专门设计的使用汽油或柴油的发动机燃烧各种清洁燃料时达不到最佳排放效果。

2. 代用燃料的选取原则

代用燃料选取的一般原则如下：

①资源必须丰富。汽车的保有量在逐年增加，用作汽车的替代燃料只有资源丰富、长期可靠地供应，才能满足汽车日益增加的需要。

②价格应比较便宜，以便于大范围推广。

③能量密度大、热值高，携带较少的数量时就能使汽车有足够的续驶里程。

④毒性低，环境污染小。

⑤安全性好，易于输送、储存和使用。

⑥对发动机的可靠性无不良影响。

根据以上选取原则，作为汽车石油代用燃料比较有前途的主要有：天然气 NG（包括压缩天然气 CNG、液化天然气 LNG、吸附天然气 ANG）、液化石油气 LPG、醇类燃料（包括甲醇、乙醇）、乳化燃料、甲烷水合物、氢气和生物柴油（bio-diesel）等。

3. 主要代用燃料的比较

主要代用燃料的比较，见表 2-5。

表 2-5 代用燃料的比较

代用燃料	主要优点	主要缺点	现状
氢气	1. 来源非常丰富 2. 污染很小 3. 辛烷值高，热值高	1. 氢气生产成本高 2. 气态氢能量密度小且储运不便，液态氢技术难度大，成本高 3. 需要开发专用发动机	仍处于基础研究阶段
天然气	1. 资源丰富 2. 污染小 3. 辛烷值高 4. 价格低廉	1. 建加气站网络要求投资强度大 2. 气态天然气的能量密度小，影响续驶里程等性能 3. 与汽油车比动力性低 4. 储运有所不便	在许多国家获得广泛使用并被大力推广
液化石油气	1. 来源较为丰富 2. 污染小 3. 辛烷值较高	面临天然气汽车的类似问题，但程度较轻	目前世界上液化石油气汽车获得广泛使用并被大力推广
甲醇（乙醇）	1. 来源较为丰富 2. 辛烷值高 3. 污染较小	1. 甲醇的毒性较大 2. 需解决分层问题 3. 对金属及橡胶件有腐蚀性 4. 冷起动性能较差	已获得一定程度的应用；可以作为能源的一种补充

续表

代用燃料	主要优点	主要缺点	现状
二甲醚	1. 来源较为丰富 2. 污染小 3. 十六烷值高	面临与液化石油气类似的储运方面的问题	正在研究开发
生物质能	1. 来源丰富，可再生 2. 污染小	1. 供油系部件易堵塞 2. 冷起动性能较差	可以作为能源的一种补充

【任务实施】

一、车用汽油的选用

1. 车用汽油的选择

使用汽油车时，应根据汽车使用说明书推荐或国家相关权威部门推荐选择车用汽油牌号。压缩比越大，使用的汽油牌号一般也越高。

2. 车用汽油的使用注意问题

选择合适的车用汽油牌号，要使车用汽油的牌号与发动机的压缩比相匹配。

高压缩比的发动机选择低牌号的车用汽油，汽油发动机容易产生爆燃，发动机长时间爆燃，容易出现活塞烧结、活塞环断裂等故障，加速发动机零部件的损坏。

低压缩比的发动机选用高牌号车用汽油，虽能避免发动机爆燃，但高牌号汽油用在低压缩比的发动机会改变点火时间，造成汽缸内积碳增加，长期使用会缩短发动机的使用寿命。

车用汽油易燃、易爆、易产生静电，使用中要注意安全。严禁用车用汽油作煤油炉、汽化炉燃料，以免发生火灾。

条件允许时，尽量使用加入有效汽油清净剂的车用汽油。

二、车用柴油的选择和使用

1. 车用柴油牌号的选择

选择柴油的主要依据是气温，应该根据不同地区和季节选择不同牌号的柴油。由于柴油的冷滤点与实际使用温度之间有良好的对应关系，所以柴油一般按各号柴油冷滤点对照当地月风险率为10%的最低气温进行选择。而柴油的牌号是按凝点划分的，若根据凝点选择，凝点要比当地月风险率为10%的最低气温低4℃～6℃（因为凝点比冷滤点低4℃～6℃）。

一般可以按照以下情况选择各种牌号的柴油：

①5号柴油适合于风险率为10%的最低气温在8℃以上的地区使用。

②0号柴油适合于风险率为10%的最低气温在4℃以上的地区使用。

③-10号柴油适合于风险率为10%的最低气温在-5℃以上的地区使用。

④-20号柴油适合于风险率为10%的最低气温在-14～-5℃的地区使用。

⑤-35 号柴油适合于风险率为 10%的最低气温在-29℃～-14℃的地区使用。

⑥-50 号柴油适合于风险率为 10%的最低气温在-44℃～-29℃的地区使用。

风险率为 10%的最低气温表示最低气温低于该温度的概率为 0.1，或者说最低气温低于该温度的可能性不超过 1/10。

2. 车用柴油使用注意事项

①柴油加入油箱前，一定要充分沉淀（不少于 48h）、过滤，除去杂质，切实做好柴油的净化工作，以保证柴油机燃料供给系统的精密零件不出故障和延长使用寿命。

②不同牌号的柴油可以掺兑使用，以降低高凝点柴油的凝点，以充分利用资源。例如：某地区的最低气温为-10℃，不能用-10 号的柴油，但是用-20 号的柴油又浪费（由于低牌号柴油炼制工艺复杂、生产成本高，其价格也比高牌号柴油高）。此时可以把-10 号的和-20 号的柴油掺兑使用。寒冷地区低凝点柴油缺少时，可以向高凝点柴油中掺入 10%～40%的喷气燃料，以降低其凝点。掺兑后应注意搅拌均匀。

③柴油中不能掺入汽油。掺入汽油后，燃烧性明显变差，导致发动机起动困难，甚至不能起动。

④低温条件下，起动发动机时可以采取预热措施。如对进气管、机油及蓄电池预热，也可采用馏分轻、蒸发性好又具有一定十六烷值的低温起动液，以保证发动机的顺利起动。低温起动液的主要成分是乙醚，自燃点仅 190℃～210℃，很容易在柴油内自燃，低温起动液不能加入油箱与柴油混用，否则易形成气阻。

⑤对于那些季节气温变化较大的地区，应特别注意季节变化对柴油的影响，及时选用合适牌号的柴油。

⑥冬季使用桶装高凝点柴油时，不能用明火加热，以免引起爆炸。

任务二　汽车润滑剂与其选用

【任务描述】

汽车润滑剂主要包括发动机油、齿轮油、液力传动油（自动变速器油）、润滑脂。在汽车的实际使用中，虽然润滑剂本身的消耗量不大，但它对于减少摩擦阻力和零件磨损，延长汽车的使用寿命和工作可靠性，进而减少维修工作量和时间以及提高汽车利用率都有很大影响。因此，它间接地影响运输生产率和运输成本，对其合理使用也是极为重要的。

【相关知识】

一、发动机油的使用性能与分类

发动机油，是发动机润滑油的简称，又称内燃机油，是润滑油中用量最大，并且性能要求较高，品种、规格要求繁多，工作条件异常苛刻的一种油品。发动机油分为汽油机油和柴油机油两大类。

润滑油在发动机中不断地与各处高温机件接触，在金属催化作用下，发生氧化反应，促使机油不断老化变质。

在发动机工作中，燃烧废气和燃烧不完全的气体，在气缸密封不良时会不断地窜入曲轴箱。特别是含硫燃料，在使用中会使润滑油产生油泥、酸性物质，最后导致润滑油严重变质。此外，灰尘、磨损下来的金属屑、燃烧后生成的积碳，都会严重地污染润滑油。因此润滑油在发动机中的工作条件是极为苛刻的，而润滑油又是维持发动机正常运转所必需的，这就对发动机油的性能提出了较高的要求。发动机的附加机件使机油的工作条件十分苛刻。

1. 发动机油的使用性能

（1）粘温性

1）粘度。

粘度是润滑油的一项重要指标，是润滑油分类的主要依据，也是选用润滑油的依据。液体受外力作用而流动时，分子之间产生剪切，形成内摩擦，而内摩擦力的大小，可用粘度来表示。粘度种类通常有三种：动力粘度、运动粘度和条件粘度（相对粘度）。

a. 动力粘度（dynamic viscosity）。

表示液体在一定剪切应力下流动时内摩擦力的量度。在国际单位制（SI）中，液体动力粘度的单位是帕斯卡·秒（Pa·s）。动力粘度习惯上使用的单位是泊（P），1P=0.1Pa·s，百分之一泊称为厘泊（cP）。1cP=1mPa·s。水在20℃时的粘度为1.005mPa·s。

b. 运动粘度（kinematic viscosity）。

表示液体在重力作用下流动时内摩擦力的量度，其值为相同温度下液体动力粘度与其密度之比。在国际单位制（SI）中，液体运动粘度的单位是 m^2/s。运动粘度习惯上使用的单位是斯（St），$1St=10^{-4}m^2/s$，百分之一斯为厘斯（cSt）。$1cSt=10^{-6}m^2/s$。

c. 条件粘度。

是相对粘度，常见的有以下几种。

恩氏粘度（Engler Degrees）采用恩格勒粘度计测定。在规定温度下从恩氏粘度计中流出200mL试油所需的秒数与同体积的水在20℃流出所需的秒数的比值，以符号°Et表示。单位习惯上称"度"。例如：某油在100℃时，从恩氏粘度计中流出200mL所需的时间是293s，同体积水在20℃流出时间是51s，则°E_{100}=293/51=5.7。

雷氏粘度（Redwood Standard Seconds）是用雷德乌德粘度计测定的。在规定温度（70℉、140℉或212℉）下，从雷氏粘度计流出50mL所需的时间，以"秒"为单位。根据粘度计的孔径，可分为雷氏1号（用Rt表示，测轻质油）和雷氏2号（用RAt表示，测重质油）两种。

赛氏粘度（Secondas Saybolt Universal）用赛波尔特粘度计测定。在规定温度下（70℉、140℉或212℉）下，从赛氏粘度计流出60mL所需的时间，以"秒"为单位。根据粘度计孔径不同，可分为通用粘度（用SUS或SSU表示）和重油粘度又称赛氏弗罗粘度（用SFS表示）

两种。

2）粘温性。

润滑油粘度随温度升降而改变的性质称为粘温性。润滑油温度升高，粘度降低，而润滑油粘度随温度变化程度越小，粘温性越好。

润滑油在 50℃以下粘度随温度变化较显著，50℃～100℃之间变化幅度较小，100℃以上变化更小。这是因为 50℃以下时，油分子运动能量较小，分子间距离近，分子间引力加大，同时石蜡结晶逐渐析出，出现结构粘度。而在高温时（＞100℃），润滑油分子运动能量大，分子间距离较远，引力较小，固体烃充分溶解，因此粘度随温度变化缓慢。

粘度指数（VI）是国际通用的表示粘温特性的方法。粘温指数（Viscosity Index）越大，粘度受温度的影响越小，表示润滑油的粘温特性越好，反之越差。所以这项指标的规格是"不小于"某数值。

国家标准规定粘度指数低于 100 并包括 100 时按下式计算粘度指数 VI：

$$VI = \frac{L-\mu}{L-H} \times 100 \tag{2-2}$$

式中：L——与试样 100℃时运动粘度相同，粘度指数为 0 的石油产品在 40℃时的运动粘度，mm^2/s；H——与试样 100℃时运动粘度相同，粘度指数为 100 的石油产品在 40℃时的运动粘度，mm^2/s；M——试样 40℃时的运动粘度，mm^2/s。

（2）低温性

发动机的低温起动性能与发动机油的低温粘度有关。发动机油粘度随气温降低而增加，因此使发动机低温起动时转动曲轴的阻力矩增加，曲轴转速下降，从而造成发动机起动困难。但是低温粘度并不能完全说明发动机油低温性。这是因为即使在低温下油品的低温粘度小，发动机容易起动，但也不能保证发动机起动后能正常润滑。实际使用中发现有的发动机油能使发动机在低温下起动，但机油泵却不能及时、正常供油，从而造成运动部件的严重磨损和噪声增大等问题。可见，发动机油还应具有良好的低温泵送性能。发动机油凝点不影响发动机的低温起动性能，而主要影响低温下油泵供油。

发动机油的低温性常用低温动力粘度、边界泵送温度（能将发动机油连续地、充分地供给发动机机油泵入口的最低温度）与倾点（发动机油在规定试验条件下冷却时能够流动的最低温度）等指标来评定。

（3）清净分散性

清净分散性包括两层含义：一是指将已沉积在发动机部件上的积碳、漆膜等清洗下来；二是指将油中的不溶物增溶或悬浮在油中。发动机油应具有良好的清净分散性。

积碳是一种黑色坚硬而又不易溶解的厚度较大的固体碳状物，除和零件有摩擦的部分外，其表面没有光泽。它主要覆盖在活塞顶、排气门、气缸盖、火花塞、喷油嘴等高温区域，是未完全燃烧的燃料或发动机油窜入燃烧室在高温下分解的烟炱等物质在高温零件上沉积而形成的。

漆膜是一种很薄的坚硬、有光泽而又不易溶解的沉积物，主要产生在活塞环区和活塞裙部。它主要是烃类在高温和金属的催化作用下经氧化、聚合生成的胶质、沥青质等高分子聚合物。

油泥是一种比较稳定的油水乳状体与多种杂质的凝聚物。

从生成机理上分析，漆膜和积碳都属于高温沉积物，油泥属于低温沉积物。

发动机油的基础油本身是不具备清净分散性的，而是通过添加清净剂和分散剂后获得的。现代发动机的性能逐渐强化，工作条件越加苛刻。从一定意义上说，发动机油使用性能高低，表现在清净剂和分散剂的性能和添加量上。

发动机油的清净分散性主要通过相应的发动机试验来评定。企业常用方法是斑痕法，即在滤纸上滴一滴润滑油，斑痕沉积为一点，说明润滑油不能用；斑痕分散成为一渗油片，说明润滑油清净分散性好；也可用图谱对比。

（4）润滑性

发动机油的润滑性是指在各种润滑条件下，发动机油降低摩擦、减缓磨损和防止其金属零部件在正常工作过程中烧结损坏的能力。

润滑油的粘度和化学性质对发动机零件在不同润滑状态的润滑作用有重要影响。

以图 2-1 所示的 Stribeck 曲线可分析粘度对摩擦系数的影响。

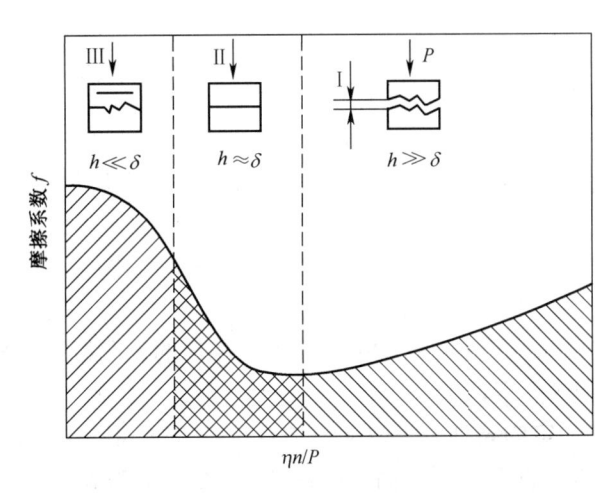

h－油膜厚度；δ－两表面的粗糙度

图 2-1 Stribeck 曲线

摩擦系数 f 可表示为：

$$f = \frac{2\pi^2 D \eta n}{hP} \qquad (2\text{-}3)$$

式中：D——零件直径；η——润滑油的粘度；h——运动副间隙；n——零件转速；P——零件承受的压力；$\dfrac{\eta n}{P}$——Sommerfeld 准数（特性因数）。

在 Sommerfeld 准数（特性因数）中，唯一与润滑性有关的因素就是润滑油的粘度。在图 2-1 中从右至左有 3 种润滑状态。

最右边的区域为液体润滑，油膜厚度比运动副表面粗糙度大得多。润滑油具有一定的粘度是形成液体润滑的基本条件之一。而粘度是液体流动时内摩擦力的量度。在液体润滑区域，摩擦系数随润滑油粘度降低而减小。

当润滑油粘度低到一定程度时，油膜厚度降低到近似等于运动副的粗糙度，该区域为混合润滑状态，这时润滑油的粘度和化学性质对摩擦系数都有影响。

当油膜厚度小于运动副表面粗糙度时，便成为边界润滑状态，如图 2-1 中左面的区域。此时起润滑作用的不再是润滑油的粘度，而完全是润滑油的化学性质，即润滑油的油性和极压性。油性是润滑油在摩擦金属表面上的吸附性。润滑油中极性分子定向排列吸附在金属表面上形成吸附膜，这种吸附膜只有在中温、中速、中负荷或低温情况下才能保持边界润滑。当高温、高压、高速时，吸附膜脱附，油性失效。极压性是润滑油在摩擦表面的化学反应性质。当润滑油中加入含硫、磷等化合物的添加剂时，高温下这些化合物分解生成的活性元素与金属形成化学反应膜，该反应膜的熔点和剪切强度比较低，在摩擦过程中能降低金属零件的摩擦和磨损。因该反应膜剪切强度较低，在摩擦过程中易于脱离金属表面，但新的反应膜会在金属摩擦表面及时生成。

发动机油粘度是评定润滑性的重要指标。但是，对于边界润滑主要是油性和极压性起作用，所以发动机油的润滑性还通过相应的发动机试验来评定。

（5）抗腐蚀性

润滑油在使用过程中总会与各种金属接触，不腐蚀这些金属是对润滑油最基本的要求。为了提高润滑油的抗腐蚀性能，一般都要在基础油中加入抗腐蚀添加剂。抗腐蚀添加剂能在金属表面形成保护膜，从而减缓侵蚀性物质（润滑油中所含的硫化物、有机酸、无机酸、水分等）对金属的侵蚀作用。发动机油抗腐蚀性主要通过中和值（中和 1g 试油中含有的酸性或碱性组分所需的碱量或相当的碱量，用 mg KOH/g 表示）及相应的发动机试验来评定。

（6）氧化安定性和热安定性

氧化安定性是指在一定的条件下，发动机油抵抗大气（或氧气）的作用而保持其性质不发生永久变化的能力。润滑油在使用与储存过程中，与空气中的氧气接触发生氧化反应，而产生一些新的氧化物，如酸类、胶质等。这些氧化物聚集在润滑油里，使润滑油的外观和理化性质发生变化，如颜色变暗、粘度增加、酸性增大，并有胶状沉积物析出，腐蚀零件或破坏发动机正常工作。

发动机油的氧化过程分两个阶段：①轻度氧化。在这个阶段里烃类化合物被氧化生成不同类别的酸性产物。②深度氧化。某些酸性产物再度缩合沉淀形成胶质、沥青质和油焦质等。

发动机油的氧化有两种情况：①厚油层氧化。发动机油底壳的发动机油是处在厚油层、低压和低温的情况下，不具备深度氧化的条件，所以它的氧化反应属于轻度氧化，主要是生成各种酸性物质。②薄油层氧化。在发动机的活塞与气缸壁部位，发动机油处在薄油层、高温、高压和有金属催化作用的影响下，显然这种氧化属于深度氧化，生成物是胶质沉淀。

发动机油经常处在高温与氧接触的条件下工作，不仅要求具有一般条件下良好的氧化安定性，而且还要求具有在高温条件下良好的热氧化安定性。热氧化安定性就是指润滑油抵抗氧和热的共同作用而保证其性质不发生永久变化的能力。润滑油在高温条件下氧化最严重的部位是活塞环区。第一道气环附近的温度，旧型发动机大约是200℃；现代高性能汽油机可达270℃，车用柴油机多在200℃～250℃范围内，增压柴油机可达260℃。在高温下，零件表面的薄层润滑油中一部分轻质馏分被蒸发，另一部分在金属催化下深度氧化，最后生成的氧化缩聚物（树脂状物质）沉积在零件表面，形成漆膜；曲轴箱中油温虽然低一些，但由于润滑油受到强烈的搅动和飞溅，它们与氧接触面积很大，所以氧化作用也相当强烈，使油内可溶和不可溶的氧化物增多，如树脂状物质、悬浮的固体氧化物和杂质。这些物质也能沉积在活塞环槽内，加上吸附燃气中的碳化物，进一步焦化，形成漆膜。漆膜的导热性能很差，使活塞升温，严重时造成粘环，破坏气缸的密封性，气缸壁磨损剧增，以致严重擦伤。所以发动机要求使用热氧化安定性好的润滑油。特别是现代高性能发动机的热负荷很高，如有的增压柴油机需要向活塞内腔喷射润滑油来降低其温度，这就要求润滑油必须具备特别优异的热氧化安定性，活塞内腔表面才不致形成阻碍散热的沉积物。在这些润滑油中通常都加有性能良好的抗氧添加剂。发动机油的抗氧性通过相应的发动机试验来评定。

（7）抗泡沫性

发动机油在润滑系统循环流动时，润滑油要受到激烈搅动。在常压下润滑油可溶解9%体积的空气。溶解量随气压的增加而增多，如气压下降，多余的空气会从润滑油中迅速逸出以达到新的平衡。如果空气被润滑油膜包住，不易破裂就会形成气泡。润滑油在使用中，常会受到振荡搅拌作用，使空气混入润滑油中不易逸出而形成气泡。润滑油中存在气泡使流动性变坏，润滑效果下降，增大润滑油的体积使油箱溢油；增大润滑油的压缩性使润滑油压力下降，造成油泵抽空；增大润滑油与空气的接触面积，加速润滑油的氧化，使导热性变坏，降低冷却效果；作为工作介质时影响传递效果，妨碍稳定工作。故希望润滑油要有良好的抗泡性，在出现气泡后应能及时消除，即抗泡性好，以保证润滑系统正常工作。

抗泡沫性用泡沫倾向（FT）和泡沫稳定性（FS）表示。泡沫倾向表示生成泡沫的难易，数值越大越不好。泡沫稳定性表示泡沫寿命的长短，数值越大反映润滑油的消泡能力越低，越不好。所以抗泡性好的润滑油，FT和FS均低。

（8）抗乳化性

抗乳化性，又称破乳化时间，是指在规定条件下，润滑油、水充分乳化后达到分层所需的时间。润滑油抗乳化性低，润滑油、水不易分离，乳化液能降低润滑油的润滑性能，妨碍导热，阻滞管道，加速润滑油氧化变质。

2. 发动机油的分类

（1）发动机油的分类

发动机油的分类，国际上广泛采用粘度分类和使用性能分类两种分类方法。前者的基准是SAE（Society of Automotive Engineers，即美国汽车工程师学会）粘度分类法，后者的基准是API（American Petroleum Institute，即美国石油学会）使用性能分类法。

1）SAE粘度分类法。

早期汽车发动机体积大、功率小，热、机械负荷低，精制的直馏矿油就能满足其使用要求，当时关心的主要问题是粘度对发动机工作的影响。1911年美国汽车工程师学会（SAE）制定粘度分类法，中间曾几经修改。现今使用的是SAE J300 Dec 99粘度分类，见表2-6所示。

表2-6 美国汽车工程师学会（SAE）发动机油粘度等级分类（SAE J300 Dec 99）

SAE粘度等级	低温粘度（cP）		高温粘度		
	低温起动最大粘度	边界泵送温度下最大粘度	100℃、低剪切率下的运动粘度（cS$_t$）		150℃、高剪切率下粘度（cP）
			最小	最大	最小
0W	6250（-35℃）	60000（-40℃）	3.8	--	--
5W	6600（-30℃）	60000（-35℃）	3.8	--	--
10W	7000（-25℃）	60000（-30℃）	4.1	--	--
15W	7000（-20℃）	60000（-25℃）	5.6	--	--
20W	9500（-15℃）	60000（-20℃）	5.6	--	--
25W	13000（-10℃）	60000（-15℃）	9.3	--	--
20	--	--	5.6	<9.3	2.6
30	--	--	9.3	<12.5	2.9
40	--	--	12.5	<16.3	2.9（0W-40、5W-40、10W-40）
40	--	--	12.5	<16.3	3.7（15W-40、20W-40、25W-40、40）
50	--	--	16.3	<21.9	3.7
60	--	--	21.9	<26.1	3.7
试验方法	ASTM D5293	ASTM D4684	ASTM D455		ASTM D4683 ASTM D4741 CEC-L-36-A-90

根据润滑油100℃运动粘度对春、夏、秋季用油进行分类，分为20、30、40、50和60五个牌号；根据润滑油最大低温动力粘度、最大低温边界泵送温度下粘度和100℃时的运动粘度进行分类，分为0W、5W、10W、15W、20W和25W六个牌号。W（Winter，即冬季），表示冬季用油。

凡符合上述之一要求的，只能满足低温或高温一种粘度级别要求的发动机油为单级油，如30、40、10W、15W；凡符合上述两者要求的，既满足低温工作时的粘度级别要求，又能满足高温工作时的粘度级别要求的发动机油为多级油（俗称稠化机油），如10W-30、15W-40

等。多级油可在一定地区范围内全年通用，牌号差越大，适用的温度范围就越宽，如 5W-40，可以在很广的地区范围内全年通用。牌号越高，适应的温度也越高。

2）API 使用分类法。

20 世纪 30 年代后期，由于发动机功率增大，体积减小，结构趋于紧凑，热负荷增加，屡屡出现粘环、铜铅合金轴承腐蚀以及机油迅速变质等与润滑油性能有关的故障，为解决这些问题开始开发各种添加剂，以提高机油的使用性能。

开始时，把这种加有添加剂的油品取名为重负荷润滑油。直到 1970 年，由美国石油学会（API）、美国汽车工程师学会（SAE）和美国材料试验学会（ASTM）共同研究，提出了发动机油的使用性能必须通过规定的发动机试验来确定，形成现今的 API 使用分类法。该分类法能正确反映除粘度特性以外所有性能的综合要求，所以也称为质量分类或使用性能分类。

根据发动机油的性能和使用场合不同，把发动机油分为 S 系列油（汽油机油系列，service station classification 加油站分类），有 SA、SB、SC、SD、SE、SF、SG、SH、SJ、SL、SM、SN 等级别；C 系列（柴油机油系列，commercial classification 工商业分类），有 CA、CB、CC、CD、CD-Ⅱ、CE、CF、CF-4、CG-4、CH-4、CI-4、CJ-4、CL-4 等级别。

S 系列（汽油机油系列）中的各个级别，依次反映了汽车汽油机不同年代产品性能和结构特点及其对机油的不同要求。C 系列（柴油机油系列）的发展过程，反映了汽车柴油机强化和性能提高的过程。

无论汽油机油还是柴油机油，其使用性能等级以字母"A、B、C、…、H、J、L、…"为序，序号越往后，其使用性能级别越高，适用的机型越新，适用的工作条件越苛刻。

API 使用分类法是一种开端分类法，随着发动机及润滑油技术的发展，将顺次增加新级别的油品。

通用发动机油，即汽油机、柴油机通用的发动机油。在国外应用十分广泛，在欧美市场上，通用发动机油所占比例已超过 60%。通用发动机油的牌号表示，若把汽油机油质量等级写在前面，如 SF/CD 表示以 SF 级汽油机油为主，也可用作 CD 级柴油机油；若把 CD 写在前面如 CD/SF 则意思与上述相反。通用发动机油给用户的保管、使用带来了极大的方便，但由于成本较高或售价较高，目前仍不能取代非通用的汽、柴油机油。目前在国外，大部分高档的汽油机都使用适用于汽油机为主的通用发动机油，而柴油机仍普遍使用单独的柴油机油。

3）其他使用分类法。

另外，国际润滑油标准化和认可委员会（International Lubricant Standardization and Approval Committee，即 ILSAC）把汽油机油分为：GF-1、GF-2、GF-3、GF-4、GF-5 等级别，分别相当于 API 中的 SH、SJ、SL、SM、SN 等级别。

二、车辆齿轮油的使用性能与分类

齿轮传动是汽车最主要的一种传动方式，主要应用在汽车的手动变速器、驱动桥、转向器中。通常，齿轮传动装置中齿轮、轴承及轴等零件的润滑所用润滑剂称为齿轮油。齿轮油和发动机油一样,也由矿物型(或合成型)基础油和相应添加剂所组成。齿轮油的作用主要包括减少齿轮及轴承的摩擦和磨损、加强摩擦表面的散热作用、防止机件发生腐蚀和锈蚀、缓和振动、清洗摩擦面和密封。

1. 车辆齿轮油的使用性能

(1)油性和极压性

所谓油性是指润滑剂介于运动着的润滑面之间,具有降低摩擦作用的性质。改善这种性质的添加剂叫油性剂。油性剂对边界润滑状态甚为重要,因为这时运动的金属表面上油性剂分子定向吸附形成油性剂膜,能防止金属直接接触而降低摩擦。

所谓润滑剂的极压性,是在摩擦面接触压力非常高、油膜容易产生破裂的极高压力的润滑条件下,能与齿面上的金属发生化学反应生成油膜,能防止齿面擦伤或烧结等摩擦面损伤的性能。极压性有时也叫承载能力、抗胶合性或油膜强度等。

车辆齿轮油应具有适宜的运动粘度,以保证形成较好的润滑状态。汽车齿轮多处于混合润滑和边界润滑状态,主要是油性剂的油膜和极压抗磨剂的反应膜起作用,从而减小磨损量,防止高负荷条件下的齿面擦伤和烧结。

对于齿轮油的润滑性和极压抗磨性,其评定指标除运动粘度外,还要通过四球极压试验机或台架试验来评定。利用四球法在四球极压试验机上进行评定润滑油承载能力的模拟试验,通过试验确定出润滑油的最大无卡咬负荷(PB)、烧结负荷(PD)和综合磨损值(ZMZ)等指标,如图2-2所示。

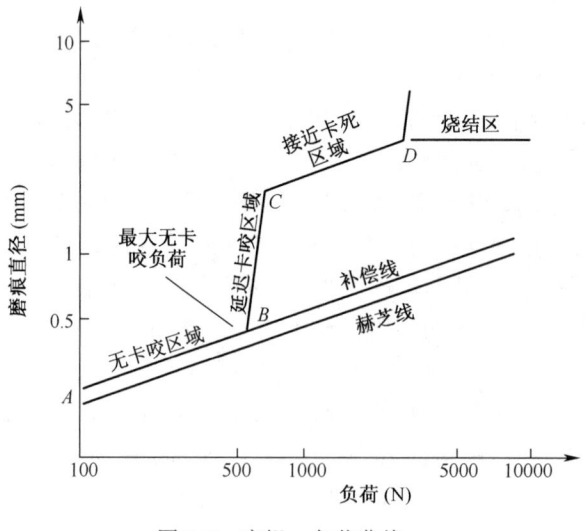

图2-2 磨损-负荷曲线

在试验条件下使钢球不发生卡咬的最高负荷,即无卡咬负荷,它表示润滑油的油膜强度,在该负荷下摩擦表面间能保持完整的油膜。在该试验条件下,使钢球发生烧结的最低负荷,即烧结负荷，它表示润滑剂的极限工作能力。综合磨损值等于若干次校正负荷的数学平均值，它表示润滑油从低负荷至烧结负荷整个过程的平均抗磨性能。

（2）低温流动性

齿轮油要求在低温下也能保持必要的流动性。如果齿轮油在低温条件下有蜡析出，粘度急剧上升，就不能确保齿轮和轴承得到及时有效的润滑，而且低温起步阻力矩增大，进而影响汽车的使用性能。

为了保证车辆齿轮油具有良好的低温流动性，除规定了倾点（规定试验条件下，试油能够流动的最低温度）、成沟点（规定试验条件下，试油成沟的最高温度）和粘度指数等指标外，还特别采用了"表观粘度达150Pa·s"这一指标。

试验表明，齿轮油的低温表观粘度，对车辆起步时的润滑可靠性有重要影响。车辆起步后，驱动桥齿轮油被激溅到桥壳上部后流入主动锥齿轮前轴承，若这段时间太长，轴承便有可能因缺油而被烧坏。所以要求车辆齿轮油使用时低温表观粘度不大于150Pa·s。齿轮油低温表观粘度达150Pa·s时的最高温度是划分车辆齿轮油粘度级号的依据之一。

（3）粘温性

齿轮油的粘度应使传动机构工作时消耗于内摩擦的能量尽量少，又能保证齿轮和轴承不发生损伤，接合面不发生漏油现象。

高粘度齿轮油可有效防止齿轮及轴承损伤，减少漏油。粘度越大，其承载能力越大，但粘度过大也会给循环润滑带来困难，增加齿轮运动的搅拌阻力，造成不必要的动力损失。同时还由于粘度大的润滑油流动性差，对被挤压的油膜及时自动补偿修复较慢而增加磨损。因而粘度一定要合适，特别是加有极压抗磨剂的齿轮油，其承载能力主要是靠极压抗磨剂，这类齿轮油更不能追求高粘度。

低粘度齿轮油有利于提高传动效率、加快机件表面的冷却和提高齿轮油的传送速度。但齿轮油粘度过小，会被齿轮的离心力从齿面甩掉，且油膜承载能力也小，可能造成机件磨损及渗漏。

齿轮油粘度应符合工作条件的要求：在最低工作温度下的粘度，必须保证车辆不经预热便可顺利起步，并使齿轮接合面可靠润滑；在最高工作温度下的粘度，必须保持齿轮的正常润滑和允许的油耗。车辆齿轮油的工作温度范围也比较宽，因此不但要求低温时流动性好，而且高温时粘度值不能太小，即具有良好粘温性。粘温性用粘度指数来评价。

（4）热氧化安定性

在苛刻条件下工作的齿轮油都处在较高温度下。如汽车差速器中使用的齿轮油温度可达120℃～130℃，准双曲面齿轮的油温甚至能达到160℃～180℃。在较高温度下，齿轮油很容易被氧化，加上齿轮箱中金属的催化作用容易使齿轮油使用性能迅速变坏。

氧化使齿轮油的粘度增加，生成油泥，影响齿轮油的流动。氧化产生的腐蚀性物质会加速车辆齿轮油对金属的腐蚀。氧化产生的极性沉淀物会吸附极性添加剂，使极性添加剂随沉淀一起从油中析出。沉淀附着在橡胶上会使橡胶老化变硬，沉淀附着在金属零件表面时又会影响散热。因此要求齿轮油具有良好的热安定性和氧化安定性。

（5）抗泡沫性能

由于齿轮运转中的剧烈搅动等原因，会使得齿轮油产生泡沫。如果泡沫不能很快消失，会因油面升高从呼吸孔漏油，同时将影响齿轮啮合面油膜的形成，或堵塞油路，使供油量减少，冷却作用不够。这些现象都可能引起齿轮及轴承损伤。所以齿轮油应当泡沫生成得少，消泡性好，即齿轮油应具有良好的抗泡沫性。

（6）抗腐防锈性

齿轮油的腐蚀性来源于油中的酸性物质。无机酸和低分子有机酸对齿轮有很强的腐蚀性。金属中以铅、铜等有色金属及合金对酸性腐蚀最敏感。另外由于齿轮油中含有极压添加剂，化学活性强，容易与金属表面发生反应造成腐蚀。

齿轮油的防锈性是指齿轮油防止金属产生锈蚀的性能，金属机件的生锈主要是由于油中氧和水的存在而引起的。

齿轮油在使用过程中会发生分解或氧化变质产生酸性物质和胶质，特别是与水接触时容易产生腐蚀和锈蚀，因此齿轮油中要加有抗腐防锈剂以提高其抗腐防锈性能。

（7）抗乳化性

由于齿轮在运转过程中常不可避免地与水接触，如果其抗乳化性不强会造成齿轮油乳化和产生泡沫，导致油膜强度降低或破裂。含有极压抗磨剂的油乳化后，极压剂会发生水解或产生沉淀，从而失去极压作用并且产生有害的物质，使齿轮油迅速变质，从而造成齿轮擦伤、磨损。

（8）抗剪切安定性

齿轮油的粘度在使用期间，容许有一定的变化，但是在指定的温度下，不容许有大的变化。齿轮油粘度变化的发生是由于齿轮啮合运动所引起的剪切作用的结果，特别是中、重载荷条件下，最容易受剪切影响的成分是聚合物，如粘度指数改进剂。因此齿轮油中使用的粘度指数改进剂必须有良好的抗剪切安定性，以保证齿轮油在使用过程中粘度基本保持不变。

（9）贮存安定性

齿轮油的基础油和极压抗磨剂间应有足够的溶解性，在长期的储存中添加剂组分间不能相互反应，遇水不发生加水分解，不生成沉淀。因此齿轮油应有良好的贮存安定性。

（10）与密封材料的适应性

齿轮油中由于有基础油和极压抗磨剂等，会造成密封材料溶胀、硬化，从而使机械强度和使用寿命下降。同时会使密封材料发生变形，导致密封作用变差。伴随着密封材料的密封性能下降，会使齿轮油因泄漏而油量不足，以及使外部异物进入齿轮传动副和轴承而造成零件损伤。泄漏出来的齿轮油如果接触到制动器或轮胎等机件后，会因发生滑动而危及行车安全。所以齿轮油与密封材料必须有很好的相容性（配伍性）。

2. 车辆齿轮油的分类

车辆齿轮油的分类与发动机油相似，也是采用美国 API 的使用性能分类和 SAE 的粘度分类进行类别划分的。

（1）API 使用性能分类

美国 API 的车辆齿轮油使用性能分类，是根据齿轮的类型、承载情况等使用要求对齿轮油进行分类的。API 的分类经过多次修改，美国石油学会车辆齿轮油使用性能现行分类将车辆齿轮油分为：GL-1、GL-2、GL-3、GL-4、GL-5。近年来，随着汽车技术不断发展，许多汽车制造厂商对车辆齿轮油的要求超过这些技术规范。因此 SAE（汽车工程师协会）和 ASTM（美国材料试验学会）建议用新的等级表示，即 MT-1 和 PG-2。其中 MT-1 是机械变速器用油，改善了齿轮油的热安定性、抗氧性、清净性、抗磨性、密封材料与青铜件的配伍性，其使用性能高于 GL-4。PG-2 用于驱动桥润滑，其使用性能高于 GL-5。

GB/T 28767－2012 我国《车辆齿轮油分类》将车辆齿轮油分为 GL-3、GL-4、GL-5 和 MT-1。GL-3、GL-4、GL-5、MT-1 分别对应普通车辆齿轮油、中负荷车辆齿轮油和重负荷车辆齿轮油、非同步手动变速器油。

（2）SAE 粘度分类

我国车辆齿轮油的粘度分类 GB/T17477－2012《汽车齿轮润滑剂粘度分类》，是等效采用 SAE 制定的车辆齿轮油粘度分级标准 SAE J306－2005《汽车齿轮润滑剂粘度分类》制订的，见表 2-7。

表 2-7 我国车辆齿轮油的粘度分类

SAE 粘度级号	动力粘度达 150Pa·s 时的最高温度/℃	运动粘度（100℃）/（mm²/s） 最小	运动粘度（100℃）/（mm²/s） 最大
70W	-55	4.1	-
75W	-40	4.1	-
80W	-26	7.0	-
85W	-12	11.0	-
90	-10	13.5	<24.0
140	-10	24.0	<41.0
250	-	41.0	

齿轮油根据动力粘度为 150Pa·s 时的最高温度和 100℃时的运动粘度不同，分为 70W、75W、80W、85W、90、140、250 等七种粘度级号。其中数字后带有 W 的表示低温用齿轮油，数字后不带 W 的表示常温或高温下使用的齿轮油，这七种粘度级号均为单级油。为了节能、方便四季及寒暖区通用，SAE 也设计了车辆齿轮油多级油，其性能需要同时满足两种粘度级号的要求。如 80W-90 含义是低温粘度符合 SAE 80W 要求，高温粘度符合 SAE 90 要求。

与发动机油相似，车辆齿轮油规定由使用级别和粘度级号构成，如 GL-5 80W-90 表示使用级别为 GL-5、粘度级号为 80W-90 的车辆齿轮油。

三、汽车自动变速器油的使用性能与品种

自动变速器是一个很复杂的机构，在自动变速器中装有液力变扭器、齿轮机构、液压机构、湿式离合器和制动器等。目前，自动变速器中普遍采用的是液力变矩器和变速器同一油路系统供油，因此自动变速器中的液力传动油通常称为自动变速器油。自动变速器油属于液力传动油，但比一般的液力传动油要求有更高的性能。

自动变速器油（Automatic Transmission Fluid，即ATF）在自动变速器中占有重要地位，不容忽视，它兼有多种功能。在液力变扭器中作为动力能的传动介质，借之以传递发动机的动力，是进行能量转换的工作介质。在自动变速器换挡执行元件的动作中，作为操纵油路系统实现液压控制的压力用油。自动变速器油对自动变速器的齿轮和诸多换挡元件摩擦副进行强制润滑。把损耗在自动变速器油中的热能传至油冷却器，用发动机冷却液进行强制冷却，冷却后的自动变速器油再返回自动变速器中，防止高温产生。自动变速器油的循环流动带走磨损的铁屑等杂质，经滤清器或磁性螺栓清除或吸附掉。

因此，对汽车自动变速器来说，自动变速器油（ATF）是必不可少的工作液体，除具有动力传递作用外，还具有换挡控制和使执行机构（如离合器、制动器）工作的作用以及汽车自动变速器内部机件的润滑、冷却和清洁等作用。能将几种油的性能集于一身，统一体现多功能性，这就要求自动变速器油配方研制具有多方平衡才能达到，可以说自动变速器油技术含量较其他车辆用油而言是最高的。

1. 自动变速器油的使用性能

自动变速器油由基础油和添加剂配制而成，其使用性能主要有：粘度特性、抗磨性、热氧化安定性、抗泡沫性、贮存安定性、摩擦特性、密封材料适应性和防锈防腐性等。

（1）适宜的粘度和良好的粘温特性

自动变速器油按其作用可分别作为动力传递介质、自动控制用的液压油、齿轮和轴承润滑用的齿轮油等。各种不同的作用，对自动变速器油的粘度要求不同。作为动力传递介质，粘度对液力变矩器的效率影响很大，通常粘度越小，传动效率越高。但粘度过小又会导致液压系统的泄漏增加。作为自动控制的液压油、齿轮和轴承润滑的齿轮油，要求自动变速器油保持一定的粘度。

自动变速器油的使用温度范围为-40℃～170℃，这就要求自动变速器油应具有良好的低温性能（低温流动性）和高温性能（高温、高压下保持合适的粘度）。由于自动变速器工作正常与否与油的粘度有极大关系，因此粘度便成为自动变速器油最重要的使用性能之一。

为保证油品在变速器正常工作时粘度变化不至过大，要求油品具有良好的粘温特性即较高的粘度指数（>140），表2-8为常用自动变速器油的粘度参考值。为兼顾高温和低温工况对粘度的不同要求，一般将100℃时自动变速器油的运动粘度控制在7mm²/s左右。

（2）抗磨性

自动变速器内的齿轮摩擦副、轴承也要用自动变速器油润滑，所以自动变速器油必须要

有良好的抗磨性。为了提高其抗磨性，油中通常都加有抗磨添加剂。

表 2-8 常用自动变速器油的粘度参考表

自动变速器油种类		DEXRON	DEXRON-II	F	MERCON
运动粘度/ mm²/s	40	41.43	34.81	32.57	42.03
	100	7.51	6.94	6.91	8.02
粘度指数		150	165	180	167

（3）热氧化安定性

试验结果表明，轿车在市区行驶时自动变速器油温可达 93.0℃～111.7℃，在高速公路上行驶时油温可达 82.2℃～87.8℃。自动变速器油在工作中又不断与空气及铝、铜等有色金属（油品氧化催化剂）接触，所以自动变速器油易氧化变质，形成油泥、漆膜、沉积物，发生摩擦片打滑、控制系统失灵等故障。因此，自动变速器油必须具有良好的热氧化安定性，为此要向油中加入抗氧化剂。

（4）抗泡沫性

自动变速器工作时，由于内部零部件的旋转搅拌，油品形成泡沫，使其润滑性能变坏，气泡的可压缩性也会使液压系统无法正常工作。泡沫形成严重时，执行机构中的离合器和制动器会出现打滑，引起机件磨损甚至烧毁。自动变速器油产生的泡沫将影响自动控制系统的准确性、变矩器的性能和破坏正常的润滑条件。为防止此类问题的发生，在油品中加入抗泡沫添加剂，以降低油品的表面张力，尽量避免气泡的形成，并限制气泡形成后的存留时间。常用的抗泡沫剂是烷基聚硅氧烷类（也称硅酮类）。国产各种油品中一般加二甲基硅油，代号 T-901，添加量极少，一般在 5～20mg/kg 之间。加入后不但有好的抗泡作用，同时对油品的热稳定性和清净分散性都有明显的提高。

（5）剪切安定性

自动变速器油在液力变矩器中会受到强烈的剪切，引起粘度下降，油压降低，以致离合器、制动器打滑。因此要通过严格的剪切试验。

（6）贮存安定性

含有多种添加剂混合组分的自动变速器油，其相容性是主要的，保证在一定温度范围内和一定时间应该均相，且没有分解，而且各成分不应该出现分层或析出等现象。故良好的贮存安定性非常必要。

（7）摩擦特性（换挡特性）

自动变速器油的摩擦特性包括动摩擦特性和静摩擦特性，其性能对离合器摩擦有很大影响。油品的摩擦性能在很大程度上是由摩擦改进剂的添加剂所决定的。根据是否添加这种改进剂，自动变速器油可分为两类，市场上常见的 DEXRON、MERCON 含有这种添加剂，而 F 型则不含。是否含有摩擦改进剂虽然对油品动摩擦系数的影响不大，但其造成的静摩擦系数差异却是极为明显的，例如，前一类油的静摩擦系数就远远低于后一类。如果动摩擦系数小，离合器结合时滑转大，换挡时间长；如果静摩擦系数过大，在离合器结合的最后阶段转矩变化剧烈，有异响，换挡冲击大。摩擦特性好，要有相匹配的动、静摩擦系数。

（8）与橡胶密封材料的适应性

自动变速器油不应使自动变速器机构中的丁腈橡胶、丙烯橡胶、硅橡胶等密封材料有明显的膨胀、收缩和硬化，否则将会产生漏油和其他危害。

此外，零件的腐蚀或锈蚀，会造成系统工作失灵，以至损坏，因此自动变速器油还应有防腐防锈性。

2. 自动变速器油常用品种

经过多年来的使用与选择，美、日以及欧洲各大汽车公司普遍集中使用 3 大类的自动变速器油，即通用汽车公司的 DEXRON 系列、福特汽车公司的 F 型和 MERCON。下面分别予以简要介绍。

（1）通用公司的 DEXRON 系列自动变速器油

1967 年，美国通用汽车公司生产出 DEXRON 自动变速器油，它含有摩擦改进剂。到 1973 年，通用汽车公司又推出 DEXRON-ⅡC 自动变速器油。在 DEXRON-ⅡC 短暂的使用过程中，发现它易引起自动变速器冷却器管路的腐蚀，因此通用汽车公司 1976 年用 DEXRON-ⅡD 自动变速器油代替了 DEXRON-ⅡC。

1990 年，通用汽车公司推出了 DEXRON-ⅡE 自动变速器油，与其他 DEXRON-Ⅱ 相比，新油品低温粘度降低、抗泡沫性增强。对该新油品还改变了抗磨性试验、摩擦试验、热氧化安定性试验、耐久性试验等项目中所用的材料、试验装置及其标准值，并新增了带式离合器的摩擦试验项目。轿车、轻型货车用自动变速器油的典型规格是通用汽车公司（GM）DEXRON-Ⅱ，皇冠 3.0、凌志 LS400、凯迪拉克、福特和奔驰等轿车的自动变速器和转向助力器要求使用的自动变速器油都是 DEXRON-Ⅱ。

（2）福特汽车公司的 F 型自动变速器油

福特汽车公司在 1995 年研制开发出不含摩擦改进剂的 F 型自动变速器油，较之该公司以前推荐使用的福特汽车公司的 A 型系列油，F 型油的粘度有所改进，同时其抗氧化能力更强。开发研制 F 型油的目的，是为了适应发动机强化后自动变速器内产生的更高的热量，但它是通过使制动器和离合器更快地接合来做到这一点的，因而与 DEXRON 系列自动变速器油有着根本的不同。

（3）福特汽车公司的 MERCON 自动变速器油

该公司 1988 年开发的 MERCON 油品是一种新的含有摩擦改进剂的多用途自动变速器油。该公司推荐用 MERCON 代替 DEXRON-Ⅱ型自动变速器油，但不能替代 F 型油品，这一点必须切记。

四、汽车润滑脂的使用性能与分类

润滑脂的主要作用是润滑、防护和密封等。绝大多数润滑脂是半固体，在常温下能保持自己的状态，在垂直表面不流失，并能在敞开或密封不良的摩擦部位工作，能解决润滑油难于解决的问题。润滑脂具有其他润滑剂所不能代替的特点，因此，在汽车上的诸多部位，都使用润滑脂作为润滑材料。

润滑脂，是将稠化剂分散到液体润滑油中形成的润滑剂。实际上是一种稠化了的润滑油。为了改善润滑脂的某些性能，可以加入一些其他组分（如添加剂或填料等）。润滑脂主要是由基础油（润滑液体）、稠化剂、添加剂等组成。

1. 润滑脂的使用性能

（1）稠度

稠度是指像润滑脂一类的塑性物质在受力作用时抵抗变形的程度，即润滑脂的软硬程度。润滑脂应具有适当的稠度。稠度的评价指标是锥入度。

在试验条件下（按 GB/T269 进行），将规定质量的标准圆锥体在 5s 内沉入润滑脂中的深度，叫做润滑脂的锥入度，以 0.1mm 为单位。

锥入度越大，表示润滑脂越软或者稠度小；锥入度越小，表示润滑脂越硬或者稠度大。

润滑脂的锥入度也和润滑油的粘度一样，随温度变化而变化。温度升高，锥入度增大；温度降低，锥入度减小。另外，锥入度还受机械剪切的影响。润滑脂受机械剪切的次数越多，由于骨架结构受到破坏，润滑脂变软，锥入度越大。所以，测定润滑脂锥入度时，规定搅动60次，这时的锥入度称为工作锥入度。若搅动超过 60 次测定的锥入度，称为延长工作锥入度。若润滑脂在尽可能少的搅动下测定的锥入度，称为不工作锥入度。

润滑脂的稠度级号就是根据润滑脂锥入度的范围来划分的。我国和国际上广泛采用的是美国润滑脂协会的（NLGI）的稠度级号划分方法。划分标准见表 2-9。

表 2-9 按锥入度划分的润滑脂级号

NLGI 级号	000	00	0	1	2	3	4	5	6
工作锥入度范围（25℃）/（1/10mm）	455~475	400~430	355~385	310~340	265~295	220~250	175~205	130~160	85~115

选择润滑脂时，应考虑润滑脂锥入度的大小。当机械摩擦表面负荷很大时，应使用锥入度小的润滑脂，否则会因不能承受所受负荷而被挤出；如摩擦表面负荷很小时，应采用锥入度大的润滑脂，否则不易形成完整的油膜，或者增加摩擦阻力，而且容易引起机件过热。通常 2 号、3 号润滑脂因其软硬程度比较适合汽车和工程机械的使用要求，因而用得最多最广。

（2）高温性能

润滑脂在的高温性能润滑脂的高温性能评价指标有：滴点、蒸发性。

1）滴点。

润滑脂的滴点是指在规定条件下，润滑脂受热变软达到一定流动性时的最低温度。

润滑脂滴点的高低，主要取决于稠化剂的种类和含量。稠化剂的种类不同，润滑脂的耐温性也不同。无机稠化剂和有机稠化剂的润滑脂滴点最高，其次的顺序是锂基润滑脂、钠基润滑脂、钙基润滑脂，工业凡士林最差。

用同一种稠化剂制成的润滑脂，稠化剂含量越多，润滑脂的滴点也越高。

滴点与润滑脂的使用温度有关。如果润滑部位的工作温度高于润滑脂的滴点，润滑脂就会丧失对金属表面的粘附能力而从润滑部位流失。为了保证润滑脂能在润滑部位长期工作而不流失，在选用润滑脂时，其使用温度应低于滴点20℃～30℃或更低。

2）蒸发性。

润滑脂的蒸发性表示润滑脂在高温条件下长期使用时，润滑脂油分挥发的程度。蒸发性越小，越理想。润滑脂中基础油的蒸发不仅引起性能的劣化，而且冷凝的油雾还会引起设备故障和影响正常观察。影响蒸发性的内因是基础油的种类和粘度，外因是温度和压力。外部压力越小，润滑脂的蒸发量越大。润滑脂的蒸发性主要取决于基础油的性质和馏分组成。

（3）低温性能

润滑脂低温性能的评定指标有：强度极限、相似粘度、低温转矩。

1）强度极限。

润滑脂是半固体状的物质，所受的外力如果不大，它只会塑性变形，而不会流动；当外力逐渐加大，达到某一临界数值时，润滑脂开始流动，使润滑脂产生流动所需的最小的力，称为润滑脂的强度极限。

强度极限对润滑脂的使用有重要意义，如润滑脂的强度极限过小，在不密封的摩擦部件或垂直面上使用时，容易流出或滑落；在高速旋转的机械中使用时如强度极限过小，也会被离心力甩出。此外，润滑脂的高、低温使用性能也和强度极限有关。在高温下，润滑脂强度极限会减小，如减得过小，则润滑脂容易流失；在低温下润滑脂强度极限也不应过大，否则，便会使机械起动困难，或消耗过多的动力。因此，规定润滑脂在较高温度下强度极限不小于某一数值；在低温下强度极限不大于某一数值。大部分润滑脂在使用温度范围内强度极限约在98～294Pa（1～30g/cm^2）之间。强度极限与稠化剂的性质和含量有关，稠化剂含量增多，润滑脂的强度极限也增大。因此，低温用润滑脂稠化剂含量应较少，以免低温强度极限过大。

2）相似粘度。

润滑脂在所受外力超过它的强度极限时，就会产生流动。润滑脂流动的难易，与其分子间摩擦阻力有关，其摩擦阻力大小也用粘度表示。

但是，润滑脂流动时的粘度和一般润滑油的粘度有区别。一般润滑油的粘度在一定温度下是个常数，润滑脂流动时的粘度在一定温度下却不是常数，而是随着润滑脂层间剪切速率的改变而改变。剪切速率小则粘度大，剪切速率大则粘度小。而当剪切速率很大时，其粘度小到一定程度则保持恒定，所以称为相似粘度（也称表观粘度）。相似粘度影响起动阻力和功率损失以及润滑脂进入摩擦面间隙的难易程度。需要注意的是：在说明润滑脂的相似粘度时，必须注明测定时的温度和剪切速率（单位为s^{-1}），否则没有意义，相似粘度用Pa·s表示。

3）低温转矩。

低温转矩是指按SH/T 0338《滚珠轴承润滑脂低温转矩测定法》在低温（-20℃以下）测

定的起动转矩和运转转矩。它可说明润滑脂在低温下的运转阻力的大小。

（4）抗水性

润滑脂的抗水性是指润滑脂在大气湿度条件下的吸水性能，要求润滑脂在储存和使用中不具有吸水的性能。润滑脂吸水后，会使稠化剂溶解出现润滑脂滴点降低，引起腐蚀。

（5）润滑性（极压抗磨性）

润滑脂是不同于润滑油的一种半固体润滑剂，稠化剂的种类和含量对润滑脂的润滑性有明显的影响，而且润滑脂的润滑性能比润滑油好得多。

涂在相互接触的金属表面间的润滑脂所形成的脂膜，能承受来自轴向与径向的负荷，脂膜具有的承受负荷的特性称为润滑脂的极压性。润滑脂通过保持在运动部件表面间的脂膜，防止金属与金属相接触而磨损的能力称为抗磨性。

（6）安定性

润滑脂的安定性包括胶体安定性、氧化安定性和机械安定性。

1）胶体安定性。

润滑脂在储存和使用中抑制分油的能力，叫做润滑脂的胶体安定性。若制成的润滑脂在相当短的时间内就产生分油，说明这种润滑脂的胶体安定性差。反之，经较长时间的储存也不分油的润滑脂，说明这种润滑脂的胶体安定性好。如果某种润滑脂的胶体安定性不好，分油严重，这种润滑脂就不宜长期储存。发现润滑脂有轻度分油时，可将其搅拌均匀后尽早使用。从润滑角度来说，润滑脂在使用中有轻微的分油，对滚动轴承的润滑是有好处的。如果润滑脂已经严重分油，改变了原来的结构，这种润滑脂就不能使用，应进行再生处理。

润滑脂胶体安定性的评价指标是分油量。

2）氧化安定性。

润滑脂在储存和使用过程中抵抗氧化的能力，叫做润滑脂的氧化安定性。

严重氧化的皂基润滑脂，颜色变深，有恶臭，对金属产生腐蚀，变软（皂分解）或结块等。主要原因是皂结构受到破坏并产生酸性物质。

3）机械安定性（剪切安定性）。

机械安定性是指润滑脂在工作条件下抵抗稠度变化的能力。润滑脂在工作时，由于受到剪切，稠度会发生改变，如果剪切后稠度变化小，则机械安定性好。

（7）橡胶配伍性

在汽车上有些润滑部位的润滑脂会与橡胶密封元件接触。在润滑脂的作用下，橡胶密封元件有的收缩，有的膨胀，都会影响橡胶密封件的正常工作。

（8）机械杂质与水分

1）机械杂质。

润滑脂中的机械杂质主要是指磨损性的机械杂质，如砂粒、尘土、铁锈、金属屑等。

润滑脂混入机械杂质后，既不能沉淀，也不能过滤，会造成润滑部位的严重磨损，要严格控制。

2）水分。

润滑脂的水分有两种，一种是游离水，它会引起金属生锈，这是不希望有的；另一种是结合水，它是润滑脂的胶溶剂。不同的润滑脂，含水量不同。通常，烃基润滑脂不允许含水分，皂基润滑脂对含水量也作了不同的规定。但有些润滑脂本身具有一定的吸水性，如钠基润滑脂、硅胶润滑脂等，对这类润滑脂应密封保管。

2. 润滑脂的分类

国际标准组织 ISO 于 1987 年提出了润滑脂分类的国际标准 ISO 6743-9：1987，该标准按照润滑脂应用场合的最低使用温度、最高使用温度、抗水和防锈水平、极压抗磨性能和稠度等级等状况对润滑脂进行分类。

我国润滑脂的分类参照国际 ISO 分类方法，制定了国家标准 GB/T 7631.8-1990。这种润滑脂分类方法的主要内容，见表 2-10 和表 2-11。它是根据润滑脂的操作条件（温度、负荷、水污染）对润滑脂进行划分的。润滑脂的稠度等级由工作锥入度的范围进行划分，分为000，00，0，1，2，3，4，5，6 九个等级，见表 2-10。

表 2-10 汽车润滑脂按使用性能的分类代号

适用范围	使用要求									标记
	操作温度范围				水污染[3]	字母4	负荷 EP	字母5	稠度等级	
	最低温度[1]/℃	字母2	最高温度[2]/℃	字母3						
用润滑脂的场合	0 -20 -30 -40 <-40	A B C D E	60 90 120 140 160 180 >180	A B C D E F G	在水污染的条件下，润滑脂的抗水性和防锈性	A B C D E F G I	在高负荷或低负荷下，表示润滑脂的润滑性和极压性，用 A 表示非极压型脂，用 B 表示极压型脂	A B	000 00 0 1 2 3 4 5 6	一种润滑脂的标记是由代号字母 L-X 与其他 4 个字母及稠度等级号联系在一起来标记的

注：①设备起动或运转时或者泵送润滑脂时所经历的最低温度。
②在使用时，被润滑部件的最高温度。
③见表 2-13。

例一：一种润滑脂，代号为 L-XCCHA2 表示的意义。

L——类别（润滑剂）；

X——组别（润滑脂）；

C——最低操作温度（-30℃）；

C——最高操作温度（120℃）；

H——水污染（经受水洗，淡水能防锈）；
A——极压性（非极压型润滑脂）；
2——数字（稠度等级：2）。

表2-11 汽车润滑脂水污染（抗水性和防锈性）代号的确定

环境条件①	防锈性②	字母4	环境条件①	防锈性②	字母4
L	L	A	M	H	F
L	M	B	H	L	G
L	H	C	H	M	H
M	L	D	H	H	I
M	M	E			

注：①L 表示干燥环境；M 表示静态潮湿环境；H 表示水洗。
②L 表示不防锈；M 表示淡水存在下的防锈性；H 表示盐水存在下的防锈性。

例二：一种润滑脂，适用于下述操作条件：

最低操作温度：-20℃；

最高操作温度：160℃；

环境条件：经受水洗；

防锈性：不需要防锈；

负荷条件：高负荷；

稠度等级：00。

这种润滑脂的代号应为 L-XBEGB00。

【任务实施】

一、发动机油的选用

1. 发动机油的选择

发动机油选择的合理，发动机的动力性、经济性以及使用寿命就会得到保证；反之，既不能满足发动机使用性能的要求，还会造成发动机过早损坏。因此，正确选择润滑油是非常重要的。

选择发动机油时，首先应当确认是汽油车使用还是柴油车使用，据此再选择相应的汽油机油、柴油机油或者汽油机/柴油机通用机油。发动机油的选择主要包括使用性能等级和粘度等级两方面，一方面选择需要的使用性能等级，如汽油机油 API SF、SJ 等，柴油机油 API CD、CF-4 等；另一方面选择需要的粘度等级，如 SAE 15W-40、30、40 等。

（1）使用性能等级的选择

使用性能等级选择的原则是：根据发动机制造商的推荐、发动机的机械负荷和热负荷、工作条件的苛刻程度、燃料性质等来确定。

1）根据车辆制造商推荐选择。

汽车出厂时，都会对发动机润滑油的使用作严格的试验，并会在出厂说明书中推荐选用的发动机油。这应该是发动机油选用的首要依据，但这仅仅是选油的一般原则，因为它还必须考虑润滑油的使用工况。在使用工况特别苛刻时，用油等级也应提高。

2）根据发动机的机械负荷和热负荷选择。

发动机的机械负荷和热负荷也是选用发动机油的重要根据。通常，根据汽油机压缩比及附属装置选择汽油机油使用性能等级，根据柴油机强化系数选择柴油机油使用性能等级。

3）考虑燃料的质量。

燃料的质量对发动机油的使用影响很大。燃料质量差，含硫量高，对发动机油的质量要求就苛刻。一般来说，柴油中含硫量大于 0.5%（质量分数）时，应选用使用性能高一个等级的润滑油。

4）考虑特殊使用条件。

选用发动机油的使用性能等级时，发动机工作条件苛刻，使用条件恶化等，应将用油使用性能等级酌情提高一级或适当缩短换油期。苛刻工况如下：少于 16km 的短程行驶；长时间在高温、高速下工作，尤其是满载长距离行驶；在寒冷的气候下行驶；开开停停的行驶；2t 以上的牵引车，满载、长时间行驶（带拖挂）；在灰尘严重的场所。

城市公共汽车使用条件比较恶劣：经常处于变工况的使用状态、长时间在较低速度下满载行驶，容易使发动机油氧化变质产生沉积物。

（2）发动机油粘度等级的选择

粘度是发动机油的重要指标，确定发动机油的使用性能等级后，选择合适的粘度就显得更为重要。粘度过大或过小都会引起能源浪费、磨损增加或其他润滑故障。

发动机油粘度等级的选择应遵循以下原则：

1）根据发动机工作的环境温度选择。

单级油不能同时满足高温和低温条件下的工作要求，因此应根据当地的气温条件进行合理选择。多级油适用的温度范围虽宽，但不同粘度等级的多级油其低温粘度及泵送性也有区别，适用的气候条件也不尽相同，也应正确选择。

寒冷地区冬季选用粘度小、倾点低的单级或多级发动机油，一般在寒区或严寒区为保证冬季顺利起动，应选用多级油。如我国东北地区，可选用 10W-30、5W-30 等机油；夏季或全年气温高的地区选用粘度适当高些的发动机油。如海南省、两广地带，可选用 30、40、50 等机油。

2）考虑发动机载荷和转速。

载荷高，转速低，一般选用粘度大的发动机油；载荷低、转速高，一般选用低粘度发动机油。

3）考虑发动机的磨损状况。

新发动机应选择粘度较小的发动机油（考虑节能），而磨损较大（摩擦面间隙增大）的发动机则应选择粘度较大的发动机油（考虑密封）。

2. 发动机油的使用

发动机油在使用中应该注意以下几个问题。

（1）正确选择发动机油的使用性能等级

选择发动机油使用性能等级时，应在满足使用性能要求情况下，选择低使用性能等级的发动机油以降低运输成本。一般说来，高使用性能等级的油可代替低使用性能等级的油，但过多降级使用不合算。绝不能用低使用性能等级的油去代替高使用性能等级的油，否则会导致发动机故障甚至损坏。

（2）使用低粘度发动机油

应在保证活塞环密封良好，机件磨损正常的条件下适当选择低粘度的发动机油。因为高粘度发动机油的低温起动性和泵送性差，起动后供油慢，磨损大，燃料消耗增加；润滑油循环速度慢，润滑和冷却作用差。

（3）优先使用多级油

在保证润滑的前提下，应优先使用多级油，如 15W-40 可在我国黄河以南地区四季通用。多级油的特点在于其突出的高、低温性能，即低温起动时，发动机油能够迅速流到零件的摩擦部位提供润滑，保护发动机免遭磨损；在高温时它具有比单级油更高的粘度，从而使发动机油保持足够的粘度，提供良好润滑。因此，多级油可冬夏通用，既可减少季节性换油，又可降低发动机摩擦阻力，减少燃料消耗，节约能源。

（4）严防水分混入

发动机油中都加有数种添加剂，这些添加剂有的是良好的乳化剂。水分混入后会使油品乳化变质，不能使用，故一定要防止水分混入。

（5）换油一般在热车时进行且应将废油放净

油温高、油的粘度小，油容易由放油孔放出，并且油温高时油中劣化物被悬浮、分散，易和发动机油一起排出发动机。

为了延长发动机的使用寿命，在换油时要将旧油放净，以免污染新加入的润滑油，造成迅速变质，引起对发动机的腐蚀性磨损。

（6）汽油机油和柴油机油的相互代用

如果把汽油机油用于柴油机上很难满足柴油机的使用要求，容易损坏发动机。如果把柴油机油用于汽油机，虽然不像汽油机油用于柴油机那样损坏发动机，但是效果不好。

（7）使用同一厂家的发动机油

不同厂家的发动机油，即使是同一级别，性能也可能有差异，最好不要混用。

（8）发动机油的更换

润滑油在使用过程中，由于温度、空气以及金属催化等作用而不断被氧化，油中积聚了污染物或油品本身发生化学变化,致使其不能继续使用而必须更换,以避免对发动机造成损坏。

1) 按质换油。

对于早期没加清净分散剂的润滑油来说,使用中颜色变黑的确是润滑油已严重变质的表现。但现代汽车使用的润滑油都加有清净分散剂,目的是将粘附在活塞上的漆膜和黑色的积碳洗涤下来并悬浮在油中,减少发动机高温沉积物的生成。故润滑油使用一段时间后颜色容易变黑,但这时润滑油并未变质。使用中的润滑油是否严重变质、是否需要更换,应主要根据润滑油的理化指标是否达到报废标准来判定。确定换油周期要注意消除以润滑油颜色变黑作为更换依据印象。比较合理的换油方法是按质换油,即根据在用润滑油的某些指标(粘度、闪点、水分、不溶物、铁含量、中和值)变化程度来确定换油周期。这样不仅可及时更换不适用的机油,更为重要的是能够及时发现发动机的隐患,提前采取措施予以消除,从而避免造成重大损失。

2) 定期换油。

对汽车发动机油难以进行质量监测,而又要确保汽车发动机经常处于良好的工况状态,可采用汽车生产厂家推荐的换油周期定期换油。这种作法虽然简便易行,但不能正确反映是否应该换油,容易造成资源浪费。

如果使用使用性能较高的润滑油,其换油周期可适当延长。

3) 规定换油周期同时控制油的指标。

在规定了发动机换油周期的同时,也控制在用油的某些理化指标,必要时可提前报废。

使用发动机油的关键是选择合理的换油周期,换油周期过长,会增加发动机的磨损。换油周期过短,会造成润滑油的浪费。但就汽车发动机油而言,因为每辆汽车的发动机油用量较少,而目前油样化验费用高,采用定期换油较经济。

二、车辆齿轮油的选用

1. 车辆齿轮油的选择

车辆齿轮油的选择包括使用性能级别和粘度级号的选择。使用性能级别应根据齿轮类型和工作条件来选择,粘度级号应根据其工作的最低环境温度和传动装置的运行最高温度来选择。

(1) 车辆齿轮油使用性能级别的选择

通常来说,在汽车传动机构中驱动桥主减速器的工作条件较为苛刻。手动变速器和转向器一般负荷较小。但为了简化用油品种,方便管理,通常使用与驱动桥相同的齿轮油。有的车辆驱动桥用中、重负荷车辆齿轮油,而变速器则要求使用普通车辆齿轮油。

车辆齿轮油使用性能等级的选择主要是依据齿轮形状、齿面载荷、车型及工况确定。有的变速器含有铜质零件,则要求使用柴油机油,主要因为中、重负荷齿轮油中的极压抗磨剂对铜质零件有腐蚀作用。

(2) 车辆齿轮油粘度级号的选择

车辆齿轮油粘度级号,主要根据最低气温和最高油温来选择,并考虑车辆齿轮油换油周期较长的因素,既保证低温下的车辆起步,又能满足油温升高后的润滑要求。

齿轮油的低温粘度达 150Pa·s 时的最高温度决定其适用的最低气温。70W、75W、80W 和 85W 号油该温度分别为-55℃、-40℃、-26℃和-12℃，应对照当地冬季最低气温适当选用。齿轮油最高工作温度下的粘度要求不低于 10~15mm²/s，一般地区、车辆 90 号油可满足其使用要求，只有在天气特别热或负荷特别重的车辆上使用 140 号油。长江流域及其他冬季气温不低于-10℃的广大地区，可全年使用 90 号油；长江以北及其他气温不低于-12℃的地区，一般车辆可全年使用 85W-90 号油，负荷特别大的车辆，可全年使用 85W-140 号油；长城以北及其他冬季气温不低于-26℃的寒区，可全年使用 80W-90 号油；黑龙江、内蒙古、新疆等冬季最低气温在-26℃以下的严寒地区，冬季应使用 75W 号油，夏季则应换用 90 号油。

2. 车辆齿轮油的使用

1）使用性能级别较高的齿轮油可以用在要求较低的车辆上，但过多降级使用经济上不合算。普通车辆齿轮油不能取代中、重负荷车辆齿轮油，用于双曲线齿轮的润滑，否则会加速齿轮磨损和损坏。

2）不同品牌的齿轮油不要混存混用。因为即使是同一使用性能级别、同一牌号的齿轮油，某些性能指标也不完全相同。

3）在满足润滑要求的基础上，使用粘度级别低的齿轮油，粘度级别过高，传动效率低，会使燃料消耗明显增加，特别在现代高速轿车上，应尽可能选用合适的多级齿轮油。

齿轮油粘度高对弹性流体动力润滑有利，因为油膜厚度大，承载能力高，但粘度高产生的摩擦阻力大，消耗较多动力能源。随着科技发展，油品中加有各种极压抗磨剂、油性剂，以保证足够润滑性能。在北美、西欧普遍采用低粘度的多级齿轮油，使变速器、驱动桥齿轮工作处于混合润滑，既有弹性流体动力润滑，又有边界润滑。

4）要注意适时更换新齿轮油。换用不同牌号车辆齿轮油时，一定要将原用车辆齿轮油趁热放出，并将齿轮箱清洗干净后再注入新油。

5）与发动机机油一样，任何使用性能等级的车辆齿轮油，在使用中其质量是不断下降的，当其主要性能不能满足车辆齿轮的使用要求时，就应该果断地更换齿轮油。

6）加油量要适当，不能过多或过少。加油过多，会增加齿轮运转时的搅拌阻力，造成能量损失；加油过少，会造成润滑不良，加速齿轮磨损。应经常检查齿轮箱渗漏情况，保持各油封、衬垫完好。

7）齿轮油的使用寿命较长，消耗量较少，只要按时补充新油，一般可行驶 30000~50000km。如使用单级油，在换季维护时换用不同的粘度级号，放出的旧油还未达到换油指标时，可在再次换油加车使用。旧油应妥善保管，严防水分和机械杂质混入，否则易引起车辆齿轮油的变质。

三、自动变速器油的选用

自动变速器油的用油规格、加油方法、油量、换油里程间隔均应严格遵守规定，认真执行。否则不但容易发生故障，而且影响自动变速器性能发挥和使用寿命。

1. 自动变速器油的选择

按照车辆使用说明书的规定，选用适当规格的自动变速器油。自动变速器油的选择可参考以下原则：

一般轿车和轻型货车自动变速器都选用符合通用汽车公司 DEXRON 规格的自动变速器油，常用的是 DEXRON-ⅡD，电控的车用低温性能优良的 DEXRON-ⅡE、DEXRON-Ⅲ，最新规格是 DEXRON-Ⅳ；或选用符合福特汽车公司 F 型、MERCON 规格的自动变速器油，常用的是 NEW MERCON、MERCON-Ⅲ，最新规格是 MERCON-Ⅴ。

2. 自动变速器油的使用

必须使用规定的自动变速器油，按规定方法经常检查油面高度，按规定里程或时间间隔进行换油，换油时必须同时清洗油冷却器和滤清器。

1) 使用原厂规定或推荐的自动变速器油，既不能错用，也不能混用。

不同制造厂家的产品，所使用的自动变速器油是不同的。例如，美国通用、福特和克莱斯勒三大汽车公司所有原厂加注的自动变速器油均为石油基产品，而一些日本和欧洲的汽车公司却使用了部分乃至全合成的自动变速器油，而即便同是石油基产品，通用汽车公司使用的是 DEXRON 系列油品，而福特汽车公司却是 F 型和 MERCON 自动变速器油，必须符合各自的技术要求。

以 DEXRON 和 MERCON 两大主流系列自动变速器油与 F 型自动变速器油相互比较，由于前两者含有摩擦改进剂，而后者不含，所以随意换用会引发一些不良的后果。含有摩擦改进剂的自动变速器油，其动摩擦系数较高而静摩擦系数有所下降，因而原设计考虑使用这种油品的自动变速器，离合器的摩擦片数目要稍多些，制动带尺寸要稍大些。一旦这类自动变速器误用了 F 型自动变速器油，使用过程中会出现换挡冲击过大问题，同时自动变速器内部某些零件的工作载荷加大，会造成零部件损坏等后果。反之，当原设计使用 F 型油品的自动变速器误用含摩擦改进剂的 DEXRON 和 MERCON 油品时，在车辆上坡等需要大扭矩传动的工况下，内部滑动摩擦显著增加，离合器和制动器摩擦材料的磨损加剧，使用寿命大幅度下降。

因此，为保证装有自动变速器的汽车良好的工作性能和低的使用与维修成本，用户必须在车辆的使用和维修过程中加注车辆原生产厂家规定或推荐的自动变速器油。否则，不仅可能造成自动变速器性能下降或导致原本可以避免故障的发生，而且对新车而言，还可能造成产品索赔与"三包"权利的丧失。

2) 自动变速器油油面的检查。

为保证自动变速器工作的可靠性及寿命，对其内部的液面高度有明确的规定。一般来说，设计人员确定自动变速器油液面高度时所依据的原则是当自动变速器内部的液力变矩器、各处油道和油缸均充满油液后，变速器油底壳中的液面高度不应高于行星齿轮变速器回转零部件的最低位置，同时又必须高出阀体与自动变速器壳体安装的接合面。这样做的目的是防止自动变速器工作时，其内部的旋转零部件产生强烈的搅油动作，使大量气泡进入自动变速器油，加速自动变速器油的氧化失效；同时又可防止含有大量气泡的自动变速器油被吸入或变速器壳体内的空气直接经阀体与壳体接合面密封不良处渗入液压控制系统,影响系统的正常工作。

自动变速器的生产厂不同,油面高度的检查条件也不同,油尺的刻度标准也不完全相同。检查时一般都要求:自动变速器处于热状态(油温为70℃~80℃),汽车停放在水平路面上并拉紧驻车制动器,发动机怠速运转。踩下制动踏板,将自动变速器的选挡操纵手柄在各挡位轮换停留短时间,使自动变速器油充满液力变矩器和所有执行元件。发动机熄火,将选挡操纵手柄拨至停车挡(P)位置。这样就可保证自动变速器中的液力变矩器和各处油道及油缸均充满自动变速器油。转动油尺至非锁止位置,将其自套管中抽出并用干净的抹布擦干净,再将油尺完全插入套管后,重新抽出油尺,检查其上自动变速器油位置应位于"HOT"("热态")范围内。若此时自动变速器油位置低于上述范围的下限,则应添加原厂规定品牌及型号的自动变速器油至热态范围的上限处。需要注意的是,虽然油尺上有"COOL"("冷态")范围,但它只是在更换自动变速器油或发动机未运转时作为参考之用,以便在发动机处于冷态时大致了解自动变速器的油面高度是否正常,而热态范围(HOT)才是标准的。

一般情况下,检查时不会出现油面位置过高现象,除非发生了以下两类问题:一是汽车长时间高速行驶或长时间拖挂其他车辆后,使油温过分升高导致液面异常;二是液力变矩器自动变速器油出口处的单向阀(或由液力变矩器调压阀兼作的单向阀)故障,致使停车后液力变矩器中的自动变速器油流泄到变速器油底壳中。对前一种问题,可在停车一定时间后自动变速器油温度降至正常后再检查;对后一种问题,则应及时采取措施,使故障得以排除。

3)油质的检查。

正常的自动变速器油,清澈略带红色,且无异味。如果使用不当,容易出现自动变速器油变质,因此,必须加强对自动变速器油品质的检查。自动变速器油品质的检查,可用检测仪器进行检查。如无检测设备时,可从外观上判断,如用手指捻一捻自动变速器油,感觉一下粘度,用鼻子闻一闻有无特殊的气味。若发现自动变速器油变质,应及时换用新油。

根据使用的经验,现将自动变速器油品质变化现象与其原因列于表2-12,以供参考。

表2-12 自动变速器油品质变化现象与原因

现象	原因
颜色发白、浑浊	水分已进入油中
黑色、发稠,油尺上有胶质油膏	自动变速器油油温过高
深褐色、棕色	自动变速器油使用时间过长;长期高负荷运转,或某些部件打滑、损坏,引起自动变速器过热
自动变速器油中出现固体残渣	离合器片、制动带和单向离合器磨损严重
自动变速器油中有烧焦味	油温过高,油面过低;油冷却器、滤清器或管路堵塞

4)油温和通气管的检查。

油温是影响自动变速器油和自动变速器使用寿命的一个重要因素。油温过高,将使自动变速器油粘度下降，性能变坏，产生油膏沉淀物和积碳，堵塞细小孔道，阻滞控制滑阀，降低润滑、冷却效果，破坏密封件等，最终导致故障。而影响油温的主要因素有液力变矩器有故障，离合器、制动器打滑或分离不彻底，单向离合器打滑及油冷却器堵塞等。因此，必须按规定正确操纵自动变速器，保证自动变速器技术状况良好。行车途中应注意检查自动变速器壳体的温度是否正常，若发现温度过高，应立即停车检修。

因自动变速器过热而引起自动变速器油变质时，应首先检查油面高度是否合适。若油面高度合适仍过热，则应更换自动变速器油；若换油不能奏效，就需要检查管路是否堵塞；若仍然难以奏效，那就需要全面检修自动变速器。此外，还应注意检查自动变速器壳体上的通气管是否畅通，以防被污泥堵塞，不利于变速器内气压平衡。

5）自动变速器油的更换。

汽车自动变速器油使用一定里程或时间后，其各项理化指标均发生明显变化，当其不再能够满足使用要求时，就必须及时更换。

未及时更换自动变速器油，容易造成自动变速器油变质、粘度降低，加大摩擦片间的磨损，油耗增加；还易使油料颗粒增大或者产生碎屑而阻塞油路、拉伤阀体、阻塞柱塞，甚至产生换挡冲击。

自动变速器油的本色发红、透明。如果车辆的使用条件恶劣，自动变速箱油粘稠、变黑、有异味，建议换油、维修，否则易造成油耗加大、动力降低，甚至箱体损坏。

一般情况下，汽车制造厂商均为自己生产的汽车制定了相应的换油周期。如使用条件一般，建议按照车辆使用说明书的规定定期更换自动变速器油，以防止小碎颗粒进入油路造成阻塞。如雅阁、捷达、宝来、高尔夫、富康、爱丽舍、赛纳和毕加索等轿车规定每6万公里更换自动变速器油。如果车子的使用条件和工况良好，自动变速器油清澈、杂质稀少（可用肉眼观察），可适当延长换油周期。

表2-13为日本丰田汽车公司为其凌志LS400型轿车制定的自动变速器油检查及更换周期。

表2-13 凌志LS400型轿车自动变速器油检查及更换周期

周期	1000km	10	20	30	40	50	60	70	80
	月	6	12	18	24	30	36	42	48
作业项目	正常使用			检查		更换		检查		更换
	非正常使用	检查	更换	检查	更换	检查	更换	检查	更换

表2-12中所列的检查作业包括自动变速器油液面高度的检查及必要时自动变速器油的补充，而且丰由汽车公司提出，检查时一旦发现自动变速器油发出烧焦的味道或油色变黑，则应予以更换。

正常情况下，石油基的自动变速器油呈清亮透明的红色，这有助于维修技工确定汽车底盘部分的漏油是否来自自动变速器或其他总成。被水或发动机冷却液污染后的自动变速器油具有一种乳状的粉红色,这有助于判断自动变速器的冷却器是否泄漏。过热的石油基自动变速器油闻起来有一股焦煳味,而长期使用后为各种杂质、污物所污染的石油基自动变速器油则变为红褐色、褐色,甚至黑褐色。在使用部分或全合成的自动变速器油时,气味和颜色往往并不能准确地表明自动变速器油的状况。所以对一般用户而言,应按汽车制造厂商的规定换油。

换油时,一般厂商均声明必须使用原厂推荐的油品,如丰田公司规定凌志 LS400 轿车必须使用 T-II 型自动变速器油或相当产品;本田公司规定雅阁轿车应使用自己的 ULTRA 型自动变速器油,如用替代品的话,仅可使用 DEXRON-II。

从自动变速器的换油机构看,美、日、欧车系中,有些车带有油堵,可以卸下油堵放油,换油率 40%;没有油堵的车型,可以卸下油底壳,但是液力变矩器里的油难以更换,换油率在 50%到 60%左右。

目前有专用自动变速器清洗换油设备,用此设备换油既可将自动变速器彻底清洗,又可将旧油全部换出,因此应用专用设备更换自动变速器油。

a. 严格控制加油量。

自动变速器油量的多少,对其使用性能和使用寿命均有较大影响,因此,加入自动变速器的油量必须符合标准。若油面低于标准,油泵会吸入空气,导致空气混入工作液,降低液压系统的工作压力,使各控制滑阀和执行元件动作失准,操纵失灵,使离合器、制动器的摩擦材料磨损,同时还会加速自动变速器油的氧化变质。当油面过低时,由于运动件得不到充分可靠的润滑,还有可能因过热而引发运动件卡滞及产生噪声。当油面过高时,会由于机械搅拌而产生大量泡沫,这些泡沫进入液压控制系统,会引发与油面过低而产生的同样问题。如果控制阀体浸没于自动变速器油中,则液压管路中的离合器、制动器的泄油口会被自动变速器油阻塞,施加于离合器、制动器的油压就会因不能完全释放或释放速度太慢,使离合器、制动器动作迟缓。在坡路上行驶时,由于过多的自动变速器油在油底壳中晃动,有时会导致从加油管往外窜油,容易引起发动机罩内起火,这是很危险的。

b. 自动变速器油的更换方法。

首先放掉旧自动变速器油。放油前先行驶车辆,使自动变速器油预热到正常工作温度(70℃～80℃),以便降低油的粘度(确保油内杂质和沉淀物随油一起排出),然后停车熄火,将汽车停放在水平路面上,选挡操纵手柄拨至停车挡(P)位置,并拉紧驻车制动器。拧开位于变速器油底壳下部的放油螺塞,将自动变速器油排空后重新拧紧该螺塞。某些自动变速器的放油螺塞具有磁性,用来吸附内部轴承、齿轮和离合器片等零件上磨损下来的铁磁性磨屑,以防这些磨屑重新随自动变速器油进入摩擦副或控制油道,造成新的磨料磨损或影响自动变速器正常工作。如果放油螺塞有磁性,放油时一定要注意清理掉吸附于其上的铁磁性粉末。

换油时,自动变速器油滤清器的滤芯应一并予以更换。一般使用条件下,纸质或毛毡滤芯至少应每隔 40000km 更换一次,而对新型的合成材料滤网,为清除附在其上杂质,可按上述周期取出并在溶剂中清洗,但它不能被浸泡在化油器清洗剂中。若滤网有破裂、划痕、堵塞或漆状物无法除去,则必须予以更换。拆下自动变速器油底壳上的放油螺塞,将油底壳内的自动变速器油放尽，视情况拆下油底壳，彻底清洗油底壳和过滤器滤网，并将自动变速器油冷却器用汽油冲洗干净，然后再将油底壳和放油螺塞装好。

加油时，应使发动机处于熄火状态，先从自动变速器加油口注入预定数量的自动变速器油后，方可起动发动机，并将选挡手柄经所有挡位后回到停车挡（P）位置。与此同时，保持发动机怠速运转，然后检查自动变速器油液面高度。这时，不妨先将自动变速器油加至油尺上的"COOL"（"冷态"）位置。让汽车行驶至发动机和自动变速器达到正常工作温度（自动变速器油温 70℃～80℃），并再次检查油位，然后根据需要添加自动变速器油，只是注意不要添加过量即可。如果加油时不慎使油面高于规定的高度，这时不应勉强使用，而应该拧开放油螺塞进行放油；如没有放油螺塞，可从加油口处用吸管或其他器具吸出多余的油。

⑥保持自动变速器油清洁。

在储存和使用中要严格防止混入水分和杂质，以防自动变速器油乳化变质。

四、润滑脂的选用

要正确合理地选用润滑脂，除需要了解各种润滑脂的特性外，还必须考虑润滑脂的工作温度、转速、负荷、工作环境、供脂方式等因素。

1. 润滑脂的选择原则

根据汽车使用说明书中的规定，选择与用脂部位的操作条件相适应的润滑脂。具体的选择原则如下：

（1）最低操作温度和最高操作温度

被润滑部位的最低操作温度应高于所选润滑脂的低温界限，否则在起动和运转时，将会造成摩擦和磨损增加。被润滑部位最高操作温度应低于所选润滑脂的高温界限，否则易发生润滑脂的流失而失去润滑作用。被润滑部位最高操作温度也不能离滴点太近，要比滴点低 20℃～30℃或更低，否则会因基础油蒸发，加剧氧化，造成润滑脂寿命缩短。

（2）水污染

防止水污染的选择主要取决于润滑脂适用的环境条件和对防锈性的要求。

潮湿或易与水接触的部位，不宜选择钠基润滑脂，甚至不可以选用锂基润滑脂。因为钠基润滑脂抗水性较差，遇水容易变稀流失和乳化。有些部位用锂基脂也无法满足要求，如立式水泵的轴承可以说是经常浸泡在水中的，用锂基脂也发生乳化，寿命很短，轴承很容易损坏。在这样的部位应当选用抗水性良好的复合铝基润滑脂或脲基润滑脂。汽车、拖拉机和工程机械，常在潮湿和易与水接触的环境下工作，我国目前多用钙基润滑脂或锂基润滑脂，国外多选用抗水性能更好的锂-钙基脂或脲基润滑脂。

（3）负荷

根据润滑脂工作负荷高低的不同分别选用非极压性或极压性润滑脂。

（4）稠度级号

稠度级号的选择与环境温度、转速、负荷、供脂方式都有关系。

一般高速低负荷部位，应选用稠度级号低（稠度小）的润滑脂，而在环境温度偏高时，稠度级号可提高一级。

润滑脂的加注方法，有人工加注和泵集中加注。涂抹或填充、脂枪加注、脂杯加注等都为人工加注。如轮毂轴承采用人工填充法，钢板弹簧用人工涂抹法，钢板弹簧销等（设有注油嘴）采用脂枪加注法，分电器传动轴采用脂杯加注法。采用人工加注的部位，在选择润滑脂时主要是应考虑它的稠度，一般选用 1~3 号稠度的润滑脂，最好选用 2 号稠度的润滑脂，加注比较容易，寿命也较长。有些汽车和工程机械润滑脂采用集中加注法，通过管道向这些部位定时定量压送润滑脂进行润滑。为了加注方便，不致使泵压过大，采用润滑脂的稠度一般为 1~0 号，最好选用 0 号稠度的润滑脂。

汽车润滑脂的选择，见表 2-14。

表 2-14 汽车润滑脂的选择

润滑脂	应用部位
汽车通用锂基润滑脂（GB/T5671—1995）或 2 号通用锂基润滑脂（GB7234—1987）	轮毂轴承、水泵轴承、起动机轴承、发电机轴承、离合器分离轴承和底盘用脂润滑部位
石墨钙基润滑脂（SH/T0392—1992）	钢板弹簧
工业凡士林（SH0032—1990）	蓄电池接线柱

2．润滑脂的使用

润滑脂在使用过程中应注意以下几点：

①润滑脂在使用时，不同稠化剂制成的润滑脂不能掺混，否则可能破坏其胶体结构而使其失去原有的性能。对于不同种类的极压润滑脂，由于所加极压剂是活性物质，很可能相互反应变成腐蚀设备的物质，更不应混用。换用新润滑脂时，须将用旧的润滑脂擦除干净，否则会加速新润滑脂的氧化变质。

②在润滑脂的保存和使用过程中，应严防水分、砂尘等外界杂质的侵入，尽可能减少润滑脂与空气的接触。

③推广使用空毂润滑。

过去汽车轮毂轴承均采用满毂润滑方式，即除轴承装满润滑脂外，轮毂内腔也都加满润滑脂。一是润滑脂用量增加，造成浪费；二是轮毂中过量的润滑脂在行车过程中，通常不可能补充到轴承滚道里而只能使轴承散热困难，因温度升高而流失的润滑脂甚至漏失到制动摩擦副上而影响制动效果，造成制动失灵。为此，汽车轮毂轴承推行空毂润滑，即在内、外轴承内填满润滑脂，轮毂空腔仅涂上极薄的一层润滑脂防锈即可。空毂润滑与满毂润滑相比，有利于安全行车、节约润滑脂用量和动力消耗。

④尽量使用低稠度润滑脂。用 1 号或 2 号润滑脂较使用 3 号润滑脂可节约用脂量和动力消耗。

⑤润滑脂"无滴点"并不代表着它可耐高温。

滴点是判定润滑脂使用最高温度的一个参考数据，一般润滑脂使用温度均比其滴点低30℃左右。滴点是一种条件试验结果，只能表示在统一的试验条件下，某种脂熔化或变软而滴落的温度，但并不能完全代表其实际的使用温度，也只能作为参考。对于新开发的无滴点脂，它采用无机物（如碳黑、硅胶等）或有机物（如颜料、染料、聚脲及聚四氟乙烯等）作稠化剂的生产的润滑脂均"无滴点"，但并不代表着它可耐高温，因为决定润滑脂的使用温度关键有两方面：一是基础油，在温度升高时会发生氧化变质，同时伴有蒸发而损失；二是稠化剂，有可能不耐高温而变质。一般而言，润滑脂是否耐高温受基础油性质制约性大些。一般矿物油可耐120℃～150℃的使用温度，短时间内可承受180℃高温，而合成油则可耐更高的温度。所以，用矿物油制成的无滴点润滑脂并不见得可耐高温，在车辆上的使用效果是否良好，还需看其他性能是否良好，是否符合使用条件。

⑥一般应按使用说明书的规定定期更换润滑脂。如解放 CA1091 型汽车要求每行驶2000km 向水泵轴承、离合器踏板轴、制动踏板轴、传动轴各点、前/后钢板弹簧销、转向节主销、转向拉杆等各润滑节点处注脂。但在使用过程中，若润滑脂发生严重析油、分层与软化流失时必须及时更换。

任务三　汽车特种液与其选用

【任务描述】

汽车特种液是指制动液、冷却液、空调制冷剂与冷冻机油、液压油以及减振器液等，本任务主要介绍制动液与冷却液的合理选择与使用。

【相关知识】

一、汽车制动液的使用性能与标准

在轿车和轻型汽车上广泛采用液压行车制动系统。制动液（Brake Fluid），亦称为刹车油或刹车液，是用于液压行车制动系统中传递压力，使车轮制动器实现制动作用的一种功能性液体。其制动工作压力一般为 2MPa，有些重型车、赛车等高达 4～5MPa。随着汽车技术的不断提高，对制动液的性能要求越来越高。由于制动液的性能指标高低直接关系到车辆的行驶安全，因此必须按照车辆技术性能要求，选用相应使用性能等级的制动液。

1. 制动液的类型与组成

制动液的类型，随着制动液的发展，经历了蓖麻油醇型制动液、矿物油型制动液和合成型制动液三大类。其组成随制动液的类型不同而存在较大的变化，但基本上都是由基础油或基础液和各种添加剂组成。

目前，合成型制动液主要有三种类别，即醇醚型、酯型和硅油型。其中，酯型制动液又

分为羧酸酯型和醇醚硼酸酯型制动液;硅油型制动液分硅酮型和硅酯型制动液。合成型制动液由基础液、稀释剂和添加剂组成。

2. 制动液的使用性能

（1）高温性能

现代汽车行驶速度越来越快,为了保证汽车在炎热的夏季或使用条件恶劣的山区等苛刻条件下行驶时,汽车液压制动系统能正常可靠地工作、制动及时灵敏,制动液必须具有优良的高温性能。

制动液的高温性能指标主要包括:100℃运动粘度、平衡回流沸点、湿平衡回流沸点、蒸发性和气阻温度等5项指标。

1）100℃运动粘度。

目前,国内外各种合成制动液标准对制动液在100℃时运动粘度指标要求都是相同的,即不小于1.5mm^2/s。制动液标准之所以要规定这一指标,主要是为了保证制动液在使用过程中,当温度升高到一定程度时,仍能保证制动液具有良好的润滑和密封性能,同时防止制动液在高温条件下的渗漏。

2）平衡回流沸点。

平衡回流沸点（Equilibrium Reflux Boiling Point）是指在冷凝回流系统内与大气压平衡条件下,试样沸腾的温度。平衡回流沸点,一般简称为制动液的干沸点。应注意与馏分的沸点的区别。

3）湿平衡回流沸点（WERBP）。

平衡回流沸点是制动液出厂检验时或在加入车辆制动系统使用前,在没有吸收水分情况下的耐高温性能指标,主要反映组成制动液的各种原料组分的沸点高低。一般情况下,只有平衡回流沸点越高,制动液的高温性能才可能越好。然而,并不是所有具有高平衡回流沸点的制动液就一定具有优良的高温性能,只有在平衡回流沸点和湿平衡回流沸点都高的情况下,制动液才具有好的高温性能。

湿平衡回流沸点（WERBP）,又称为制动液的湿沸点,是指在规定的试验条件下,制动液吸收一定量水分或加入一定量水分后测得的平衡回流沸点温度值。

由于合成制动液的一个显著特点是在储存和使用过程中与空气接触时,很容易吸收空气中的水分,因此,与平衡回流沸点指标相比,湿平衡回流沸点指标更能反映制动液在实际使用过程中的耐高温性能状况。一般情况下,如果平衡回流沸点高,湿平衡回流沸点也应该较高,但它们的关系并不是呈线性关系变化,不同制动液,其平衡回流沸点与湿平衡回流沸点指标相差较大。

4）蒸发性。

制动液的蒸发性是制动液的一项重要高温性能指标,它是将规定量的制动液在100℃温度条件下按规定方法经过一定时间恒温（如168h）后,根据试验前后制动液的质量变化,计算其蒸发损失百分率;同时检查试验后的残液中有无砂粒或磨蚀物,并测定其在-5℃条件下的流动性。

制动液的蒸发性指标是控制制动液在一定温度条件下蒸发损失大小的指标。该指标对于制动液的润滑性能、使用寿命和保证制动液在较高温度条件下使用时,制动系统正常、可靠工作具有重要意义。

5）气阻温度。

在汽车制动过程中,摩擦产生的热量会使制动液的温度不断升高,当达到能使制动液开始气化的温度时,就会产生一定量的气体;如果这时主泵活塞正好处于泄油位置,系统入口也敞开着,则生成的气体会迫使不可压缩的制动液返回到主泵贮液罐中,在这种情况下,若再次使用制动,主泵活塞压缩的除了制动液外,还有一部分可压缩的气体;当制动液产生的气体体积数量增大到一定程度时,即使主泵活塞移动到极限位置,仍不能产生足够大的压力去推动制动装置进行制动,导致制动失灵,这种现象就称为气阻,产生气阻时所测得的制动液温度就称为气阻温度（VLT）。

（2）低温性能

制动液的低温性能主要是指制动液在寒冷地区、极寒冷地区使用时,保证车辆制动系统正常工作,制动灵敏、可靠的能力。制动液的低温性能指标同样是重要的使用性能指标,其数值高低直接关系到车辆在低温条件下的行车安全。国内外制动液标准也对不同使用性能等级的制动液产品规定了相应的低温性能控制指标。这些性能指标主要包括低温（-40℃或-55℃）运动粘度、低温流动性和外观。

（3）抗腐蚀性和防锈性

在液压制动系统中与制动液接触的金属管路和元器件较多,并涉及多种金属元素;为了确保这些零部件长期正常、可靠工作,一个重要条件是液压制动系统中的金属零部件不发生锈蚀、腐蚀,因此制动液必须具有优良的抗腐蚀性和防锈性。

（4）与橡胶的配伍性

在液压制动系统中,为了保证制动液不渗漏、并传递制动能量,使用了多种橡胶零部件。制动液在工作过程中会直接与这些橡胶部件相接触。为了保证这些橡胶件正常工作,要求制动液具有良好的橡胶配伍性,对橡胶配件不能产生过度的软化、溶胀、溶解、固化和收缩作用。车辆制动系统的制动总泵和分泵中都有随活塞一起运动的橡胶皮碗,这些皮碗不仅要与缸壁紧密接触,以保证其良好的密封性,而且还要活动自如。决不能因制动液的浸润,造成皮碗机械强度过分降低,体积、形状发生明显变化而失去应有的密封作用,从而影响制动能量的传递,更不能发生皮碗卡死、制动不能回位等导致制动失灵的现象。

（5）抗氧化性

制动液在制动系统中受高温和金属催化等因素的影响,会促使制动液氧化变质,为此,要求制动液具有优良的抗氧化性。制动液抵抗氧化衰变的能力称为抗氧化性。抗氧化性越好,则制动液越不易氧化变质,储存期和使用期就越长。

（6）溶水性

要求制动液吸水后能与水互溶,不产生分离和沉淀,主要用来评定水分对制动液性能的影响。

（7）液体稳定性

制动液的液体稳定性包括高温稳定性和化学稳定性两项指标。该指标主要用来反映制动液在一定试验条件下的物理和化学稳定性能。

高温稳定性是将 60mL 试验制动液加热到 185℃，恒温 2h 后，再升温测定其平衡回流沸点，用试验制动液恒温前的平衡回流沸点与恒温后测得的平衡回流沸点之差来评定制动液的高温稳定性能。

化学稳定性是将 30mL 试验制动液与 30mL 相容性液体混合后测定其平衡回流沸点，用开始沸腾回流后第一分钟内混合试液的最高温度与随后测得的平均沸点之差来评定制动液的化学稳定性。

（8）液体相容性

主要用来评定试验制动液是否与其他同类型的制动液混溶。该试验重点考察制动液之间的物理和化学相容性，如制动液与相容性液体进行混合后是否分层、沉淀等。

3. 汽车制动液的标准

美国制动液标准是世界上制订最早，也是目前最有影响力的制动液标准。美国联邦运输部制定的 FMVSS No.116 制动液类型有 DOT3、DOT4、DOT5 和 DOT5.1。

我国汽车制动液均采用合成型制动液，用 HZY 表示，其中 H、Z 和 Y 三个大写字母分别为"合成""制动""液体"三个汉语词组第一个汉字的汉语拼音的首字母大写。GB12981－2012《机动车辆制动液》标准规定了合成制动液的技术要求和试验方法，将制动液分为HZY3、HZY4、HZY5、HZY6 四个级别，分别对应国际标准 ISO4925：2005 中的 Class3、Class4、Class5.1、Class6，其中 HZY3、HZY4、HZY5 分别对应美国交通运输部制动液类型的 DOT3、DOT4、DOT5.1。

二、汽车冷却液的组成与标准

目前，汽车发动机广泛采用闭式强制循环水冷冷却系统。冷却液是冷却系统中的传热介质，具有防沸（带走高温零部件热量）、防冻、防腐以及防垢等作用。

1. 冷却液的组成

冷却液是由水、防冻剂以及各种添加剂组成。目前，冷却液主要分为乙二醇型冷却液和丙二醇型冷却液两种类型。

乙二醇，俗称甘醇。常温下，乙二醇是无色透明黏稠状液体，稍有甜味，有一定的毒性，挥发性小，闪点 116℃、沸点 197℃。乙二醇能够与水以任意比互溶，在一定浓度范围内大大降低水的冰点，其冰点与乙二醇浓度之间的关系，如图 2-3 所示。

丙二醇常指 1、2－丙二醇，沸点 188℃，冰点-59℃。常温下，丙二醇是无色透明黏稠状液体，微有辛辣味，对人体的皮肤、眼睛和黏膜无刺激作用，稳定性好，能够与水以任意比互溶。

丙二醇毒性低、降解性好，对人和环境危害较小，同时还具有良好的防冻和其他性能，作为冷却液的基础液,可获得与乙二醇相似效果。因此,近年来在冷却液中使用逐渐增多,特别是在注重环保的国家应用较广。但由于丙二醇原材料价格较高,加工和使用成本较高,目前在我国应用尚少。

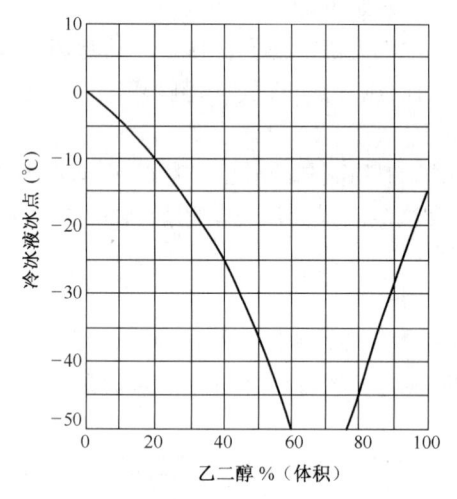

图 2-3 冷却液冰点与乙二醇浓度之间的关系

2. 冷却液的标准

我国汽车发动机冷却液的现行标准是 GB29743－2013《机动车发动机冷却液》,冷却液根据发动机使用负荷大小(轻负荷发动机是指长期在比额定功率低得多的条件下运转的发动机,重负荷发动机是指长期在额定功率或接近额定功率的条件下运转的发动机,大多采用湿式缸套设计。)不同,分为轻负荷冷却液和重负荷冷却液两类;冷却液按主要原材料不同,分为乙二醇型、丙二醇型和其他类型三类。其中乙二醇型、丙二醇型冷却液又分别分为浓缩液和稀释液。稀释液按其冰点不同,分为-15 号、-20 号、-25 号、-30 号、-35 号、-40 号、-45 号和-50 号等 8 个牌号。

轻负荷冷却液分类代号及型号,见表 2-15。

表 2-15 轻负荷冷却液分类代号及型号

产品分类		代号	型号
乙二醇型	浓缩液	LEC-Ⅰ	-
	稀释液	LEC-Ⅱ	LEC-Ⅱ-15、LEC-Ⅱ-20、LEC-Ⅱ-25、LEC-Ⅱ-30、LEC-Ⅱ-35、LEC-Ⅱ-40、LEC-Ⅱ-45、LEC-Ⅱ-50
丙二醇型	浓缩液	LPC-Ⅰ	-
	稀释液	LPC-Ⅱ	LPC-Ⅱ-15、LPC-Ⅱ-20、LPC-Ⅱ-25、LPC-Ⅱ-30、LPC-Ⅱ-35、LPC-Ⅱ-40、LPC-Ⅱ-45、LPC-Ⅱ-50
其他类型		LOC	依据冰点标注值

重负荷冷却液分类代号及型号，见表 2-16。

表 2-16　重负荷冷却液分类代号及型号

产品分类		代号	型号
乙二醇型	浓缩液	HEC-Ⅰ	-
	稀释液	HEC-Ⅱ	HEC-Ⅱ-15、HEC-Ⅱ-20、HEC-Ⅱ-25、HEC-Ⅱ-30、HEC-Ⅱ-35、HEC-Ⅱ-40、HEC-Ⅱ-45、HEC-Ⅱ-50
丙二醇型	浓缩液	HPC-Ⅰ	-
	稀释液	HPC-Ⅱ	HPC-Ⅱ-15、HPC-Ⅱ-20、HPC-Ⅱ-25、HPC-Ⅱ-30、HPC-Ⅱ-35、HPC-Ⅱ-40、HPC-Ⅱ-45、HPC-Ⅱ-50

【任务实施】

一、制动液的选择和使用

制动液的正确选择和使用是确保汽车制动系统安全、可靠工作和制动及时、灵敏的重要环节，故对制动液的选用要慎重。

1. 选择制动液时，要求其性能与工作条件相适应

应遵循以下原则：

1) 根据环境条件，主要是气温、湿度和道路交通条件选择。如：在炎热的夏季，在山区多坡或高速公路上行驶，车辆制动强度大，制动液温度高，特别是在湿热条件下，一般应选用 DOT3 或 DOT4 级合成制动液。

2) 根据车辆速度性能，高速车辆，特别是高级轿车制动液的工作温度与一般货车相比要高，应使用级别较高的制动液。国产车使用进口制动液或进口车使用国产制动液，应根据其对应关系正确选择。

3) 选用时应依据车辆使用说明书。选用的制动液使用性能等级不能低于车辆制造厂规定的制动液使用性能等级；可以选用比车辆制造厂规定的制动液质量更高等级的制动液；所选用的制动液类型应与车辆制造厂规定使用的制动液类型一致；应选用知名厂家生产的、性能稳定、质量有保证的制动液。

2. 制动液的正确使用与维护

为了防止制动液在使用过程中受到其他污染物的影响或过度吸水后，造成车辆制动系统工作不可靠、制动失灵的故障，应正确使用制动液，并对使用中的制动液进行适当维护。

制动液贮液罐位于制动主缸上方，贮液罐上有最高（MAX）和最低（MIN）标记，制动液在使用过程中液面高度必须位于两个标记之间，才能满足制动系统的工作要求，保证车辆行驶安全。

（1）制动液的正确加注或更换

正确加注或更换制动液包含两个方面的内容。一是正确选用与车辆制动系统技术性能相适应的制动液；二是使用正确的方法将制动液加注到车辆制动系统中。在确定好要使用的制动液后，加注或更换制动液可采用以下两种方法。

使用专用充油机加注或更换制动液：将充油机连到制动贮液罐上，踏板压具压在制动踏板和驾驶员座椅之间压紧踏板。再按后右轮制动器、后左轮制动器、前右轮制动器、前左轮制动器的顺序，打开放气螺塞，让制动液从每个放气塞流出，然后，旋紧每个螺塞。加注完制动液后，将充油机从制动贮液罐上取下，拆出踏板压具，用力踏几下制动踏板，检查制动状况。

人工加注或更换步骤如下：

一般需要两人操作。

1）将前、后制动器上的放液螺塞取下，放出制动系统中的全部旧制动液，然后拧紧各螺塞（新车制动系统不需要放出旧制动液）。

2）擦干净制动总泵贮液罐的加注口，拧开螺塞，加入制动液，并充满贮液罐。

3）排出制动系统中的空气，先从制动总泵处放气，然后按照离制动总泵由远及近的顺序（右后轮—左后轮—右前轮—左前轮）放气。具体操作方法是：一人踩制动踏板数次后，将踏板踩到最低点，用力踩着不动；另一个人在车下按上述顺序分别拧开各制动器放液螺塞，直到不再流出气泡为止。此时应将制动踏板一直踩着不放，待将螺塞重新拧紧后才可放开制动踏板，以免空气再次进入制动系统。反复进行上述操作，直到将制动系统中的空气排净为止。

4）放气结束后，将制动液加注到贮液罐液位的最高标记处（MAX）。

制动液加注时的注意事项：

1）制动液有一定毒性，因此一定不能用嘴去吸取制动液。同时，一次没有使用完的制动液要放在原包装容器内，立即用盖拧紧。原则上，没有使用完的制动液存放一定时间后（如7天）就不能再使用了，应作报废处理。

2）制动液对车身涂层有破坏作用，会产生"咬漆现象"。因此，在更换和加注过程中要非常小心，严防制动液与涂层接触。

3）在排除制动系统中的旧制动液时，绝对不要像使用蓖麻油醇型制动液一样使用酒精来清洗制动系统。否则，残存在制动系统中的酒精会明显降低制动液的高温性能。

4）加注过程中，不要使用脏手或脏布去擦拭制动系统贮液罐或压力管等部件内壁，以避免造成对制动液的污染。

（2）制动液的检查和添加

1）如果是新车，制动液液位在贮液罐上的位置应位于最高标记处。

2）汽车行驶一段时间后，制动液液面有可能略有下降，这是正常现象。如果制动液液面下降到最低标记处（MIN）以下时，则说明制动摩擦片已经磨损到极限，此时不必添加制动液。

3）更换新摩擦片后，制动液液面应位于最高（MAX）和最低（MIN）两条标记条之间。否则，表明制动系统有渗漏，应立即检查，并采取相应措施后补加制动液到规定量。

（3）制动液在使用过程中适时更换

制动液在使用过程中会因氧化变质或吸水而使其质量产生劣化，适时更换制动液成为保证制动液正常、可靠工作的必要手段。

关于制动液的换液期，国内、外有关厂家的做法不完全相同，对换液期的规定也不一致。但总的来说，制动液换液期是由汽车生产厂家或制动液生产厂家制定。

在国外，美国汽车生产厂家一般都不明确规定制动液的换液期；但欧洲和亚洲的汽车制造厂家常常会明确制动液的换液期；对于制动液生产厂家而言，制动液的换液期也是有的规定、有的不规定。如壳牌（Shell）公司规定其制动液的换液期为 3 年或根据车辆制造厂家的规定更换；Mobil 制动液产品规定的换液期为 2 年或车辆每行驶 40000km 时应更换制动液。

我国对汽车制动液的换液期一般是参照国外要求规定的。如，富康轿车规定的制动液换液期为每 2 年更换一次。根据我国汽车工业技术水平和制动液质量情况，建议制动液的换液期可采取如下方法进行：

1）对于使用中低级制动液的中低档车辆，换液期可定为 1 年更换 1 次制动液或按汽车生产厂家推荐的换液期进行更换。

2）对于使用中高级制动液的中高档车辆，换液期可定为每 2 年更换 1 次制动液或按汽车生产厂家推荐的换液期进行更换。

3）每次对液压制动系统进行维修或更换制动系统零部件时，必须更换制动液。

（4）各种制动液原则上不能混用

即使同属合成型制动液，不同厂牌产品，也不一定具有相容性。

制动液有多种类型，有醇型、矿油型、醇醚型、酯型和硅油型。醇型与矿油型制动液已禁用。其余类型的制动液由于不同厂家生产，所添加的组分不同，不同的防锈、防腐或抗磨成分彼此混合后会发生反应而失效，甚至导致制动液过早变质。有的制动液混合后会产生沉淀、分层或浑浊。由于制动系统涉及到安全，为此使用制动液时，禁止不同品牌的制动液混用。更换制动液时，要将旧油放净，最好用少量新油冲洗一次制动系统，以免残余旧油影响使用。

（5）防止水分或矿物油的混入

（6）制动液多以有机溶剂制成，易挥发、易燃，管理和使用中要注意防火

二、冷却液的选择和使用

1. 冷却液的选择

冷却液主要分为乙二醇型冷却液和丙二醇型冷却液两种类型，首先根据使用要求选择类型，然后根据当地冬季最低气温选用适当冰点牌号的冷却液，冰点应至少低于最低气温 5℃；如系浓缩液，应按产品说明书规定的比例加入蒸馏水或去离子水（不能使用井水和自来水）。

2. 正确认识冷却液

冷却液与防冻液相比，范围更广，既可以是加有防锈剂的冷却水，也可以是加防冻剂的防冻冷却液。防锈冷却水的使用受地域限制，在我国南方一些冬季气温较高（最低气温在 0℃以上）的地区，可全年使用加防锈剂的水作为冷却液在车辆中使用。而在我国乃至世界上的大

部分地区，冬季气温常常低于0℃，冷却液要能全年使用，就必须加入防冻剂。

3. 冷却液的使用注意事项

（1）定期检查冷却液的液位高度

在一般车辆中都有溢流水箱，在冷却液温度升高膨胀时，冷却液会流入溢流水箱，冷却液温度降低时，溢流水箱中的冷却液又会回流进散热器。在冷却液的储罐或溢流水箱上一般都有液位刻度，规定冷却液在低温、加热状况下的液位，要定期检查液位，防止冷却液液面过低。没有溢流水箱使用膨胀水箱的车辆，可在发动机达到正常工作温度后，关闭发动机，检查液面高度，如果液面低于规定的刻度，则需要补加至规定的液位。

（2）检查冷却液的冰点

使用过程中应定期检查冷却液的冰点，以防冷却液的冰点高而发生冷却系统冻结的状况。检查冷却液冰点可使用冰点折光仪，也可使用冰点测试试纸。在测试冰点进行取样时，一定要等冷却系统的温度和压力下降后才能开启压力盖取样。如果在加压状态下打开压力盖，冷却液会喷出来，可能烫伤手和脸部，同时造成冷却液损失。发动机冷却后，打开压力盖时，应先将压力盖拧到第一个槽口的位置，如果没有冷却液溢出，则可将盖打开，如果冷却液溢出，应马上将盖重新拧紧，直到温度和压力完全降下来后再打开。

（3）冷却液的加注

冷却液应缓慢加入，防止空气进入冷却系统，同时在加注的过程中，要注意排气。如果加注过快，混入大量的空气，有时好像已经加满，在发动机起动后，液面会迅速下降。冷却系统中混入空气，会产生气阻，冷却系统无法正常循环；同时还会使冷却系统中出现局部高温、腐蚀。虽然膨胀水箱能够排气，但排气需要一个过程，也不一定能非常彻底。所以冷却系统加注时，一定要缓慢加入，加满后稍停一段时间，再起动发动机。起动时，要先怠速运转5～10 min，便于排气。若冷却液液面下降到低于正常范围，则需及时补充。

冷却系统加注的冷却液必须是预稀释的发动机冷却液或冷却浓缩液。若是预稀释冷却液可在冷却系统中直接使用，若为浓缩液，则需先用水稀释到合适的浓度再加注。预稀释冷却液和稀释的冷却浓缩液的使用浓度与当地气候状况有关，一般使用的冷却液冰点应比当地最低气温低5℃～10℃。在加注完毕，充分混匀后，需要进行测量冰点。

（4）根据发动机或车辆制造商、冷却液生产商的建议定期或按质对冷却液进行更换。因为使用过程中要消耗冷却液中的添加剂。一般优质的冷却液每年更换一次，特别是对那些长时间运行的车辆，比如出租车等。而那些运行时间短的车辆可两年更换一次。冷却液的颜色是人为添加的，不能作为评价其优劣的标准。

（5）使用中，若因冷却系渗漏（冷却系密封性不好）而使液面降低时，应补充同类型的防冻液；若因蒸发引起液面降低时，则应向冷却系添加蒸馏水或软水（因为水的沸点比乙二醇低，使用中被蒸发的是水）；当发现冷却液中有悬浮物、沉淀物或变质有异味时，应全部更换，并清洗冷却系。

（6）对浓缩液进行稀释时，应使用去离子水或蒸馏水，或浓缩液生产厂家认可质量级别的水进行稀释，切勿使用硬水配制，以免产生沉淀。对乙二醇型浓缩液稀释时，要控制乙二醇浓度（体积分数）的下限值（33.3%）和上限值（69%）。

（7）不同厂家、不同牌号的冷却液不能混用，以免起化学反应、生成沉淀或产生气泡，降低使用效果；在更换冷却液时，应先将冷却系用净水冲洗干净，然后再加入新的冷却液；用剩的冷却液应在容器上注明名称以免混淆。

（8）乙二醇是有机溶剂，使用中要注意不得将其洒溅到橡胶制品或油漆表面，更应注意不要接触皮肤，若不慎洒溅上，应立即用清水冲洗以免造成机件腐蚀或皮肤损伤。在储存乙二醇冷却液时，要保持干燥，以防潮湿。应注意严防被石油产品污染，否则将在发动机工作中产生大量泡沫。

（9）应保持常年使用冷却液，否则容易造成发动机冷却系机件损坏，金属部件产生氧化腐蚀。严重时会使发动机因过热而产生"开锅"现象，甚至有的使气缸盖产生裂纹，从而使汽车的寿命明显下降。

任务四　汽车轮胎与其选用

【任务描述】

汽车轮胎是汽车行驶系统的重要组成部件，也是重要的汽车运行材料。轮胎的主要功能是支承载荷，向地面传递制动力、驱动力、转向力以及缓冲减振。它对于汽车的动力性、制动性、操纵稳定性、平顺性、通过性、燃料经济性和环境性等使用性能都有直接的影响。

【相关知识】

一、汽车轮胎的分类

汽车轮胎按照不同的分类原则，可以分为不同的类型。最常用的分类是按胎体结构不同划分，通常分为普通斜交轮胎和子午线轮胎，如图2-4所示。

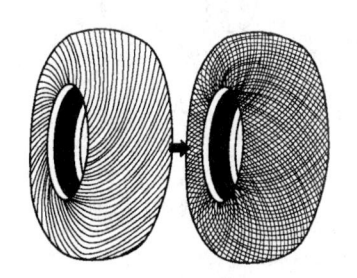

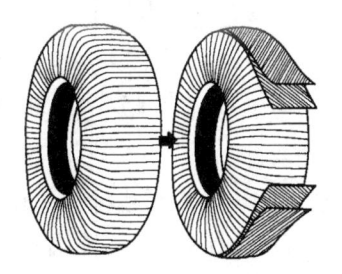

(a) 普通斜交轮胎　　　　　　　(b) 子午线轮胎

图2-4　普通斜交轮胎和子午线轮胎胎体结构

1. 普通斜交轮胎

普通斜交轮胎是指，胎体帘布层的帘线方向与胎面中心线呈一定角度（<90°）的轮胎。普通斜交轮胎的胎体坚固，轮胎胎侧不易损坏。汽车低速行驶时乘坐舒适性好。轮胎价格较低。但滚动阻力大，使用寿命短。

2. 子午线轮胎

子午线轮胎用钢丝或纤维织物作帘布层，子午线轮胎的帘布层与胎面中心线呈 90°或接近 90°排列，与帘布层轮胎的子午断面一致，很像地球上的子午线，所以称为子午线轮胎。

子午线轮胎的主要优点如下：

（1）滚动阻力小，节约燃料

由于有带束层，轮胎着地后胎面切向变形及相对滑移比普通轮胎要小很多，而且子午线轮胎胎侧薄，径向变形恢复快。这两个特点有利于减少轮胎内磨损，降低滚动阻力。试验证明子午轮胎的滚动阻力比普通斜交轮胎小 20%～30%，可节约燃料 3%～8%。

（2）耐磨性好，使用寿命长

车轮滚动时，轮胎接地面既变形，又滑移；变形促使滑移，滑移又加剧胎面磨损。由于子午线轮胎胎面刚度大，变形小，几乎没有滑移，此外胎面接地面积大，单位压力小并且均匀，所以使胎面磨损减小。试验证明子午线轮胎的使用寿命比斜交轮胎高 30%～40%。

（3）缓冲性能好

由于子午线轮胎的胎侧比较软，所以即使在充足气后，两侧壁上也会产生一个特殊的隆起，如图 2-5 所示，好像总是充气不足。正因为子午线轮胎有径向容易变形这个特点，所以它可以缓和不平路面的冲击，并吸收大部分冲击能量，使汽车具有良好的行驶平顺性和乘坐舒适性。

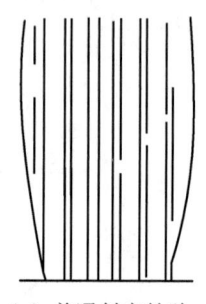

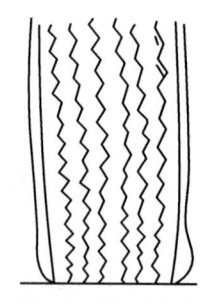

（a）普通斜交轮胎　　　　　　　　　（b）子午线轮胎

图 2-5　普通斜交轮胎和子午线轮胎滚动中胎侧形状比较

（4）承载能力大

由于子午线轮胎的帘线排列与轮胎的主要变形方向一致，因而其帘线强度可得到充分利用，故其承载能力比普通斜交轮胎高。

（5）附着性能好

由于子午线轮胎胎体弹性大，使其滚动时与地接触面积大，且由于其胎面刚度大使得胎面滑移小，所以其附着性能好。

（6）转向行驶稳定性好

汽车转向行驶时，轮胎承受侧向力比较大。此时，子午线轮胎的胎侧变形会较大，但胎冠接地面积基本不变。而普通斜交轮胎却是胎侧变形不大，却使整个轮胎倾斜，胎冠接地面积减小，如图 2-6 所示。所以，子午线轮胎在转向时的稳定性明显优于普通斜交轮胎。

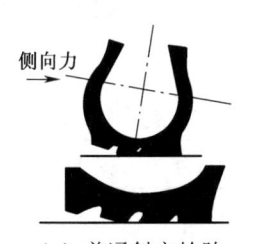

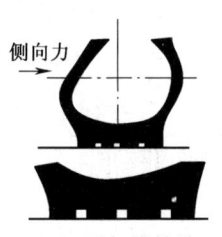

（a）普通斜交轮胎　　　　（b）子午线轮胎

图 2-6　普通斜交轮胎和子午线轮胎在承受侧向力时的变形状况比较

（7）子午线轮胎的主要缺点

①胎侧较薄，变形大，胎侧与胎圈受力比普通斜交胎大，胎面与胎侧的过渡区及轮辋附近易产生裂口；②胎面噪声大；③制造技术要求高，成本高。

二、汽车轮胎的规格

1. 轮胎的基本尺寸

一般用轮辋的直径 D、轮胎的断面宽度 b 和断面高度 h 来表示轮胎的基本尺寸，如图 2-7 所示。基本尺寸的单位有英制、米制和米英制混合三种。

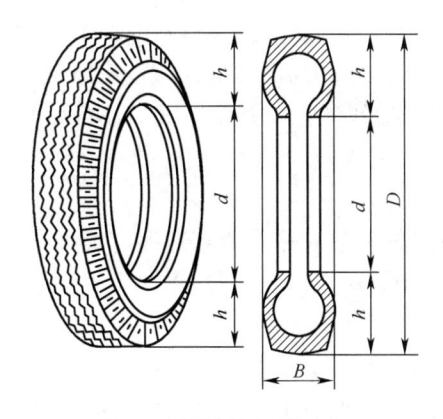

图 2-7　轮胎的主要尺寸

2. 轮胎的扁平率

对于一般汽车轮胎，$b \approx h$，断面成圆形。但扁平化轮胎，断面 $h < b$，有的甚至差别很大。

通常以轮胎断面高和宽的比值 h/b 作为一个参数标注在轮胎上，h/b 为扁平率。目前，国产轿车子午线轮胎有 80、75、70、65、60、55、50、45 等 8 个系列，数字分别表示轮胎断面高和宽的比值 h/b 是 80%、75%、70%、65%、60%、55%、50%、45%。

3．轮胎的速度级别

将轮胎最高速度（km/h）分为若干级，用字母表示，叫做速度级别符号。不同的速度级别表示轮胎能够持续的最大速度（km/h）。目前轿车常用的轮胎速度级别符号与轮胎最高行驶速度的对应关系，见表 2-15。

表 2-15 轮胎速度级别符号与轮胎最高行驶速度对应关系

轮胎速度级别符号	轮胎最高行驶速度	轮胎速度级别符号	轮胎最高行驶速度
L	120	T	190
M	130	U	200
N	140	H	210
P	150	V	240
Q	160	W	270
R	170	Y	300
S	180	Z	>240

4．轮胎的负荷能力

轮胎的负荷能力是指在一定行驶速度和相应充气压力时的最大承载质量。常用如下方法来表示。

（1）轮胎的层级

轮胎的层级是表示轮胎承载能力的相对指数，主要用于区别尺寸相同但结构和承载能力不同的轮胎。轮胎的层级数与轮胎帘布层的实际层数没有直接关系，就是说轮胎的层级不代表轮胎帘布层的实际层数。轮胎层级常用 PR（PLY RATING）表示。轮胎的层级数越多，表示轮胎承载能力越大。

（2）轮胎的负荷指数

轮胎负荷指数是指在规定条件下（轮胎最高速度、最大充气压力等）轮胎负荷能力的数字符号。轮胎负荷指数目前有 0、1、2、…、279 共 280 个。轮胎负荷指数越大，表示轮胎承载能力越大。

（3）轮胎的负荷级别

这是美国为了避免"层级"这种表示方法容易同实际层数混淆而采用的替代方法，以拉丁字母表示。例如："G"表示相当于同规格轮胎 14 层级的载质量。负荷级别与层级的对应关系，见表 2-16。

表 2-16　轮胎负荷级别与轮胎层级对应表

负荷级别	对应层级	负荷级别	对应层级	负荷级别	对应层级
A	2	E	10	J	18
B	4	F	12	L	20
C	6	G	14	M	22
D	8	H	16	N	24

我国国家标准规定以"层级"表示负荷能力。但用引进技术生产的子午线轮胎，以及有的国内轮胎厂家生产的子午线轮胎，还同时标明"负荷指数"或"负荷级别"。

在这三种表示方法中，因为"负荷指数"直接代表承载质量，而且可以在轮胎上同时标明单胎和双胎的"负荷指数"，所以对用户来讲是最方便的。而要知道每一个轮胎规格的"层级"和"负荷级别"所代表的承载质量，还要查每个轮胎规格的标准规定。

5. 轮胎规格的表示方法

国外对轮胎规格的表示方法较多，其中以美国、欧洲、ISO 的影响最大。依照 ISO 国际标准，汽车轮胎的规格按如下的排列表示：

[断面宽]/[扁平率（轮胎系列）][轮胎结构记号][适用轮辋直径][载荷指数][速度记号]

现在按上面的排列举一个轮胎的例子加以说明。

例：185/70R13 84 Q

式中：

185 —— 断面宽（断面宽约 185mm）；

70 —— 扁平率（高宽比约为 70%）或轮胎系列；

R —— 轮胎结构记号（子午线结构）；

13 —— 表示适用轮辋直径（轮辋直径 13in）；

84 —— 负荷指数（最大载荷 5000N）；

Q —— 速度记号（最高速度 160km/h）。

上面前四项为结构尺寸，后两项为使用条件。

三、汽车轮胎的国家标准

我国汽车轮胎的国家标准：载货汽车轮胎国家标准为 GB9744《载重汽车轮胎》、GB/T2977《载重汽车轮胎规格、尺寸、气压与负荷》，轿车轮胎国家标准为 GB9743《轿车轮胎》、GB/T2978《轿车轮胎规格、尺寸、气压与负荷》。

1. 乘用车轮胎规格举例

（1）斜交轮胎。6.70-13-6 PR 是轮胎名义断面宽度 6.70in，轮辋名义直径 13in，轮胎层级 6 层级。

（2）子午线轮胎。185/70 R 13 86 T 是轮胎名义断面宽度 185mm，轮胎系列为 70 系列，子午线轮胎，轮辋名义直径 13in，负荷指数 86，速度级别 T。

2. 载货汽车轮胎规格举例

（1）微型载货汽车普通断面斜交轮胎

4.5-12 ULT 是轮胎名义断面宽度 4.5in，轮辋名义直径 12in，微型载货汽车轮胎。

（2）轻型载货汽车普通断面斜交轮胎

6.50-15 LT 是轮胎名义断面宽度 6.5in，轮辋名义直径 15in，轻型载货汽车轮胎。

（3）轻型载货汽车普通断面子午线轮胎

6.5R15 LT 是轮胎名义断面宽度 6.5in，子午线轮胎，轮辋名义直径 15in，轻型载货汽车轮胎。

（4）轻型载货汽车斜交公制系列轮胎

215/70 14 LT 是轮胎名义断面宽度 215mm，70 系列，轮辋名义直径 14in，轻型载货汽车轮胎。

（5）轻型载货汽车子午线公制系列轮胎

215/70 R 14 LT 是轮胎名义断面宽度 215 mm，70 系列，子午线轮胎，轮辋名义直径 14in，轻型载货汽车轮胎。

（6）中型、重型载货汽车轮胎普通断面斜交轮胎

9.00-20 是轮胎名义断面宽度 22.9mm（9in），低压轮胎，轮辋名义直径 20in。

（7）中型、重型载货汽车普通断面子午线轮胎

9.00 R 20 是轮胎名义断面宽度 22.9mm（9in），子午线轮胎，轮辋名义直径 20in。

（8）中型、重型载货汽车子午线无内胎公制系列轮胎

245/75 R22.5 是轮胎名义断面宽度 245mm，75 系列，子午线轮胎，无内胎轮辋名义直径 22.5in。

【任务实施】

随着汽车技术的发展，轮胎的规格、品种繁多，轮胎的性能日益改善。但由于使用汽车的技术水平不同，使轮胎的使用寿命在一个很大的范围内变动，如国产轮胎的使用寿命可在 30000～180000km 之间变化。因此，正确使用和维护轮胎，延长轮胎的使用寿命，不仅对节约橡胶，降低车辆运输成本具有重要意义，而且极大地影响着汽车的使用性能。

一、汽车轮胎的选择

所选轮胎的尺寸应符合汽车使用说明书的规定、轮胎的速度等级需与汽车最高行驶速度相适应、轮胎的负荷能力要与承载质量相适应、轮胎的花纹要与道路条件相适应等。

一般说来，汽车出厂时所配备的轮胎都是经过反复测试后选择的最佳规格。如果车主想要更换轮胎尺寸，必须在专业人员的指导下进行，不能随意而为。因为这涉及到很多问题，稍有疏忽就可能对行车安全造成危害。

二、汽车轮胎的合理使用

1. 严禁将不同结构、不同规格、不同层级、不同扁平率和厂牌的轮胎混装

如果在同轴上既有子午胎又有斜交胎，它们的静半径、旋转半径以及旋转变化规律都不同，容易导致单胎超负荷。在选配轮胎时，应当做到：同一车辆上所装的轮胎，其厂牌、型式和花纹力求一致；换新胎时，最好能全车一起更换。如不能这样，应将新胎装于前轮，以确保行车安全；后轮安装双胎时，两胎的磨损程度要相似，或者将磨损较轻的轮胎安装于外侧，以适应拱形路面。

2. 保持正常的轮胎气压

众所周知，气压是轮胎的生命，轮胎只有充入适当压力的气体才具有一定的弹性和刚性。

轮胎气压过低时，因气压不足，其径向变形增大，轮胎两侧将发生过度挠曲，轮胎胎侧内壁受拉，胎体内的帘线产生较大变形、应力和周期性的压缩变形，会加速帘线的疲劳损坏。变形也使轮胎帘布层和轮胎与地面之间相对滑移增大，产生热量增多，致使轮胎滚动阻力增大，降低行车速度，增加燃料消耗。

轮胎气压过高时，将使轮胎的帘线受到过度伸张，胎体帘线的应力增大，帘线的"疲劳"过程加快，易引起帘线拉断，造成轮胎早期爆破。胎压过高时，轮胎与路面的接触面积减小，将加速胎面中部的磨损。

适宜气压与轮胎的使用条件有关，应根据轮胎所受的负荷、轮胎的安装位置和轮胎的类型，选择和保持适宜气压，并且在使用中必须经常检查轮胎气压。

3. 严禁轮胎超载

当汽车超载或货物装载不合理时，均能引起轮胎超载。轮胎超载将加速轮胎的损坏，大大缩短轮胎使用寿命。

为防止轮胎超载，可采取以下措施：

1）严格按照车辆规定标准载质量装载，不允许超载；坏路行驶应适当减载。
2）装载要分布均匀，不可重心偏移，保持货物平均分布，避免图省事造成货物偏载。
3）汽车、挂车拖载大型货物时，要固定牢靠，防止途中货物移位造成部分轮胎超载。
4）使用与车辆总质量相匹配的负荷级别的轮胎，以满足车辆载荷的要求。

4. 掌握车速、控制胎温

速度越高，轮胎在单位时间内的摩擦发热量越大，轮胎的温度也就越高，将加速轮胎的磨损。另外，高速时轮胎在制动和转向过程中的切向力将显著提高。

车速过快，单位时间内车胎的曲挠变形次数增加，胎体温度急剧增加，动负荷随之增大，胎体内压升高，胎体强度下降。当行驶速度达到某数值时，胎面的振动将出现波浪变形，形成所谓的"驻波"，这种"驻波"能在数分钟内引起轮胎爆胎。

夏天行驶应增加停歇次数，若轮胎发热或内压增高，应停车降温，严禁采用放气降温和向轮胎上泼冷水降温的错误做法。

5. 正确驾驶汽车

正确驾驶汽车不仅是保证安全生产的必要手段，也是延长轮胎使用寿命的重要措施。

起步过猛不仅加剧胎体变形，而且会使轮胎与地面出现强烈的摩擦；制动过猛，会使车辆出现"滑行"，轮胎与地面产生滑动摩擦；车速过快，胎体受热增加，易发生帘布层破裂和胎面剥落，降低轮胎使用寿命；急转弯时，地面作用于车轮的作用力会使轮胎出现偏磨，甚至造成花纹剥落。

驾驶员在行车中要严格遵守操作规程，需做到以下几点：起步平稳，加速均匀，尽量避免使用紧急制动；车辆装载时，不要超载，并注意使重量分配均匀，不得超速行驶；车辆转弯时，车速要慢，特别是转小弯和满载时，车速更应降低；遇有石头、凹凸障碍时，应及时避让或减速通过；要注意轮胎的花纹深度，接近磨平的轮胎因为和路面的摩擦减少，制动距离长，不要高速行驶。

6. 保持汽车技术状况良好

保持汽车技术状况良好，特别是底盘技术状况良好，是防止轮胎早期损坏的有效措施。当汽车底盘技术状态不良时，即出现车轮定位失常、钢板弹簧刚度不够、左右钢板不同、车轮轴承及转向节主销间隙过大、车轮不平衡等情况时，轮胎不能平顺行驶，都会致使轮胎磨损加剧。为使轮胎保持良好的技术状态，必须按照"防重于治，养重于修"的原则，按规定进行轮胎的维护。

7. 轮胎换位

由于负荷、驱动型式和道路的影响，汽车各轮胎磨损部位和磨损程度不同。为使全车轮胎磨损均匀，充分合理地使用轮胎并延长轮胎的使用寿命，轮胎换位应根据轮胎的不同特点采用不同的换位方法。轮胎换位间隔一般新车为15000km，以后每行驶10000km进行一次轮胎换位，通常应结合车辆二级维护定期换位。

轮胎换位时应注意以下事项：

1）有些型号的车辆，其前后轮轮胎的胎压不同，所以在轮胎换位后要调整其胎压至规定值。

2）有旋转方向的轮胎换位时，务必要使轮胎在新位置上不反方向转动，这是单向花纹轮胎的特性。相对于旋转方向而言，这种轮胎的胎面花纹具有方向性，用于改善其在湿滑路面上使用时性能，使轮胎可以更容易地排除积水。但是如果将这种轮胎反向安装，则其在湿滑路面上使用时的性能反而变坏。所以在轮胎换位时不可以使轮胎处在与原来反方向旋转的位置。带有旋转方向性的轮胎，多数属于高性能轮胎（扁平轮胎 55/50 以下）。轮胎的扁平率越小，其接地面就越宽。为了提高排水效率，设计专门的花纹，决定了旋转方向。

3）子午线轮胎如果换到另外一侧，由于轮胎转动方向与原来相反，噪音与左右摇摆暂时会增大。所以建议只在同侧换位。

【项目总结】

1. 汽车使用过程中所消耗的燃料（汽油、柴油、代石油燃料）、润滑剂（发动机油、齿轮油、自动变速器油、润滑脂)、特种液（制动液、冷却液、空调制冷剂与冷冻机油）和轮胎等统称为汽车运行材料。

2. 车用汽油的主要性能要求是：适当的蒸发性、良好的抗爆性、良好的氧化安定性、无腐蚀性、无害性、清洁性。车用汽油（Ⅲ）和车用汽油（Ⅳ）按研究法辛烷值分为90号、93号和97号3个牌号，车用汽油（Ⅴ）按研究法辛烷值分为89号、92号、95号和98号4个牌号。车用汽油的选用原则是以不发生爆燃为前提，按制造厂的要求选用。

3. 车用柴油的主要性能要求是：良好的低温流动性、良好的燃烧性、良好的雾化和蒸发性、良好的氧化安定性、无腐蚀性、无害性、清洁性。车用柴油按凝点分为5号、0号、-10号、-20号、-35号、-50号共6个牌号。车用柴油根据最低气温来选择。凝点要比当地月风险率为10%的最低气温低4℃～6℃。

4. 为解决石油资源危机和环境保护问题，应重视汽车能源结构的调整。汽车石油代用燃料有：天然气、液化石油气、乙醇汽油、生物柴油、甲醇、乙醇、二甲醚等。

5. 汽车润滑剂主要包括发动机油、齿轮油、液力传动油（自动变速器油）、润滑脂。

6. 汽车发动机油的使用性能包括：润滑性、低温操作性、粘温性、清净分散性、抗氧性、抗腐性、抗泡沫性。发动机油的使用性能评定包括评定指标和评定试验两部分。发动机油的分类主要采用美国石油学会（API）的发动机油使用性能分类法和美国汽车工程师学会（SAE）的发动机油粘度分类法。发动机油的选择应包括使用性能级别的选择和粘度级别的选择两个方面。发动机油的更换可根据车辆的行驶里程（或发动机的工作时间）确定，称为定期换油；也可以根据发动机油的使用性能确定，称为按质换油；还可以采用在发动机油油质监测下的定期换油。

7. 车辆齿轮油的使用性能包括：润滑性和极压抗磨性、低温操作性、粘温性、氧化安定性、抗腐性和防锈性。车辆齿轮油分类和选择的原则与发动机油基本相同。

8. 汽车自动变速器油由基础油和添加剂配制而成，其使用性能主要有：粘度特性、抗磨性、热氧化安定性、抗泡沫性、贮存安定性、摩擦特性、密封材料适应性和防锈防腐性等。经过多年来的使用与选择，美、日以及欧洲各大汽车公司普遍集中使用3大类的自动变速器油，即通用汽车公司DEXRON系列、福特汽车公司的F型和MERCON系列。

9. 汽车润滑脂的使用性能包括：稠度、低温性、高温性、抗水性、机械安定性、胶体安定性、氧化安定性。汽车润滑脂是根据其操作条件（温度、水污染和负荷等）进行分类的。汽车润滑脂规格的选择包括使用性能和稠度级号的选择。考虑的主要因素有工作温度、转速、负荷、工作环境和供脂方式等。

10. 汽车制动液的使用性能有：高温抗气阻性、与橡胶密封材料配伍性、抗腐蚀性、稳定性、耐寒性、溶水性、抗氧化性、润滑性。汽车制动液的选择应遵循两条原则：一是选择合成型制动液；二是质量等级以FMVSS No.116 DOT规格为准。

11. 汽车冷却液是冷却系统中的传热介质。对汽车发动机冷却液要求的使用性能是：防沸（带走高温零部件热量）、防冻、防腐以及防垢。发动机冷却液多采用乙二醇或丙二醇等化学物质与水按一定比例混合而成的混合液。发动机冷却液冰点要低于环境最低气温10℃左右。

12. 汽车轮胎规格是对轮胎的类型、主要尺寸、系列、层级、速度级别、负荷能力等的说明。子午线轮胎具有使用寿命长、滚动阻力小、承载能力大、缓冲能力强、附着性能好等优点，推荐使用子午线轮胎。延长轮胎使用寿命的措施主要有：保持轮胎气压正常、防止轮胎超载、掌握车速、控制轮胎温度、保持汽车技术状况完好、正确驾驶、加强轮胎的维护等。

【项目训练】

一、名词解释

汽油安定性、汽油抗爆指数、柴油凝点、柴油冷滤点、发动机油边界泵送温度、发动机油粘度指数、发动机油运动粘度、发动机油清净分散性、齿轮油开口闪点、齿轮油成沟点、润滑脂滴点、润滑脂稠度、自动变速器油粘度指数、自动变速器油粘温特性、制动液平衡回流沸点、制动液湿平衡回流沸点、冷却液冰点、轮胎扁平率、子午线轮胎

二、判断题

1. 汽油的50%蒸发温度表示汽油中中质馏分的多少，它表示汽油的平均蒸发性，影响汽油机的预热时间、加速性和运转平稳性。
2. 车用无铅汽油规定了铅含量的最大限值，该铅是为了提高汽油的抗爆性而人为添加的。
3. 汽油车首次使用乙醇汽油前，对油箱和油路进行清洗是没意义的，相反会增加维修工作量与故障。
4. 汽油蒸发性的评定指标是馏程和蒸气压。
5. 我国柴油牌号是依据柴油浊点来划分的。
6. 柴油牌号的选择一般应使最低使用温度等于或略高于柴油的凝点。
7. 在多数情况下，液化石油气是以丁烷为主要成分，丁烷的辛烷值很高。
8. 边界润滑状态，起润滑作用的是润滑油的粘度。
9. 乙醇与汽油可以互溶，但抗水性较差，乙醇汽油一旦遇水就会发生分离，影响使用效果。
10. 车用乙醇汽油按马达法辛烷值（MON）分为90号、93号、95号和97号4个牌号。
11. 双曲线齿轮式主减速器的驱动桥应选用GL-3齿轮油。
12. 润滑脂是粘度很大的发动机润滑油。
13. 润滑脂的稠度级号越大，其工作锥入度越大。
14. 汽车通用锂基脂属于3号润滑脂。
15. 目前国内外汽车制动液主要为矿物油型制动液。
16. 丙二醇型冷却液的冰点随丙二醇含量的增加而降低。
17. 冷却液的作用是冷却，但不能防冻并会引起冷却系统的腐蚀。
18. 自动变速器油的动摩擦系数高于静摩擦系数。

19．无滴点的润滑脂一定可以耐高温。

20．低压轮胎的充气压力一般为 0.5～0.7MPa。

21．汽车夏季行驶时，如果轮胎发热或内压增高，可采用放气降低轮胎气压或用冷水浇泼的办法来降低胎温。

三、写出下列符号表示的含义

RON 93、LPG、SAE 10W-30、API SJ/CF-4、SAE 85W-90、Dexron、API GL-5、L-XCCHB2、DOT5、195/60R14 85H

四、简答题

1．指出下列添加剂中属于汽车发动机润滑油常用添加剂的有哪些？

可供选择的添加剂如下：

①抗爆剂、②抗氧抗腐剂、③胶溶剂、④粘度指数改进剂、⑤染色剂、⑥清净剂和分散剂、⑦防冻剂、⑧极压抗磨剂、⑨助燃剂、⑩抗泡沫剂。

2．分析子午线轮胎与斜交轮胎相比较的优缺点。

3．如何合理地使用汽车轮胎？

4．基于环保的角度，讨论我国车用燃料应从哪些方面进行组分优化。

5．一辆装配有汽油发动机的乘用车，变速器为手动挡。结合所学知识分析如何正确地选用发动机润滑油、齿轮油、润滑脂、制动液、冷却液。

3 汽车在特定条件下的使用

【项目导读】

汽车完成运输任务都是在一定的外界条件下进行的。众所周知，汽车的外界条件是相当复杂的，它随着时间和空间的变化而变化。

汽车行驶中，往往受到某些特定的使用条件（如特殊的气候条件、道路条件、地形条件以及特定的使用阶段等）的影响，使其使用性能得不到充分发挥或受到严重破坏。这需要汽车的设计、制造以及使用应当针对各种特定的使用条件，采取必要的措施。

通过本项目的学习，了解汽车新车的选配原则、汽车走合期概念、掌握汽车低温、高温、高原、山区、无路、坏路等条件下的使用特点以及对汽车主要性能的影响，熟知汽车在这些特定条件下使用应采取的技术措施。

任务一 新车的选配与使用

【任务描述】

随着汽车市场的发展，国产汽车和进口汽车大量投放市场。面对不同品牌、用途各异的不同类型的汽车，择优选配、合理使用是极其重要的。

【相关知识】

一、新车的选配

1. 择优选购车辆

择优选购是根据运输生产需要和运行条件，按照车辆的实用性、可靠性、经济性、维修和配件供应的方便性等主要使用性能指标，进行择优选型购置车辆。

具体如下：

（1）明确购车的目的

购车的目的是用来代步或是用来从事营业性客运或货物运输，或是两者兼顾等。这一点是相当重要的，因汽车型号的选择主要取决于此。城市家庭用车一般以代步为主，则以方便和舒适为主要考虑要素，所以轿车是首选目标。若是从事营业性运输，如出租、客运、货运等，即以盈利为目的，则以价格较低廉的汽车为首选目标。

（2）考虑经济实力

要考虑自己手里具有资金的多少，能买得起哪个等级的车。一般来说，汽车等级与汽车售价成正比，等级越高，汽车的售价也会相应增高。不顾自身经济状况，盲目追求高等级汽车；或者只考虑汽车价格便宜，忽视汽车的可靠性、使用性能、维修费用等，都是不可取的。物美价廉，货比三家，应该是每个购车者考虑的问题。通常，资金较少的购车者，可挑选售价较低、可靠性较好、适用范围较广的汽车。如客货两用车，既可乘人又可载货，对经济实力较弱者并且运送零散货物的购车者，较为适宜。对资金充足的购车者，可选择高性能、舒适美观、高档的长寿命汽车。

（3）考虑汽车的可靠性与维修性

汽车的可靠性是指汽车在规定的使用条件下和规定的行驶里程（或时间）内，不发生故障的性能；汽车的可靠性如何，多数生产厂家有这方面的指标，尤其是进口汽车必不可少，可直接了解。对有些汽车没有此项指标的，可间接向老用户、修理企业、配件商店等了解。经常维修、配件销售量相对大，则说明该汽车可靠性差。所以，应多花点时间了解情况，不要急于盲目买车。

维修性则指汽车一旦发生故障后，是否能迅速排除故障。二者都是汽车质量水平的综合反映，主要和汽车设计、制造、装配、材料等因素有关，它直接关系到运输的经济效益。汽车用户都希望自己购买的汽车在运行中不出故障或少出故障，一旦发生故障能在短时间内加以排除，这样才不至于影响经营运输，才会产生较高的经济效益。

（4）考虑汽车的动力性

汽车的动力性通常用汽车最高行驶速度、汽车的加速时间、汽车的爬坡能力来衡量。它是汽车最重要的性能之一，关系到汽车运输的生产效率。

随着我国高速公路不断增多，汽车最高行驶速度、汽车的加速时间已成为汽车用户较为关注的一项指标，这一点在轿车、集装箱运输车等车型中，显得更为突出。长期行驶在山区、矿山道路的汽车，对汽车爬坡能力要求要高一些。

（5）考虑汽车的经济性

汽车燃料经济性，反映了汽车整体设计水平，影响到汽车使用费用。据统计，汽车的燃料油和润滑油消耗费用占汽车总使用费用的四分之一左右，直接影响运输成本和经济收益。

目前，在市场销售的汽车中，进口汽车燃料消耗量一般相对较低，但汽车售价较高。国产汽车燃料消耗量相对较高，但汽车售价偏低。燃料消耗量可通过汽车使用说明书、厂家宣传资料、车型用户反映得到。可通过比较，挑选适合的汽车。

（6）考虑汽车的安全与环保性

汽车的安全与环保，直接影响着人们生命财产的安全，国家制定了许多强制性标准加以限制。在 QC/T900《汽车整车产品质量检验评定方法》中，安全环保项为四方面检验内容的首位，并实行"一票否决"制，即安全环保项不合格，整车产品质量就为不合格，其他性能再好也无用。购车者千万要注意，尤其是对一些小型企业生产的改装车、不属于 M 类和 N 类的汽车，要重点查看汽车排放污染物是否符合国家规定。

（7）考虑汽车的售后服务

售后服务包括汽车的维修、零配件的供应及技术资讯等方面的内容。应选择售后维修服务网络健全、信誉好、有保障的品牌型号。否则，一旦汽车出了故障得不到及时维修，或因缺少汽车配件使汽车停驶，或延长汽车维修停厂时间，都会给用户造成经济损失。

（8）考虑汽车的使用成本

购买新车时，不应只考虑汽车购置费用的高低，还应考虑汽车的使用年限、使用费用、货币的时间价值等。

上述逐项能得到同时满足是很困难的，因此，购车时要结合自己的实际，抓主要矛盾，满足主要需求购车。比如，山区运输汽车动力性要好些，那么耗油就要多些，在二者不能兼顾时，主要考虑动力性能。总之，选购车辆时，应根据购车用途、使用条件等综合平衡，按需选购，量力而行，讲究实用可靠以及尽可能达到少投入多产出、综合经济效益好的目的。

2. 合理配置车辆

合理配置车辆是指运输单位根据其所承担运输任务的性质、运量、运距和道路、气候以及油料供应情况等条件，合理配置车辆，如大、中、小型车辆比例，汽、柴油车比例，通用、专用车比例等。

配置车辆时，除需要考虑当地运输市场状况，弄清现有在用运输车辆的基本技术情况外，还应考虑下列因素：

（1）车辆经常行驶的道路条件。道路的通过能力、承载质量、坡度大小、路面质量和转弯半径等都会影响车辆的运行。因此，要注意所配置的车辆的技术参数是否适应所要行驶的道路条件，否则会影响运输效率。

（2）气候、海拔条件。气候、海拔情况不同，对车辆要求也不同，例如：寒冷地区就应考虑配置起动性能好的车辆，高原地区空气稀薄，应配置动力性能高的车辆。因此，配置车辆时应充分考虑到本地区的气候和海拔条件。

（3）油料供应情况。车辆在使用中要消耗多种油料，如果油料来源困难，就会影响生产。所以选用新车时，尤其是进口车（使用优质燃、润料）时，应注意到这一问题。

（4）车辆使用的经验。在性能先进的前提下，选择新车时应尽量选用本单位熟悉的车型，这样在管理、使用、维修上有较为完整且行之有效的规章制度、技术措施，从而可以避免重新组织技术培训和摸索管理方法。

（5）本单位或当地车辆构成情况和维修能力。配置车辆时应考虑当地车辆构成情况，要避免一个地区或一个车队所拥有的车辆车型过于复杂，以免造成维修配件材料的供应储备及维修工作的困难。

总之，合理配置车辆，对避免运力过剩，提高运输效率，节约能源，保障安全生产，降低运输成本，争取更多的客、货源都起到较大的作用。

二、汽车走合期内的使用特点

1. 汽车走合期概念

汽车走合期，是指新车（包括大修竣工的汽车，含发动机大修的汽车）运行初期改善零件摩擦表面的几何形状和表面层物理机械性能的使用阶段。汽车的使用寿命、行驶可靠性、动力性和燃料经济性与汽车工作初期（特别是走合期）的使用情况有很大关系。

2. 汽车走合期的必要性

新车或大修竣工汽车，尽管经过了生产磨合，但零件加工表面仍存在微观和宏观几何形状偏差（粗糙度、圆度、圆柱度、直线度等）；此外，总成及部件装配也有一定的允许误差。因此，新配合件表面的实际接触面积比计算面积小得多（按加工质量不同，实际接触面积小，新配合件表面的实际单位压力要比理论计算值大得多）。在这种情况下，汽车若以全负荷运行，零件摩擦表面的单位压力会很大，将导致润滑油膜被破坏和局部温度升高，使零件迅速磨损和破坏。

汽车走合期实际上是为了使汽车向正常使用阶段过渡，而在使用中对相互配合的摩擦表面进行磨合加工的工艺过程。经过走合期后，零件摩擦表面不平的部分被磨去，逐渐形成了比较光滑的、耐磨而且可靠的工作表面，以承受正常的工作负荷。同时，由于在走合期内暴露出的生产或修理中的缺陷得以消除，使汽车进入正常使用时的故障率基本趋于稳定，从而提高了汽车的可靠性。

根据总成或部件在这个阶段的工作特点，汽车在走合期内必须对其使用做出专门规定。

3. 汽车走合期里程确定

汽车走合期里程取决于零件表面加工精度、装配质量、润滑油的品质、运行条件和驾驶技术等。通常汽车制造厂对所生产车型均规定有走合里程，一般为1000～1500km。解放、东风中型车，奥迪、桑塔纳、南京依维柯规定为1500km，北京切诺基规定为2000km。

4. 汽车走合期内的使用特点

（1）零件磨损速度快

由于新配合件摩擦表面凹凸不平，必然产生相互啮合的现象。在接触紧密的地方，其接触面积非常小，接触压力要比理论计算值大许多倍。在相对运动中，就会产生很大的摩擦力，使配合件的两个摩擦表面磨损量增大。磨损下来的金属屑，会进入相配合零件之间构成磨料磨损，使磨损加剧。另外，由于间隙小，磨损过程中表面热量增大，进而使润滑油粘度降低，润滑条件变差。由于上述原因，使零件磨损加剧。

（2）行车故障多

由于配合件的工作表面存在着微观和宏观的几何形状偏差、装配质量不好、紧固件松动、使用不当以及未能正确执行走合规范等问题，所以走合期的故障较多。如装配质量不好造成各部间隙过小，走合时润滑条件又差，发动机很容易产生过热，易出现拉缸、烧瓦等故障。

（3）润滑油易变质

由于走合期内零件表面还比较粗糙，加工后的形状和装配位置都存在一定的偏差，配合间隙较小，因此走合时零件表面和润滑油的温度都很高；同时有较多的金属屑磨损下来，被润滑油带进曲轴箱中，很容易使润滑油氧化变质。因此，汽车走合期内对润滑油有换油规定，通常行驶300km、1000km、2500km时应分别更换发动机润滑油。

（4）耗油量大

由于汽车走合期内各运动件之间有较大的摩擦阻力而使油耗增加。

【任务实施】

一、新车使用前的准备工作

为了使新车尽快投入正常的运行，充分发挥其效能，延长其使用寿命，在新车使用前应做好以下几项工作：

1）应掌握各种仪表和按钮等的用途、车辆的使用性能、使用中应注意的事项、日常维护中的维护要点及维护周期、掌握新车的维修技术要点。

2）应按制造厂的规定对车辆进行清洁、润滑、紧固、补给及必要的调整。

3）应对车辆进行一次全面的检查，重点检查车辆是否有缺件、损坏及制造质量等问题，如发现有较大问题要及时分析、解决。

4）在对车身进行维护时，最好用水直接冲刷，不用干布、干毛巾、棉丝或海绵直接擦拭车身表面，尽量少用油墩布、毛掸清洁车身表面的灰尘。那样对油漆表面不是维护而是伤害。

5）营运车辆需要建立车辆技术档案，以便系统记录车辆从购置到报废全过程技术管理情况。

二、轿车开蜡

进口轿车在外销时都在轿车油漆表面喷涂一层保护层，以防止在漂洋过海的长途运输途中被海水浸蚀漆膜，这层封漆蜡主要是石蜡、树脂和特富龙等成分，能对轿车表面漆起到近1年的保护作用。除掉这层封漆蜡的过程，就叫轿车的开蜡。

轿车开蜡的最好方法是用进口开蜡液，其具体开蜡方法是：

1）选择无风、无太阳直接照射，且远离草本植物的地方，车身不必预先清洗。

2）操作时操作人应戴橡胶手套、防护眼镜，并穿防护靴。

3）将开蜡液按其说明书中所规定的配方比例混合后装入手动或电动喷雾器中待用。

4）自轿车底部由下至上顺序用配制好的开蜡液喷涂车身表面，确保每个部位都能被喷出的溶液覆盖，保持湿润 2～9min 后再用压力不超过 0.5MPa 的高压水枪喷洗。注意缝隙处要喷洗干净，不能留下残液。

5）仔细检查车身各部，如有残留未洗净的蜡迹，应重新喷涂开蜡液、重新清洗，直到彻底干净为止。

6）当车身表面防护蜡层除净后，可选用含有高分子材料的增光乳液或不含有研磨剂一类的车蜡做保洁处理，以保持漆膜的固有品质。

7）冬季开蜡比较困难，因为低温使开蜡液不易与车身表面的防护涂层产生化学反应。因此，冬季不宜进行开蜡操作，最好选择气温在 20℃ 以上时进行。

8）如果没有开蜡液，也可用棉纱沾汽油、柴油或煤油进行擦拭。但汽油、柴油或煤油会与漆膜发生氧化反应，造成漆膜暗淡无光；另外，棉纱不干净还会使漆膜受到损伤。因此，最好不要使用这种方法对轿车开蜡。

三、汽车走合期内应采取的主要措施

根据走合期的工作特点，汽车在走合期内必须严格遵守走合规定，以保证汽车走合的质量。

汽车在走合期内应采取的主要措施如下：

1. 选择较好的道路并减载限速运行

（1）减载

汽车载质量的大小直接影响机件寿命，载质量越大，机件受力越大，引起润滑条件变坏，影响走合质量。所以，汽车在走合期内必须适当减载。一般载货汽车按额定载质量减载 20%～25%，并禁止拖带挂车；半挂车按载质量标准减载 25%～50%。若有具体减载规定的，则按规定执行。为保证汽车走合质量，汽车在走合期内的加载应随着走合里程的增加而逐步增加，最终在走合期结束时，达到额定载质量。

（2）限速

汽车走合期内车速的高低，与负荷的影响是一样的。在载质量一定情况下，车速越高，发动机和传动机件的负荷也越大。因此，在走合期内汽车起步和行驶不允许发动机转速过高。行驶中应按汽车使用说明书的规定控制各挡位的车速。在实际使用中，汽车走合期车速一般限制在各挡最高车速的 70%～75% 以内。限速行驶是指各挡都要限速。不同类型的汽车，可根据其使用说明书的要求，确定出最高走合速度。

（3）走好路

汽车走合期内不应在恶劣的道路上行驶，应选择在良好的道路行驶，以使汽车各总成减轻振动和冲击。

2. 保持正确驾驶方法

在走合期内，驾驶员必须严格执行驾驶操作规程。发动机起动后，应低速运转，待水温升到 50℃～60℃再起步，起步时不要猛踏加速踏板，严格控制加速踏板行程，以免发动机转速过高。起步要平稳，以减少传动机件的冲击。行驶中，发动机的温度应控制在正常工作范围内，要适时换挡，注意选择路面，不要在恶劣道路上行驶，以减少振动和冲击。尽量减少汽车突然加速所引起的超负荷现象，避免紧急制动和长时间制动。

3. 按规定对汽车进行维护作业

（1）汽车走合期维护作业的重点是检查、紧固、调整和润滑。要特别注意做好日常维护工作。要经常检查、紧固各部位外露螺栓、螺母，注意各总成在运行中的声响和温度变化，及时进行调整。

（2）汽车走合期结束后，应到指定的维修服务站进行一次走合维护，结合一级维护对汽车进行全面的检查、紧固、调整和润滑作业（更换润滑油）。其作业项目和深度参照制造厂的要求进行。

（3）汽车在走合期结束后的 2000～3000km 内，发动机仍需尽量避免以很高的转速运转，车速不易过高或超载运行，也不要在很差的道路上行驶。因为汽车走合期通常是作为最低要求提出的，实际上要达到 2000～3000km 时，汽车才能得到较好的磨合，之后转入正常使用才更合适。

任务二 汽车在低温条件下的使用

【任务描述】

我国北方地区，冬季气候寒冷，一般在-5℃～-25℃，在最冷的冬季气温可达-40℃以下，同时风、雪较大。汽车在这样的低温条件下使用，存在着发动机起动困难、机件磨损和损坏严重、燃料消耗增加和行驶条件变差等主要问题。因此，应采取一些相应的技术措施，才能充分发挥汽车的使用性能。

【相关知识】

一、发动机起动困难

起动性能是表征汽车发动机起动难易的指标。发动机起动性能好，便于汽车起步行驶，同时减少了起动时的功率消耗和发动机的磨损。

汽车在使用过程中，发动机的低温起动性主要受发动机润滑油粘度、燃油汽化雾化性能及蓄电池工作能力的影响。

因此，低温条件下，发动机起动困难的原因可从以下 3 方面分析。

1. 润滑油粘度增大

汽车发动机起动时，转动曲轴的阻力包括：气缸内被压缩的可燃混合气（或空气）的反作用力、运动部件的惯性力以及各摩擦副的摩擦阻力等。对于结构一定的发动机，前两种阻力在温度降低时变化不大，而后者在低温条件下的阻力大小主要取决于润滑油的粘度。即发动机曲轴旋转阻力在低温条件下受润滑油粘度的影响较大。

随着温度的下降，发动机润滑油的粘度增大，内摩擦力增加，发动机的阻力矩增加，使发动机起动所需要的功率增加，发动机难于被带动到起动转速，从而增加了起动困难程度。

2. 燃油汽化和雾化性能变坏

燃料对发动机起动性能的影响主要是其蒸发性。在低温条件下，燃油的粘度变大，其蒸发雾化不良，再加上发动机机件的吸热作用，使混合气在压缩终了的温度变得很低，因而不易着火，使发动机起动困难。

3. 蓄电池工作能力下降

蓄电池在发动机起动过程中主要影响起动机的起动转矩和火花塞的跳火能量。

在低温条件下，蓄电池电动势 E 变化不大，即环境温度有较大变化时，蓄电池的单格电压下降并不多。但是，随着温度的降低，蓄电池的电解液粘度增大，离子向极板内的渗透能力下降，使蓄电池内阻 R 大大增加；同时，发动机起动时所需的电流 I 很大，从而使蓄电池内部电压降过大，致使其端电压 $U=E-IR$ 明显下降，起动机的输出功率下降。在低温时，发动机需要的起动功率大，而起动机的输出功率反而下降，起动机无力拖动发动机旋转或不能达到发动机最低起动转速，这将使发动机起动困难或无法起动。

发动机低温起动时，由于蓄电池端电压低，致使点火系初级电流变小；由于发动机转速低，点火线圈初级线路被切断时磁通变化率小，产生的次级电压下降，火花塞的跳火能量小，使发动机不能保证可靠点火，造成发动机起动困难。此外，火花弱的原因还有：冷的可燃混合气密度大使火花塞电极间电阻增大，火花塞绝缘部分潮湿漏电。

二、机件磨损损坏严重

在低温条件下汽车机件磨损与损坏的主要原因是：

1. 机件得不到及时润滑

低温条件下，润滑油粘度大、泵送性和流动性差，润滑油不能迅速进入摩擦表面，使其较长时间内处于半干摩擦和干摩擦状态。有资料表明，在发动机冷起动过程中，机油从曲轴箱油底壳经机油泵、滤清器到达曲轴轴承所需要的时间约为2~3min。这样长的流动时间，机件得不到及时的润滑，必然会大大增加发动机的磨损。发动机的磨损不仅在冷起动时严重，而且在起动后尚未达到正常温度之前，磨损强度一直是很大的。

传动系总成（变速器、主减速器和差速器等）的正常工作温度是靠零件摩擦和搅动润滑油产生的热量保证的，这种升温速度很慢。低温条件下，齿轮和轴承得不到充分的润滑，从而使零件磨损增大。另外，传动系润滑油因低温而粘度增大，运动阻力相应增加，传动系各总成在起步后的很长一段时间内，相当于大负荷运行，使总成中传动零件的磨损加剧。

2. 润滑油膜不易保持

低温条件下，燃油汽化和雾化不良，大部分燃油以液态形式进入气缸，冲刷了气缸壁上的油膜，并使发动机油劣化，使其磨损增加。此外，这还使油底壳中的润滑油容易被稀释，使其润滑性能变坏，增加机件磨损。

3. 酸性腐蚀增加

由于气缸壁温度低，硫含量较高的燃料在燃烧过程中产生的硫化物易与冷凝在气缸壁上的水蒸汽化合，形成酸性物质，引起机件腐蚀磨损。大量试验表明，发动机温度越低，酸性物质生成量就越多，腐蚀磨损也就越强烈。

4. 配合间隙变小

在低温条件下，由于配合副零件的膨胀系数不同，致使配合间隙变小，而且很不均匀，从而加速了配合副的磨损。

5. 机件材料性能变坏、机件冻裂损坏增加

金属材料在低温时力学性能发生变化，耐冲击载荷的强度下降，高碳钢等材料制造的零件易变脆。试验表明，-30℃～-40℃或更低时，碳钢的冲击韧性急剧下降，硅、锰钢制造的零件（钢板弹簧、弹簧等）及铸件（气缸盖、离合器壳、变速器壳等）也变脆。锡铅合金焊剂在-45℃或更低时，容易产生裂纹或呈粉状从接头的地方脱落。汽车上的塑料制品在低温下变脆且易出现裂纹，并可能从基体上脱落。在特别寒冷的情况下，轮胎等橡胶件丧失弹性、硬化、变脆，受冲击载荷的作用时易破裂。在寒冷地区运行的汽车上，盛装液体的容器、管道很容易被冻坏。

三、燃料消耗量增加

在低温条件下，汽车燃料消耗增加的原因主要有以下几个方面：

1. 发动机燃油消耗率增加

这是因为发动机冷起动时需要克服的起动阻力矩大，起动后升温时间长，因而消耗在这方面的燃油也就增多；同时，燃油在低温条件下因流动性、蒸发性均较差，所形成的混合气不能完全燃烧，所以发动机燃油消耗率增加。

2. 传动效率下降

在低温条件下，润滑油变稠，传动机构的摩擦阻力增大；同时消耗在搅油方面的功率损失增加，从而使传动系机械效率下降，汽车的油耗增大。

3. 行驶阻力增加

汽车在冰雪道路上行驶，因压实积雪，或者为了增加防滑能力而装防滑链时，行驶阻力显著增大，使汽车的油耗增大。

【任务实施】

通过上述分析可知，汽车在低温条件下使用，必须采取适当的措施。环境温度越低，对

技术措施和车辆改装的要求越苛刻。

一般车辆在低温条件下使用时应采取以下措施：

一、车辆在使用前应预热，尽量使发动机在热态条件下起动

预热是对在严寒条件下使用的发动机和汽车，在它们起动和起步之前所采取的一种加热措施，一般采用热水、热蒸汽、热空气、电能和红外辐射等方式预热。

1. 热水预热

热水预热是指将温度为90℃左右的清洁热水，从散热器加水口或直接从气缸体水套灌入冷却系。灌满后稍停片刻，等气缸体的温度与热水的温度趋于一致时，再打开放水开关，将其放出，然后再次加入热水。若感到气缸体升温程度不够，可按照上述方法重复几次。一般是使气缸体预热到30℃～40℃时为宜。若气温过低，开始预热阶段，放水开关应一直打开，以防止灌入的水被冻结。这种预热方法简便易行，投资较少，适用于车辆较少的运输单位和气温不很低的使用环境。但这种方法，只能使气缸体预热，而曲轴轴承、连杆轴承和曲轴箱中的润滑油是不能得到预热的。

2. 蒸汽预热

发动机冷却系加水前，将压力为35～78.5kPa的热蒸汽导入散热器的下水管，然后进入冷却系，或者直接引入发动机的冷却水套。但需在气缸体上加设蒸汽阀，并设置带小孔的分配板，以防止热量集中。另外，可利用蒸汽对油底壳预热。由于蒸汽的热容量大，在气温较低时采用蒸汽预热效果较好。

3. 热空气预热

这种预热方法是用鼓风机将空气压入热风机，加热后的空气通过热风管输送到各预热点，每个预热点设有接头开关和护风罩，护风罩对准车头。热风经散热器吹向发动机。这种方法仅适用于室内无取暖设备的车辆的预热，不适于对露天停放的车辆预热，且设备较复杂庞大，热损失也大。

4. 电能预热

电能预热是在发动机冷却系和油底壳中装置电加热器的预热方法。这种方法应用方便，适用的低温下限较低，在-40℃以下的低温条件下使用时也能获得较好的效果。

5. 红外线辐射预热

红外线有很好的穿透性，在向金属壳体辐射时几乎不与空气作用，也不散失热能，热效率较高。预热时，将红外线加热器放在发动机或变速器的下部。

二、车辆在低温条件下停放时，应采取保温措施

在严寒地区，汽车发动机保温的目的是使发动机在一定的热工况下工作，并随时可以出车。

在无车库条件下，一般主要对发动机保温，其次是蓄电池，只有在气温很低或承担某些特殊任务的车辆才对油箱、油路和驾驶室等总成进行保温。

汽车发动机罩采用保温套是发动机保温的最简单最可靠措施。这种常见的保温方法可以使汽车在-30℃左右的气温下工作时，发动机罩内温度保持在20℃～35℃。停车后，也比无保温套的汽车发动机主要部位的冷却速度降低近6倍。

保温材料可以是棉质或毡质的，前者保温性能要好一些。用很薄的乙烯基带来密封汽车发动机罩也可以取得良好的效果。

发动机油底壳除了采用双层油底壳保温外，还可以在油底壳的内表面用一层玻璃纤维密封。

蓄电池一般采用木箱保温，木箱做成夹层，夹层内装有毛毡等保温材料；还可以将蓄电池安装在发动机罩内，与发动机同时保温。

三、合理使用燃料与润滑剂

合理使用燃料与润滑剂也是汽车在低温条件下的重要措施。低温下使用的燃料应具有良好的蒸发性、流动性、低含硫量，以利于低温起动和减少磨损。柴油机选用低凝点柴油。各总成和轮毂轴承换用低温润滑油（脂）。

四、合理使用特种液

低温条件下，汽车发动机冷却系可使用冷却液，防止冻裂机件，不必每天加水、放水，减轻劳动强度。特别是合理使用冷却液和专门的起动预热设备相配合，可以大大地减少起动前的准备时间。

在低温条件下，制动液、减振液的粘度增大，甚至出现结晶，影响汽车行驶的安全性与平顺性。因此，在严寒地区应选用适于低温使用的制动液和减振液。

五、改善混合气形成条件

在低温条件下起动时，燃油的蒸发和雾化都不好。为了在气缸内创造良好的着火条件，一般采用进气预热或加注起动液（易燃燃料），以改善混合气形成条件。

1. 进气预热

汽油机的低温起动并不困难，一般只要在起动前预热进气管或燃烧室即可顺利起动，而柴油机除预热燃烧室外，通常在进气管道内安装电热塞或用火焰加热器加热空气滤清器和进气道，以提高进气温度，改善混合气形成。

2. 起动液

起动液应具备下列条件：容易点燃（或压燃），以保证发动机的起动可靠性；发动机起动后，工作稳定柔和；在起动过程中，发动机磨损要小。

乙醚（$C_2H_5OC_2H_5$）是起动液中的主要成分，这种液体的沸点仅34.5℃，40℃时的饱和蒸汽压为122.8kPa（车用汽油在38℃时的饱和蒸汽压都不大于66.66kPa），因此乙醚具有很好的挥发性。同时，乙醚的闪点为-116℃，其蒸汽在空气中达188℃时即可自行燃烧，起动液中的乙醚成分越多越好，但是乙醚含量过多会引起气缸压力的急剧上升，使发动机的工作不柔和。

为此，要把起动液中的乙醚成分控制在一定范围内（40%～60%）并用一些其他易燃燃料过渡，直至发动机的基本燃料（汽油或柴油）工作。

除了起动液的成分对发动机的起动可靠性和工作稳定性有直接影响外，起动液的加注方法也起重要作用。起动液的加注方法应根据发动机进气系统的结构，尽可能地将起动液呈雾状均匀地分配到各气缸中。

六、低温季节前进行换季维护

换用严寒季节使用的润滑油（脂）、制动液、冷却液和减振液，使用蒸发性好的燃料、密度大的电解液。

调整供给系，使其供给较浓的混和气；调整点火系，使点火能量增大；调整发电机调节器，增大发电机充电电流。

在维护时，还要检查、调整汽车各主要总成的保温及防冻装置（如节温器、百叶窗、保温套以及采暖、除霜装置），使之处于适应低温条件下使用的完好状态。

七、外力起动

外力起动是在低温条件下靠本车起动装置无法起动时，借助外部动力进行起动的方法。外力起动主要有以下几种：

1. 使用低温起动电源

使用时，注意起动电源所限制的一次连续起动时间和间歇时间。

2. 加装并联蓄电池

低温起动困难时，可并联一组与汽车蓄电池电压相同的蓄电池进行起动。注意使用时蓄电池只可并联不可串联，以防止烧坏起动机。

任务三 汽车在高温条件下的使用

【任务描述】

在我国炎热的南方和夏季的西北高原，最高气温达 35℃以上。在这样的高温条件下使用汽车，汽车发动机散热器的散热量 Q 可表示为：

$$Q = KS\Delta T \tag{3-1}$$

式中：Q——散热量，J；K——传热系数，J/（m²·℃）；S——散热器的散热面积，m²；ΔT——散热器内外温度差，℃。

当散热器一定时，K 和 S 的数值变化不大，散热量 Q 主要取决于 ΔT。在高温条件下，由于外界气温高，发动冷却液与大气温差变小，导致冷却系散热量变小，使发动机过热。汽车由于发动机过热，使其使用性能变坏，严重时会影响汽车正常行驶。因此，汽车在高温条件下使用时，对其使用性能的影响很大，应采取相应的措施加以改善。

【相关知识】

在高温条件下行驶的汽车，由于发动机过热，会出现下列问题：发动机功率下降；燃烧不正常（爆燃、早燃）；汽油机供给系易产生气阻；润滑油易变质；燃料消耗量增加；发动机磨损严重；液压制动系工作可靠性下降；轮胎易损坏。

一、发动机功率下降

气温越高，空气密度越小，发动机的实际进气量减少，发动机充气能力降低，造成发动机功率下降，使汽车行驶无力。试验表明，当气温从15℃升高到40℃时，发动机功率下降6%～8%。

二、燃烧不正常

气温越高，进入气缸的混合气温度也高，发动机整个工作循环的温度也高，而散热器的散热效率又低，使发动机处于过热状态，燃烧室内末端混合气接受热量多，这就容易产生爆燃。另外，过热的发动机使积存于活塞顶部、燃烧室壁、气门顶部及火花塞上的积碳形成炽热点，易造成可燃混合气的早燃。这种不正常的燃烧，更加剧了发动机的过热现象，形成恶性循环，气缸体和缸盖易产生热变形甚至裂纹，较为常见的是烧坏气缸垫、气门及气门座。

三、汽油机供油系易产生气阻

气温越高，发动机罩内温度也就越高，越易出现气阻现象。供油系受热后，部分汽油蒸发成气体状态存在于油管及汽油泵中，不仅增加了汽油的流动阻力，同时由于气体的可压缩性，汽油泵出油管中的油蒸汽随着汽油泵的脉动压力不断地被压缩和膨胀，破坏了汽油泵在吸油行程中所形成的真空度，造成发动机供油不足甚至中断，严重时形成供油系气阻。在炎热地区，特别是汽车满载爬坡或以低速长时间行驶时，更容易发生气阻。

四、润滑油易变质

发动机的机油在高温、高压下工作时，使机油的抗氧化安定性变坏，加剧了其热分解、氧化和聚合的过程。机油与燃烧不完全的产物、凝结的水蒸汽以及进气中夹带的灰尘混合，引起机油变质。

在我国西北高原，夏季炎热而干燥，空气中的灰尘很多。而湿热带的南方地区，空气中的水蒸汽浓度大。这些干燥空气中的灰尘和潮湿空气中的水分，通过进气系统或曲轴箱通风口等处进入发动机油底壳，污染发动机油。

在炎热夏季，汽车大负荷连续行驶，变速器、差速器齿轮油的温度会超过120℃，引起齿轮油变质。另外，汽车润滑脂在高温下易流失，使润滑效能下降，严重时容易烧坏齿轮和轴承。

五、零件磨损加剧

高温条件下使用的汽车，虽然发动机在起动过程中的磨损比低温起动磨损减少了很多，但高温条件易引起燃烧不正常和润滑条件恶化，仍使发动机磨损严重，甚至造成零件损坏。

随着温度的升高，发动机的温度将更高，使窜入气缸中的发动机油在高温缺氧的情况下生成积碳等高温沉积物，积碳形成高温源，易使发动机产生早燃或爆燃。爆燃使气缸磨损比正常燃烧时增加（见图3-1），严重时会引起气门、活塞等零件损坏。

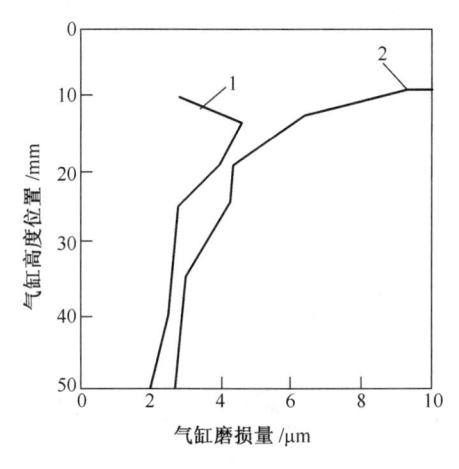

1—正常燃烧；2—爆燃

图 3-1 爆燃对发动机磨损的影响

温度过高时，润滑油的抗氧化安定性变差，加剧其热分解、氧化和聚合的过程，促进润滑油的劣化变质。高温条件下，零件润滑不良必然加剧磨损。

六、汽车液压制动工作可靠性下降

液压制动的汽车，制动液在高温下可能发生气阻现象。在频繁制动的情况下，制动液温度可达100℃以上，易导致皮碗膨胀，制动液气阻，致使液压制动工作可靠性下降，影响行车安全。

七、轮胎易爆胎

外界气温高，轮胎散热较慢，轮胎常超过使用允许温度（100℃），轮胎过热易使胎压过高，胎体强度下降，引起轮胎爆胎。车速越快，轮胎产生的热量越多，更容易发生爆胎。

【任务实施】

针对高温条件对汽车使用的影响，所采取的使用措施是降温、防爆、防气阻和加强维护等。

一、改进散热装置、提高发动机冷却系的冷却强度

冷却系散热好坏，取决于冷却系机件是否匹配及其设计是否合理。每种汽车的冷却系统只能适应一定的使用条件。

在高温条件下使用时，需要在结构方面增大冷却系的冷却强度，主要措施是：

1）增加风扇叶片数、增大风扇直径或叶片角度，提高风扇转速，以增加风扇对散热器的覆盖面积和通风流量。

2）采用形状过渡圆滑的护风圈等，尽量使气流畅流、分布均匀、阻力小、没有热风回流现象以及散热器正面避免无风区。

3）还可以采用通风良好的发动机罩、罩外吸气、冷却供油系等办法减小吸入空气及燃料温度的变化。

4）增加水泵叶轮上的叶片和叶片直径，以提高泵水压力。

5）增大节温器主阀门通道，以加快水的大循环。

6）适当提高散热器盖上压力阀的压力，从而提高冷却液的沸点，达到增加散热器散热量的目的；在散热器旁安装补偿水箱，当冷却水受热膨胀时流入补偿水箱，当温度降低后自动流回散热器，以减少冷却水的损失。

二、加强冷却系的检查，及时清除水垢，保持冷却系良好的冷却效果

1）对冷却系的密封情况、风扇皮带的松紧度、节温器的工作情况进行检查，并保证冷却系有充足的冷却液。

2）清除冷却系（散热器、水套）的水垢。与铸铁和铝相比，水垢导热率很低。试验表明，水垢的导热率比铸铁小几十倍，比铝小 100～300 倍，因此水垢对冷却系的散热强度影响很大，清除冷却系水垢对提高散热能力有重要作用。

3）行车中勿使发动机过热。在发动机过热、散热器开锅时，应及时停车降温，且注意不要熄火，防止发动机内部过热而发生拉缸事故。

三、防止供油系产生气阻

防止气阻的措施是改善发动机的散热和通风，以及隔开供油系的受热部位。具体措施如下：

1）装用电动汽油泵。电动汽油泵具有结构简单、工作可靠、不受安装位置的限制等特点，可以远离热源，防止气阻产生。

2）改进汽油泵的结构，现代汽车汽油泵安装在燃油箱内、增加供油以及增设回油管路，均可有效地防止气阻。

3）行车中发生了气阻，可用湿布使汽油泵冷却或将汽车开到阴凉处，降温排除。

四、防止轮胎爆胎

高温环境下长时间行车必须经常检查轮胎温度，防止胎温过高，必要时，应将车辆停在阴凉的地方降温，待胎温降低后再继续行驶，绝不能采用泼冷水或放气降压的方法降温。行驶中应严格控制车速，并注意加强轮胎的定期换位维护工作。按规定标准对轮胎进行充气，保持气压正常。

五、合理使用润滑剂

1）发动机应换用粘度较高的润滑油。注意机油油面的检查，适当缩短换油周期。在灰尘大的地区，应加强空气滤清器的维护。在条件允许的情况下，对于在酷热天连续行驶的车辆，要加装机油散热器。

2）变速器和差速器应换用大粘度齿轮油，高温下润滑油易变质，应适当缩短换油周期。

3）轮毂轴承和传动机构的各连接点换用滴点较高的润滑脂，要按规定周期进行检查与维护。

六、正确使用特种液

1）液压制动系的汽车，在经常制动情况下，制动液温度可达 80℃～90℃，甚至到 110℃。为了保证行车安全，应选用高沸点（不低于 115℃～120℃）制动液。注意检修制动总泵和分泵，特别是密封皮圈，排除管路中的空气。气压制动的车辆要检查制动软管和分泵皮碗的良好程度，发现问题及时更换。在行车中如感到制动效能有所下降，应停车检查、降温。

另外，也可安装制动鼓滴水冷却装置，改善制动鼓的散热条件，确保制动良好。

2）经常检查电解液密度和液面高度，电解液的密度夏季比冬季使用时要小些，应及时补充蒸馏水，并保持液面高度和通气孔畅通。

七、高温条件下的维护

1）换用适合高温条件使用的润滑油（脂）、制动液、密度小的电解液。

2）对供油系油量不能自动调整的发动机，高温条件下为防止混合气过浓，应人工减少供油量。

3）由于发动机爆燃与发动机的进气温度有很大关系，可以改造进气方式，降低进气温度，防止爆燃。在使用中，对点火系点火时间不能自动调整的发动机，可人工适当推迟点火时间，防止爆燃。

4）适当调整发电机调节器，减小发电机的充电电流。

5）高温、强烈的阳光、多尘和多雨均影响驾驶员的劳动强度、行车安全和乘客舒适性。应采用加装空调、遮阳板，或者加强驾驶室、车厢的通风和防漏雨等措施。

任务四　汽车在高原和山区条件下的使用

【任务描述】

高原是指海拔在 500m 以上，内部相对高度较小，范围比较大，周围常有明显的坡度的地区。山区是指海拔一般在 500m 以上，相对高度较大，坡度较陡的地区。丘陵是指相对高度不超过 200m，地势起伏较小，坡度较缓的地区。平原是指海拔在 200m 以下，宽广平坦，地势起伏较小的地区。盆地是指四周高，中间低，周围是山地或高原，中间是平地或丘陵的地区。高原与山脉经常交错分布，形成高原山区地带。汽车在这类条件下使用时，大气条件与道路状况对汽车的使用性能有特殊的影响。高原地区的海拔高、空气稀薄、气压低，发动机充气量少，使发动机动力性、燃料经济性和环保性下降。山区的地形复杂，经常会遇到上坡、下坡、路窄、弯多等路况，坡道长而陡、弯道急而多，行车安全性下降。

【相关知识】

一、发动机动力性下降

发动机动力性下降主要是指发动机的功率、扭矩下降。

由本书第一章有关知识可知：

发动机每循环实际进入气缸的空气量（kg）为：

$$m_1 = m_s \eta_V$$

每 kg 燃料实际供给空气量（kg）为：αL_0

每循环供给的燃料（kg）为：

$$\frac{m_1}{\alpha L_0} = \frac{m_s \eta_V}{\alpha L_0}$$

每循环燃料燃烧的放热量（kJ）为：

$$Q_1 = \frac{m_s \eta_V h_\mu}{\alpha L_0}$$

发动机平均有效压力（kPa）为：

$$p_{me} = \frac{W_e}{V_h} = \frac{Q_1 \eta_e}{V_h} = \frac{Q_1}{V_h} \eta_i \eta_m = \frac{h_\mu}{\alpha L_0} \frac{m_s \eta_V}{V_h} \eta_i \eta_m$$

发动机功率（kW）为：

$$P_e = \frac{p_{me} i V_h n}{30\tau} = \frac{i h_\mu}{30\tau \alpha L_0} n m_s \eta_i \eta_m \eta_V = \frac{k_1}{\alpha} n m_s \eta_V \eta_i \eta_m \qquad (3-2)$$

发动机转矩（N·m）为：

$$T_{tq} = 9550 \frac{P_e}{n} = \frac{k_2}{\alpha} m_s \eta_V \eta_i \eta_m \qquad (3-3)$$

式中：k_1、k_2——对每种发动机来说分别是常数；α——过量空气系数；m_s——进气状态下充满气缸的新鲜空气量，kg；η_i——发动机指示效率；η_m——发动机机械效率；η_V——发动机充气系数。

即发动机功率、扭矩与 $m_s \eta_V$，即与 m_1 成正比。

海拔高度与大气压力、温度及密度的关系，见表 3-1 所示。

表 3-1 海拔高度与大气压力、温度及密度的关系

海拔高度，m	大气压力，kPa	大气温度，℃	大气密度，kg/m³
0	101.3	15	1.2255
1000	89.9	8.5	1.1120
2000	79.5	2	1.006
3000	70.1	−4.5	0.9094
4000	61.3	−11	0.8193
5000	54.0	−17.5	0.7363

随着海拔高度增加，大气压力逐渐下降，大气密度逐渐减小，m_1 相对于标准大气状态时下降，由公式（3-2）（3-3）可知，发动机的功率、扭矩也随之下降。海拔高度每上升 1000m，发动机功率和转矩分别下降 10%左右，如图 3-2 所示。

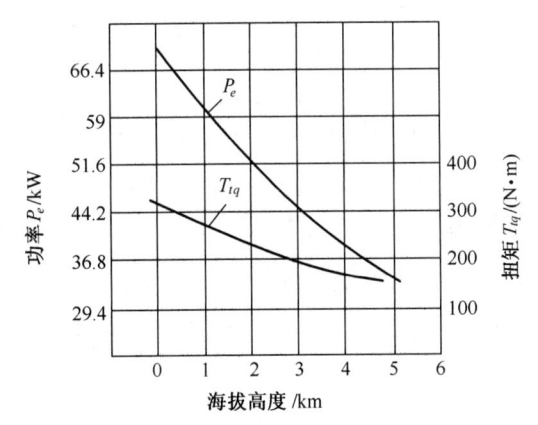

图 3-2 海拔高度对发动机功率、扭矩的影响

二、汽车燃料经济性下降

随着海拔高度的增加，空燃比变小，混合气变浓，如不能进行修正（电子控制燃油喷射

发动机的控制单元可根据大气状况对供油量进行修正），会使发动机油耗增大。

同时，在高原行驶的汽车，由于空气密度下降，充气量将明显降低，致使发动机功率不足，汽车需经常以低挡行驶，也是引起油耗增大的原因之一。

由于大气压力降低，燃料蒸发性提高，当大气压力从 101kPa 降至 80kPa（海拔高度约 2000m），相当于外界气温上升 8℃～10℃所造成的影响。因此，高原行车易产生气阻和渗漏等问题，致使油耗增大。

三、对汽车环保性的影响

海拔高度对发动机排气污染物的生成也有影响。由于海拔高度影响发动机的空燃比，空燃比的变化又导致发动机排气成分浓度的改变，从而影响发动机有害物质的排放量。海拔高度与发动机排气中的 CO、HC 和 NO_x 的关系，如图 3-3 所示。由图可以看出，CO、HC 排放浓度随海拔升高而增大，而 NO_x 的浓度则有所下降。

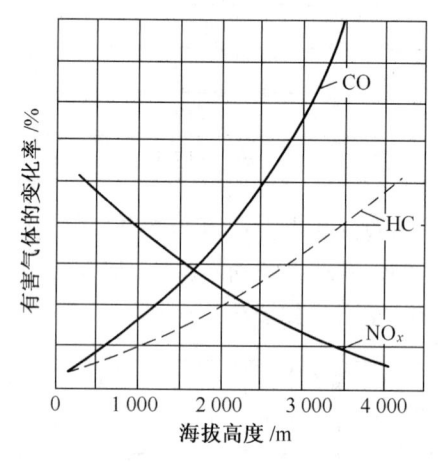

图 3-3 海拔高度对发动机排气污染物浓度的影响

四、怠速转速下降且运转不稳定

随着海拔高度的增加，大气压力降低，进气管真空度下降，在原油门开度下则进气量不足，使发动机的转速下降。同时，由于混合气过浓，发动机怠速运转稳定性差。试验表明，海拔每增高 1000m，怠速转速降低 50r/min。

五、行驶安全性下降

在山区行驶，汽车需要经常制动减速，频繁制动使得制动器摩擦副处于过热状态。下长坡时，制动器摩擦材料温度可达 400℃左右。在这种情况下，摩擦材料的摩擦系数急剧下降，严重时可能出现制动失效的情况。此外，由于连续高温，摩擦材料磨损加剧并常有碎裂现象。

气压制动在山区使用时，特别是高原山区，因空气稀薄，空气压缩机的生产率下降，供气压力不足，再加上制动次数多，耗气量大，往往不能保证汽车、特别是汽车列车的可靠制动。

在高原山区行驶的汽车，使用制动频繁，制动器因摩擦而生热，使制动系统温度升高。使用沸点低的制动液，还会在高温时由于制动液的蒸发而产生气阻，使制动效能大大下降，甚至导致制动失灵，使行车不安全。气压低，还会使液压制动的真空助力缸两端的压差减小，使制动效能下降。

转向系统使用频繁且使用强度大，易出现故障。

【任务实施】

针对高原山区条件下对汽车使用的影响，为改善汽车的性能，可采取如下一些措施。

一、增大发动机的压缩比

增大压缩比，不仅可以增大压缩终了气缸内的温度与压力，加快燃烧速率，改善燃烧过程，减少热损失，而且可采用较稀的混合气，从而提高了发动机的动力性和燃料经济性。

随着海拔高度的增加，发动机的充气量下降，压缩终了的气缸压力及温度相应降低，因此爆燃倾向减小，从而为增大压缩比创造了有利条件。不同海拔高度的压缩比经验计算公式为：

$$\varepsilon_Z = \frac{\varepsilon}{(1-0.00002257Z)^{3.8}} \tag{3-4}$$

或

$$\varepsilon_Z = \varepsilon + \varepsilon\left(1 - \frac{\rho_Z}{\rho_0}\right) \tag{3-5}$$

式中：ε——原设计压缩比；ε_Z——海拔高度为 z 时的使用压缩比；z——海拔高度，m；ρ_0——零海拔（气压 101.3kPa）、气温 15℃时的空气密度，kg/m³；ρ_Z——海拔 z 时的空气密度，kg/m³。

二、合理选择配气相位

合理选择配气相位可以提高发动机的充气系数，改善发动机的动力性和燃料经济性。配气相位的确定，应与发动机的实际转速范围相适应。发动机的转速不同，进、排气门开、闭角对气流惯性的影响也不同，因而进、排气门开闭的最有利角度应随之变化。在进、排气门开闭的四个时期中，进气迟闭角和排气提前角影响最大。

进气迟闭角是利用气流惯性提高充气系数，在一定的气流惯性下，对应着一个最佳迟闭角。进气迟闭角减小能提高低转速下的充气系数，改善发动机低速范围的动力性与经济性。反之，进气迟闭角增大，对经常处于高速运转的发动机有利。排气提前角主要影响作功行程中膨胀功损失和排气行程中的排气功损失。排气提前角增大，膨胀功损失增加，排气功损失减小；排气提前角减小，则膨胀功损失减小，排气功损失增加。最佳的排气提前角可使（膨胀功损失+排气功损失）值最小。试验表明，随着发动机转速的提高，最佳的排气提前角应增大。

对旧型汽车，发动机配气相位仅对某一转速有利。汽车在高原或山区条件下使用时，发动机转速与一般场合相差较大，因此可酌情改变配气相位，特别是进气迟闭角。

三、加装增压设备

自然吸气型发动机，由于吸入气缸新鲜空气量的限制，提高发动机动力性的潜力不大。使用增压器比较合适。发动机加装增压器后（一般是废气涡轮增压），提高了进气密度，进入气缸的新鲜空气量就会显著增加，从而改善了发动机的动力性和燃料经济性。

发动机加装增压器后，为了降低进气的温度，防止空气密度的下降，应将增压后的进气进行中间冷却（加装中冷器），因此使发动机的动力性和燃料经济性得以进一步改善。

四、合理调整油、电路

随着海拔升高，混合气变浓，燃烧不完全。应按海拔高度减小油量，适当增大空气量，以改善混合气的形成，提高发动机的动力性和燃料经济性。

随着海拔升高，发动机压缩终了的压力降低，火焰的传播速度减慢，而旧型汽车空气稀薄还会使分电器的真空提前装置受到影响。为此，可将点火提前角略为提前 1°～2°。

五、采用含氧燃料

所谓含氧燃料就是在汽油中掺入酒精、丙酮及其他含氧化合物。掺入的这些含氧燃料的分子中都含有氧，在燃烧过程中，理论上必要的空气量减少，从而补偿了因海拔高、气压低、空气稀薄而产生的充气量不足的问题。

六、改善制动性能

1. 采用辅助制动器

辅助制动器主要有电涡流、液体涡流和发动机排气制动器。前两种辅助制动器由于体积较大，结构复杂，多用于山区或矿用的重型汽车上，又称电力或液力下坡缓行器。发动机排气制动是一种有效而简便的措施。它是在一般发动机制动的基础上，再在发动机排气管上装一个排气节流阀，当使用排气制动时，切断发动机的燃料供给，关闭排气节流阀，达到降低车速，制动汽车的目的。排气制动也属于缓行制动装置，多用在重型汽车上，排气制动可保证各车轮制动均匀。

2. 制动鼓淋水

为了防止制动器过热，在下长坡时，对制动鼓外圆进行淋水冷却效果很好，可以基本上防止摩擦衬片的烧蚀现象。但是，这种方法需要有充足的水源，在缺水地区无法使用。此外，经常需要停车加水，增加了驾驶员的劳动强度和降低了运输生产率。

3. 选用耐高温的摩擦片

目前，国内生产的石棉基制动摩擦片，其所耐最高温度是250℃左右，这对平原地区使用的汽车来说是可以的，但对山区使用的汽车就显得不够，因此，必须选用具有耐高温性能的摩擦片。

金属基或半金属基摩擦片，是由高组分的金属粉末、纤维素及摩擦性能调节剂等组成，用粘合剂粘合在一起的。这种摩擦片的耐热、耐磨性都很高，制动噪声也低，很适用于经常在山区行驶的汽车。

4. 选用合成型汽车制动液

评价制动液高温抗气阻性能的指标是平衡回流沸点。平衡回流沸点是指制动液在测定条件下开始沸腾的温度，平衡回流沸点越高，越不易产生气阻。

此外，为了满足气压制动的供气压力要求，可采用供气量大的双缸空气压缩机。

七、加强制动系和转向系的检查维护工作

为了保证安全行驶，在汽车下坡前应注意检查制动系压力及制动机构的工作状况。同时要防止因制动系过热而造成制动系效率下降的现象出现。应在汽车开始下长坡之前，检验汽车制动效能，如感到制动效能不足，应在故障排除后，再开始下长坡。应该强调的是，熄火空挡滑行是违反驾驶操作规程的严重冒险行车行为，应该禁止。

在山区经常行驶的汽车，因制动和转向操纵装置使用频繁，底盘机构的载荷大，轮胎磨损大，应适当缩短维护周期，增加维护项目，加深维护内容，以确保这些装置工作安全可靠。

山区路窄急弯多，如制动时前轮处于抱死状态将失去控制汽车行驶方向的能力，具有很大的危险性，故应注意制动系的检查调整，不使车轮达到抱死状态。转向系应操纵轻便灵活，转向盘自由间隙不能过大，转向轮转动角度不能太小。

八、对发动机采取一定的冷却和保温措施

经常在高原和山区行驶的汽车，发动机容易出现过热或过冷现象。如汽车长时间的满载低挡爬坡，发动机很容易过热；爬过坡后下长坡时发动机强制怠速运转，又容易出现过冷。停车时，发动机又很快冷却，因此要对发动机采取良好的冷却和保温措施。

九、其他

高原、山区气候干燥，风沙较大，为了减少发动机早期磨损，要加强空气、机油和燃油滤清器的检查维护工作；高原和山区人烟稀少，生活条件差，同时乘驾人员容易产生高原反应，出现乏力、眩晕和恶心等病症，因此对驾驶室和车厢应采取保温、除霜、密封和卫生保健等安全措施。

任务五 汽车在坏路和无路条件下的使用

【任务描述】

坏路是指泥泞土路、覆盖砂土道路和冰雪道路等；无路是指松软土路、耕地、草地和沼泽地和灌木林等地带。汽车在坏路和无路等恶劣道路上行驶时，其平均技术速度和装载质量明显下降，影响汽车运输生产率；同时，汽车驱动轮与路面的附着力减小，汽车滚动阻力增大，并严重影响汽车的通过性。

【相关知识】

一、土路

汽车在松软土路上行驶时，路面产生较大变形，车轮在路面上形成车辙，滚动阻力系数增大；汽车在泥泞而松软的土路上行驶时，又常因附着系数小，容易引起驱动轮滑转，使汽车无法通过。

汽车在土路上的附着系数与土壤的状况、轮胎花纹和轮胎气压、汽车驱动轴上的载荷及汽车的行驶速度有关。

1. 附着程度的好坏主要取决于轮胎与路面在接触处变形后的相互摩擦情况

在干燥平坦的土路上，附着系数约为 0.5~0.6。在不平整的低级道路上，由于减少了轮胎与路面的接触面积，附着系数下降。而当路面潮湿或泥泞时，其表面坑洼都被泥浆填满，阻碍了轮胎与路面间的接触，附着系数降低到 0.3~0.4 或更低。

2. 轮胎花纹和轮胎气压对附着系数的影响较大

越野花纹轮胎在松软路面上抓着力大，附着系数较大，适于在坏路和无路地带上使用。轮胎气压低，轮胎与路面的接触面积大，单位压力减小，增加了轮胎与路面的附着。

使用不同花纹的 9.00-20 轮胎时的最大驱动力，试验结果见表 3-2。

表 3-2 使用不同花纹的 9.00-20 轮胎时的最大驱动力

路面	硬质泥土路		草地		砂地	
轮胎气压（kPa）	350	550	350	550	350	550
使用越野花纹轮胎时的最大驱动力（N）	25000	23000	17000	15000	8000	6000
使用普通花纹轮胎时的最大驱动力（N）	21500	20000	14000	11000	6000	5000
两者相差值（N）	3500	3000	3000	4000	2000	1000
越野轮胎提高（%）	16.3	15.0	21.4	36.1	33.3	20.0

由此可以看出，在较差的路面上行驶时，轮胎花纹和轮胎气压对汽车最大驱动力有极大的影响。

汽车在松软土路上的附着系数与滚动阻力系数随轮胎气压的变化情况，如图3-4所示。轮胎气压降低，轮胎对路面的单位压力下降，在松软土路上行驶的滚动阻力系数也下降；但轮胎气压过低时，轮胎变形显著增大，滚动阻力系数略有增加。

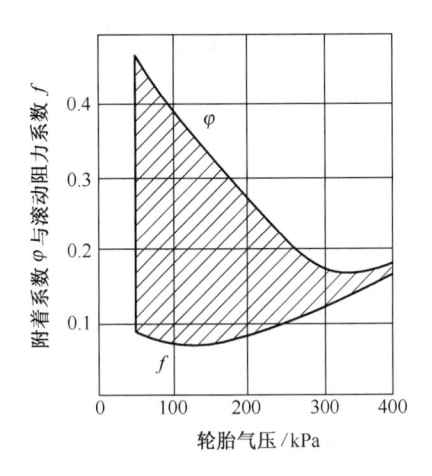

图3-4 汽车在松软土路上的附着系数 φ 与滚动阻力系数 f 随轮胎气压的变化

二、砂路

砂路的特点是表面松散，受压后变形大，砂土的抗剪切能力弱，附着系数小，而滚动阻力系数大。汽车在干砂路和流砂地行驶，特别是在流砂地上，车轮滚动阻力系数可达0.15～0.30或更大，而驱动轮附着系数小，容易使汽车滑转，影响汽车的通过性。

三、雪路

雪路的特性，主要是指雪层的密实度、硬度和厚度。

雪层密度越大，其承受的压力也越大。雪层密度与气温和压实的程度有关。在一定的低温下，气温越低或者压实程度越小，雪层密度越小。

雪层硬度也与气温有关。气温低，雪层干而硬；气温高，雪层软而松。

当气温在-10℃～-15℃时，雪路上附着系数与滚动阻力系数随雪层密实度的变化，见表3-3。从表3-3中可以看出，雪路密实度越小，滚动阻力系数越大、附着系数越小，汽车的行驶条件越差。

雪层厚度对汽车行驶也有一定影响。在公路上，经车轮压实，平坦而密实的雪层厚度为7～10cm时，对汽车的正常行驶影响不大；当雪层，特别是松软雪层加厚时，汽车的通过性将明显下降。经验表明：雪层厚度大于汽车最小离地间隙的1.5倍，雪层密度小于450kg/m³时，汽车就无法正常行驶。

表 3-3　气温 -10～-15℃时雪路上附着系数与滚动阻力系数随雪层密实度的变化

雪路的状态	密度（kg/m³）	附着系数	滚动阻力系数
中等密度的雪路	250～350	0.1	0.10
密实的雪路	350～450	0.2	0.05
非常密实的雪路	500～600	0.3	0.03

四、冰路

冰面的特点是，附着系数非常小，有时可小至 0.1 以下；而滚动阻力系数与刚性路面的差别不大。汽车在冰路上行驶时，往往很难满足行驶条件。

汽车通过冰封的渡口时，要求冰层的最小厚度，见表 3-4。冰层除了表面有一层冰雪外，主要由混浊的上层和透明的下层组成。在结冰路面上行驶时，车速要低，行车间隔要大，以确保行车安全。在通过冰封的河流或湖泊的冰面时，还需要检查冰层厚度和坚实情况（如裂缝、气泡或雪的夹层等），应按选定路线平稳匀速通过，中途不准换挡，不准使用紧急制动，不允许停车；途中发现裂痕，应及时避开，绕路行驶。

表 3-4　汽车（列车）总质量与冰层最小厚度的关系

汽车（列车）总质量 m，t	冰层厚度，cm（气温-1℃～-20℃）	从渡口到对岸的最大距离，m	
		海冰	河冰
m≤3.5	25～34	16	19
3.5＜m≤10	42～46	24	26
10＜m≤40	80～100	38	38

注：春天的冰层厚度标准应提高 1.5～2 倍。

【任务实施】

在坏路和无路条件下使用时，改善汽车使用性能的主要措施是设法增大驱动轮与路面之间的附着系数和减少滚动阻力系数。

一、采用防滑装置

在汽车驱动轮上安装防滑链是提高车轮与路面附着系数的有效措施，已得到广泛应用。防滑链的形式主要取决于路面状况和汽车行驶系的结构。防滑链分为普通防滑链、履带式防滑链和防滑块。

普通防滑链是带齿的（圆型、V 型或刀型）链条，用专用的锁环装在轮胎上。这种防滑链在冰雪路面和松软层不厚的土路上有良好的通过性,而在松软层厚的土路上效果明显下降。履带链有菱形和直形的,履带链能保证汽车在坏路上,甚至驱动轮陷入土壤或雪层内仍可以通过,菱形履带还具有防侧滑能力。防滑链的缺点是链条较重,拆装不方便,更重要的是装有防滑链的汽车,其动力性和燃料经济性均下降;在硬路面上行驶的冲击大,使轮胎和后桥磨损增大,因此仅在克服困难道路时,轮胎才装用防滑链。克服短而难行的无路地段时,宜使用容易拆装的防滑块和防滑带。

二、采取汽车自救措施

汽车克服局部障碍或者陷住时,可采用自救措施。一般的自救方法有:
（1）去掉松软泥土或雪层,在驶出的路面上撒砂、铺石块或木板等。
（2）卸下运载货物或降低轮胎气压,以减轻单位面积的压力。
（3）增加驱动轴装载质量,以增加汽车附着重量。
（4）用绳索绑在树干（或木桩）和驱动轮上,如同绞盘那样驶出汽车。

三、合理选用汽车轮胎

轮胎选用合理,可以减小汽车的滚动阻力系数,提高汽车的附着系数,改善汽车在恶劣道路条件下的使用性能。

1. 雪地轮胎

冰雪路面附着系数小,用普通轮胎行驶较困难,国外多使用具有特殊胎面花纹的雪地轮胎。雪地轮胎在冰雪道路上具有良好的制动性能,见图 3-5。表 3-5 给出了制动初速度为 40km/h 时雪地轮胎在压实雪路上的制动性能与带防滑链的普通轮胎的对比结果。

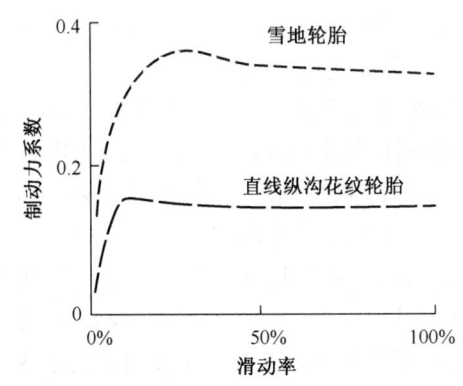

图3-5 雪地轮胎与普通轮胎在冰雪道路上的制动性能比较

2. 轮胎气压

轮胎气压减小后,轮胎与路面的接触面积增大,单位压力减小,致使车轮的滚动阻力系数减小,并改善了附着条件。但是轮胎气压降低后,轮胎变形加大,轮胎使用寿命降低,因此不能使轮胎长期低气压工作。

表 3-5　雪地轮胎与带防滑链的普通轮胎制动性能对比

对比轮胎	制动距离 m	指数
雪地子午线轮胎	13.1	118
带防滑链的普通子午线轮胎	15.5	100
雪地斜交轮胎	19.9	104
带防滑链的普通斜交轮胎	20.7	100

3. 轮胎花纹

轮胎胎面花纹可分为普通花纹、越野花纹和混合花纹。

越野花纹轮胎特点为：花纹横向排列、花纹沟槽深、凸出面积小，地面抓着力大、抗刺扎和耐磨性好，适合在坏路和无路条件下使用。

四、保持正确的驾驶方法

汽车通过泥泞土路、砂路和雪路等松软路面时，应降低车速（低速挡），以减少车轮对土壤的剪切和车轮陷入程度，提高附着性能。另外，还应避免换挡和加速并尽量保持直线行驶，以防止出现车轮滑转和侧滑等现象。

【项目总结】

1. 汽车在特定条件下使用是指汽车在特定的技术状况、特定的气候条件、特定的道路地形条件等条件下的使用。

2. 随着汽车市场的发展，国产汽车和进口汽车大量投放市场。面对不同品牌、用途各异的不同类型的汽车，择优选配、合理使用是极其重要的。

3. 新车、大修车以及装用大修发动机的汽车需要经过走合期。汽车走合期的目的是为了提高汽车工作的可靠性、经济性和延长其使用寿命，走合期的使用特点是：各配合副零件磨损速度快，行车中故障较多，所用的润滑剂容易变质等。走合期采取的主要措施是：减载、限速、禁止拖挂、走好路、严格执行驾驶操作规程和进行维护作业。维护作业的重点是检查、紧固、调整和润滑，其中润滑作业尤为重要。要认真执行日常维护和走合期满后的走合维护的规定和要求。

4. 汽车在低温条件下的使用特点是：发动机起动困难，机件磨损和损坏严重，燃油消耗量增加。在这些特点中，发动机起动困难是重点，而起动前的预热又是解决起动困难的有效措施。预热温度高，则发动机起动阻力小，燃油容易蒸发，发动机容易着火；容易起动，且起动后进入怠速工况期也短，因而发动机磨损较小，燃油消耗量较少。对低温条件下运行的汽车，常常采取保温措施，使其随时可以行驶，参加运输生产。保温的对象主要是发动机，其次是蓄电池、散热器、燃油箱和驾驶室等。保温的方法很多，值得指出的是对发动机用保温套是最简单易行而且保温效果较显著的措施，应该积极推广和采用。换季维护也很重要。

5．汽车高温条件下使用，发动机容易过热，致使其动力性、燃料经济性和行驶可靠性变坏，在高温条件下，汽油机供油系的气阻现象经常发生，尤其是汽车满载爬坡或长时间低速行驶时最容易出现。其原因主要是供油管路汽油的轻质馏分受高温影响所致。防止产生气阻的措施是：加强发动机冷却系的维护，提高其冷却散热效率；安装供油系通风降温装置，隔离供油系的受热部分；增加汽油泵的抗气阻能力或采用电动汽油泵等。在炎热的季节，汽车满载高速行驶时轮胎容易爆胎。在行车途中，要经常检查其温度和气压，为保证行车安全，应采取必要的防止爆胎措施。

6．汽车在高原和山区条件下行驶，发动机的充气量小，而且容易过热，从而导致其动力性、经济性下降；汽车行驶不安全，机件易损坏；驾驶人员劳动强度大，工作环境差等。其中汽车的动力性下降和行车安全性下降尤其应高度重视。汽车在高原山区条件下行驶采取的措施主要有：提高发动机压缩比，酌情改变发动机配气相位，在发动机上安装废气涡轮增压器和中冷器，根据海拔高度合理调整油电路，在燃油中掺入含氧燃料等，采用这些措施的目的都是为了解决高原空气稀薄对发动机使用性能带来不良影响的问题。汽车在高原和山区行驶，其安全问题主要决定于制动系，一般采取的措施是：安装汽车辅助制动器，提高制动副的摩擦系数，加强制动系和转向系的检查和维护工作，确保这些系统的安全可靠和正常工作。

7．汽车在坏路和无路等恶劣道路上行驶时，其平均技术速度和装载质量明显下降，影响汽车运输生产率；同时，汽车驱动轮与路面的附着力减小，汽车滚动阻力增大，并严重影响汽车的通过性。在坏路和无路条件下使用时，改善汽车使用性能的主要措施是，通过采用防滑装置、采取自救措施、合理使用轮胎以及保持正确的驾驶方法等，以增大驱动轮与路面之间的附着系数和减少滚动阻力系数。

8．需要特别说明的是：经常在特定条件下行驶的汽车，为提高性能，最根本的措施是在结构上进行改进。

【项目训练】

简答题

1．解释汽车走合期的概念并回答在走合期内应采取的主要技术措施。
2．分析汽车发动机低温起动困难的原因。
3．低温条件下汽车磨损严重的原因有哪些？
4．低温条件下汽车燃油消耗量增加的是什么？
5．如何改善汽车在低温条件下使用性能？
6．回答汽车在高温条件下的使用特点。
7．改善汽车在高温条件下使用性能的措施有哪些？
8．汽车在低温与高温条件下机件磨损加剧的原因是否一样，并加以分析。

9．海拔高度升高，汽车的动力性、经济性为何下降？解决的方法有哪些？

10．汽车在高温与高原条件下，都会出现动力性、经济性下降的现象。下降的原因是否一样，为什么？

11．回答汽车在坏路与无路条件下的使用特点。从使用的角度改善汽车在此种条件下的使用性能应采取的措施有哪些？

12．汽车在高原条件下动力性、经济性下降，为此可采用提高压缩比的方法改善其相应性能。回答汽车在高温条件下，能否采取这一措施。

13．分组讨论分析汽车在松软路面上行驶，其附着系数、滚动阻力系数相对于良好路面有什么不同。

4 汽车技术状况变化与等级评定

【项目导读】

汽车技术状况是指定量测得的表征某一时刻汽车外观和性能的参数值的总和。也就是说，汽车技术状况包含汽车外观和汽车性能两大方面，是定量评定的。汽车在使用过程中，其技术状况将随着行驶里程或使用时间的增加而变化。通过本项目的学习，熟记汽车技术状况的概念、掌握汽车技术状况变化的原因和主要影响因素、了解汽车技术状况的变化规律、了解汽车技术等级划分与评定方法、能说出零件失效的主要形式、会分析影响汽车技术状况变化的因素、会说出汽车技术等级划分的评定项目。

任务一 汽车技术状况变化的原因与影响因素

【任务描述】

汽车在使用过程中，其技术状况将发生变化。本任务将重点分析汽车技术状况变化的原因和影响因素。

【相关知识】

汽车是一个复杂的机、电、液系统，一辆汽车由上万个零件组成。只有对汽车零件有结构、材料、尺寸、几何形状和表面质量等要求，对汽车机构和总成有装配关系、位置关系、技术要求等规定，才能使汽车具有规定的技术状况。因此，零件的好坏对汽车来说至关重要，是决定汽车技术状况的关键因素。汽车零件、机构或总成技术状态的改变，往往是引起汽车技术状况变化的基本原因。

汽车零件失效的主要形式可分为磨损、疲劳损坏、塑性变形与损坏、腐蚀和老化。

一、磨损

磨损，是指相互接触的物体在相对运动中表层材料不断损耗的过程，它是伴随摩擦而产生的必然结果。影响汽车技术状况变化的零件磨损形式主要有磨料磨损、粘附磨损和腐蚀磨损等3种形式。

磨料磨损，是指相互摩擦表面之间有坚硬、锐利的微粒物，对摩擦表面产生破坏作用的结果，如行车制动器摩擦副的磨损；粘附磨损，是指在相互摩擦的零件表面靠得太近和承受压力极大并且润滑不良的条件下，摩擦表面分子相互吸引作用而粘结在一起造成的一种损坏形式，如曲轴主轴颈与轴承的磨损；腐蚀磨损，是指在摩擦表面有氧化物、酸、碱等有害物质腐蚀的情况下发生的磨损，如气缸、气门、气门座的磨损。

二、疲劳损坏

疲劳损坏，是指零件在交变载荷作用下，承受超过材料的耐疲劳极限的循环应力而产生的损坏，如主减速器齿轮齿面的疲劳点蚀。

三、塑性变形与损坏

塑性变形与损坏，是指零件所受载荷超过材料的弹性变形极限所致。通常，是由于零件原设计计算的错误或违反使用规定所造成的，如汽车超载引起车轴、车架变形、断裂。

四、腐蚀

腐蚀，是指零件在有腐蚀性的环境里工作所产生的损坏。如车身锈蚀、蓄电池导线接头腐蚀。

五、老化

老化，是指零件材料受物理、化学和温度、光照等条件变化的影响引起缓慢损坏的一种形式。橡胶、塑料制品（如轮胎、油封、膜片、膨胀水箱等）和电器元件（如电容器、晶体管等），长期受环境和温度的影响，会逐渐失去原有性能。需要说明的是，老化随时间的延长而逐渐发生，不论零件使用与否，都会逐渐老化。

零件磨损、疲劳、变形、腐蚀、老化以及偶然损伤等，都直接影响汽车技术状况的改变。因此，分析汽车零件损坏的原因，对于改进汽车结构，合理使用和维护汽车，减少零件的损坏，防止故障的发生，保证汽车技术状况的完好具有重要的指导意义。

【任务实施】

汽车在使用过程中，其技术状况将发生变化。汽车技术状况的变化受到诸多因素的影响。

一、汽车结构与工艺

汽车的结构设计与制造工艺的合理性，是提高汽车使用性能和使用寿命的重要途径。如果汽车的结构设计与制造工艺不合理或零件材料选择不当，那么汽车在使用过程中就会由于自身存在着薄弱环节，而经常出现同一故障现象。如原东风 EQ140 型载货汽车的发动机初始点火提前角前期设计为 12°，由于点火提前角过大而经常发生活塞断顶故障。

二、环境条件

环境条件包括气温、湿度和空气中的介质等参数，这些参数对汽车技术状况的影响，如图 4-1 所示。

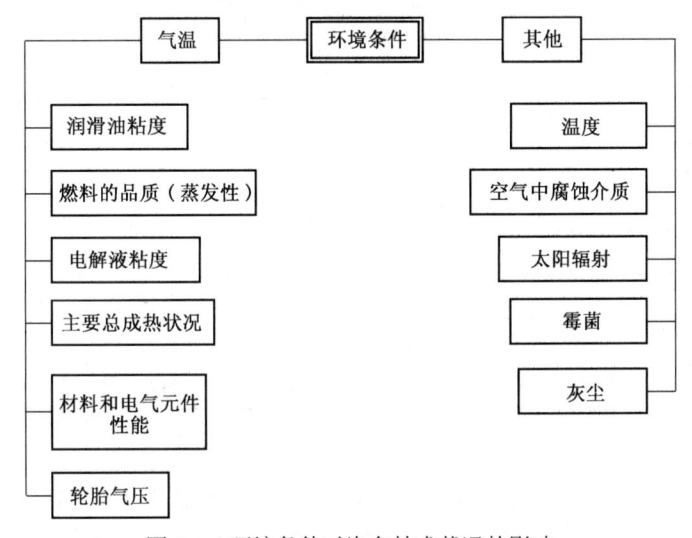

图 4-1 环境条件对汽车技术状况的影响

气温对汽车故障率的影响，如图 4-2 所示。在气温变化的范围内，总是存在一个故障率低的温度区域，该温度区域就是汽车的最佳工作温度范围。

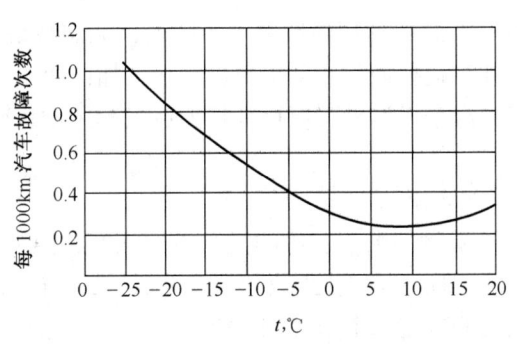

图 4-2 气温对汽车故障率的影响

汽车上的每一个总成都有一定的适合它们工作的温度范围，如现代电喷汽油发动机的最佳热状态是95℃～105℃，发动机以最佳热状态工作时，零件的磨损最小，故障率最低。

三、道路状况

道路状况是影响汽车技术状况的重要因素。道路状况的技术性能指标主要包括道路等级、路面覆盖层状况与路面等级、路面附着系数、道路的构成情况（如道路宽度、路线的曲率半径、路面的纵向与横向最大坡度等）。其中，路面覆盖层状况对汽车各总成、零件的工作有很大的影响，见表4-1。

表4-1 路面覆盖层状况对汽车工作的影响

指标	混凝土与沥青路面	沥青矿碴混合路面	碎石路面	卵石路面	天然路面
滚动阻力系数	0.014	0.020	0.032	0.040	0.080
平均技术速度（km/h）	66	56	36	27	20
发动机曲轴平均转速（r/min）/km	2228	2561	2628	3185	4822
转向轮转角均方差（°）—市区行驶	8	9.5	12	15	18
离合器使用次数/km	0.35	0.37	0.49	0.64	1.52
制动器使用次数/km	0.24	0.25	0.34	0.42	0.90
变速器使用次数/km	0.52	0.62	1.24	2.10	3.20
垂直振幅大于30mm的振动次数/100km	68	128	214	352	625

注：试验用车为原苏联ЗИЛ-130汽车。

从表4-1中可以看出，路面覆盖层状况影响汽车的行驶速度、发动机转速、操纵装置的操纵次数、汽车的道路阻力和受力性质等，从而影响汽车零件、总成的使用寿命，引起汽车技术状况的变化。汽车在坏路上行驶时，故障率明显增加，一般比在良好道路上增加2～3倍。

四、交通状况

交通状况也是影响汽车及总成使用情况的一个因素。如装载质量相同的汽车，在繁华的市区行驶速度要比郊区行驶车速要低；发动机曲轴转速增加；变速器、制动器使用次数增加；转弯行驶次数增加。显然，汽车以这种工况运行将加速汽车技术状况的恶化。

五、装载质量

汽车装载质量、拖挂总质量的大小会影响汽车零件强度、操纵装置的工作频度以及发动机的转速和负荷。在汽车设计时，汽车各承载部件或总成，都是按其承载能力考虑的。汽车的装载量应按汽车制造厂规定的额定标准来控制，禁止超载。载荷超过汽车设计允许范围，将使汽车技术状况迅速变坏，甚至导致车架、车桥、悬架、弹簧、轮胎等汽车部件损坏。

六、汽车运行材料

随着汽车性能的不断提高，对汽车运行材料品质的要求也更加严格。如汽车燃料内含有杂质，就会对发动机的磨损影响极大。同样，汽车所用润滑油剂、各种液体（制动液、冷却液等）等运行材料的品质以及正确选用也严重地影响汽车技术状况变化。

七、汽车驾驶员驾驶技术

驾驶员驾驶技术水平直接影响着汽车技术状况的变化。驾驶技术水平高的驾驶员在驾驶操作过程中，经常采用诸如预热升温、轻踏缓抬、平稳行驶、及时换挡、控制温度等一系列正确合理的驾驶方法，并能根据道路情况正确选择行驶路线和车速，使汽车经常处于较有利的工作状态，从而使汽车保持良好的技术性能，使汽车使用寿命延长。

现代汽车结构越来越复杂、附属装置日渐增多，驾驶员应掌握新车型、新装置的使用注意事项。如汽车采用电动汽油泵，油箱内的燃油应严禁用尽，以防损坏汽油泵；对于采用液压助力装置的转向系统、采用真空助力装置的制动系统，汽车在高速运行时就不准熄火空挡滑行等。因此，驾驶员不但应有高超的驾驶操作技术，而且还应有较全面的技术素质，能够正确、合理地检查、调整、维护汽车，否则汽车的技术状况难以得到保障。

八、汽车维修质量

汽车维护是为了维持汽车完好的技术状况而进行的作业，汽车修理是为了恢复汽车完好的技术状况而进行的作业，汽车维修具有维持和恢复汽车技术状况的作用。因此，汽车维修质量是影响汽车技术状况变化的重要因素。

汽车维修中还存在一些问题，其中最突出的问题是：对现行的汽车维修制度执行得不认真，许多维修人员素质差、水平低，检测、诊断、维修所需仪器设备不齐全等。这些问题使得以"预防为主、定期检测、强制维护、视情修理"的维修制度没有认真执行，使汽车行驶时故障较多。

提高汽车维修质量的关键是：

（1）维修人员的技术素质

现代汽车新装置、新技术、新工艺应用逐渐增多，现代汽车已成为集机械、液压、电子、自动控制及传感技术为一体的综合性科技产品。汽车维修工作的技术含量越来越高，相应的技术标准、技术要求越来越严。另一方面，汽车的可靠性却越来越好，故障发生率降低，同一项维修工作的重复性也降低，一旦汽车出现问题，可引用借鉴的经验也少，这些都要求从事汽车维修的人员应有较高的技术素质，掌握汽车检测、诊断与维修新技术。

（2）先进齐全的仪器设备

要准确诊断汽车故障，确定汽车维修作业的具体内容，对损伤的汽车零件进行修复，都离不开必要的专用设备,因此应配备先进齐全的仪器设备。

(3)配件质量

当前汽车配件市场十分活跃,而配件质量却参差不齐。尤其是假冒配件的质量、可靠性更差。现代汽车维修技术中将废旧件、损坏件修复后再装车使用的比例逐渐减少,而更换新件的比例明显上升,因而汽车配件的质量就更为重要。

任务二 汽车技术状况的变化规律

【任务描述】

汽车技术状况变化规律是指汽车技术状况与行驶里程或使用时间的关系,分为函数变化规律(第一种变化规律)和随机变化规律(第二种变化规律)两类。

【相关知识】

一、汽车技术状况的函数变化规律

函数变化规律的特点是,汽车技术状况的变化与汽车行驶里程或使用时间之间有严格的对应关系,汽车工作能力(E_i)随汽车行驶里程依次平稳而单调地变化至失去工作能力(E_0),如图4-3所示。

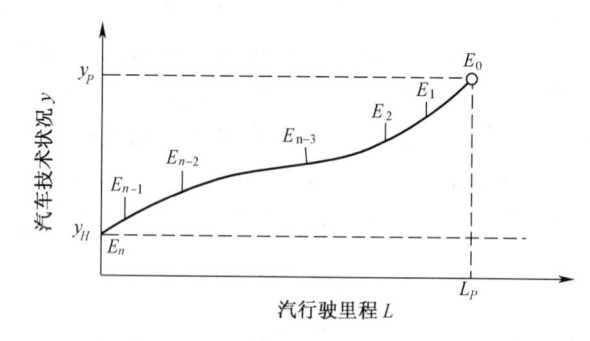

E_n、E_{n-1}、…、E_2、E_1—汽车的各种工作能力;E_0—汽车丧失工作能力

图4-3 汽车技术状况的函数变化规律

汽车零件的磨损、间隙的变化、冷却系和润滑系中的沉积物、润滑油消耗量以及润滑油中的机械杂质的含量等,都是按照这个规律变化,可能的具体变化形式,如图4-4所示。

实际经验和研究结果表明,汽车使用中技术状况(参数)y与汽车行驶里程或使用时间L之间的函数关系,可以用多项式方程或指数方程来表示。

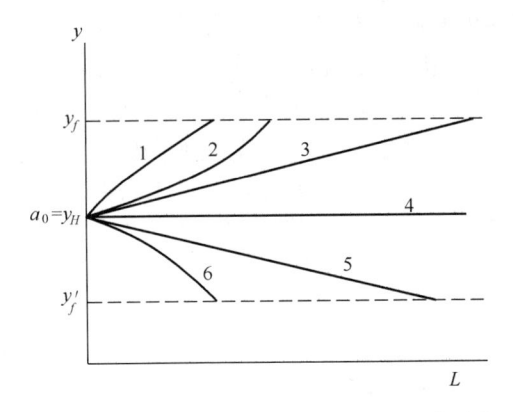

1、2、3—汽车使用中逐渐变大的技术状况参数；4—汽车使用中稳定不变的技术状况参数；
5、6—汽车使用中逐渐变小的技术状况参数；a_0（y_H）—汽车初始技术状况参数；
y_f、y'_f—汽车技术状况参数变化的范围

图 4-4　汽车技术状况 y 随行驶里程或使用时间 L 变化的几种形式

（1）多项式方程表示为：

$$y = a_0 + a_1L + a_2L^2 + a_3L^3 + \cdots + a_nL^n \tag{4-1}$$

式中：a_0——汽车初始技术状况参数；L——汽车行驶里程或使用时间；a_i（i=1，2，…，n）——汽车技术状况参数变化的强度，它根据汽车结构和使用条件而变。

实际使用式（4-1）计算时，一般取第一至第四项，其计算精度就可满足要求。

（2）指数方程表示为：

$$y = a_0 + a_1L^b \tag{4-2}$$

式中：a_0——汽车初始技术状况参数；a_1、b——确定汽车工作强度和技术状况变化程度的系数；L——汽车行驶里程或使用时间。

二、汽车技术状况的随机变化规律

随机变化规律的特点是，汽车技术状况的变化受很多随机因素的影响，汽车技术状况的变化与汽车行驶里程或使用时间之间没有严格的对应关系，汽车可能从任意一种工作能力（E_i）突然下降到丧失工作能力（E_0），如图 4-5 所示。

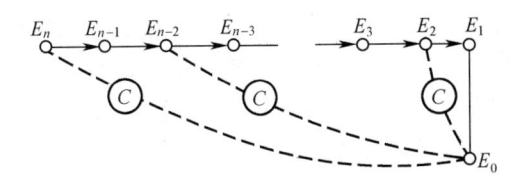

E_n、E_{n-1}、……、E_2、E_1—汽车的各种工作能力；E_0—汽车丧失工作能力

图 4-5　汽车技术状况的随机变化

汽车运行中出现的故障就是随机性的，它与很多因素有关系，如零件本身的质量、零件工作表面的尺寸精度与表面粗糙度、汽车及总成的装配质量、汽车的维修质量以及汽车使用条件等。尽管这些因素都与故障有关，但却与行驶里程或行驶时间没有严格的对应关系。当给定汽车技术状况参数极限值时，汽车技术状况参数达到极限数值的行程将是各种各样的，如图4-6a）中的 L_{p1}、L_{p2}、…、L_{pn}；而在同一行程，汽车技术状况也不是处在同一水平，而是存在明显差异，如图4-6（b）所示。

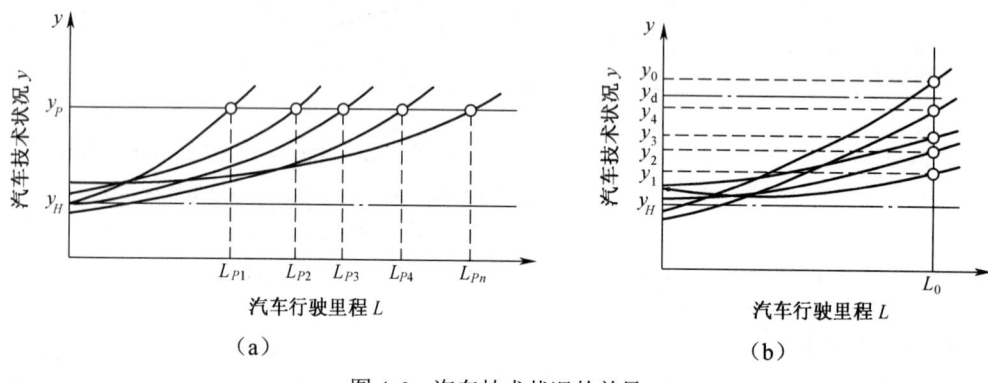

图 4-6 汽车技术状况的差异

对于汽车技术状况的随机变化，不可避免地会引起定期的检测、诊断和维护作业超前或滞后进行。只有掌握汽车技术状况的随机变化规律，才能精确制定汽车检测、诊断和维护周期，确定作业的广度和深度，保持汽车技术状况的良好，延长汽车的使用寿命。

【任务实施】

由3~5名同学自由组成任务小组，利用所学知识和网络资源，讨论汽车技术状况的变化规律。

任务三　汽车技术等级与评定

【任务描述】

汽车经过长时间运行和多次维护、修理后，技术状况必然会发生变化。为了及时掌握不同阶段的汽车技术状况变化情况，应定期对汽车进行综合评定，核定汽车的技术状况等级，以便根据汽车技术状况有计划地安排和组织相应的运输生产，从而有利于合理使用汽车和科学地安排汽车的维修计划，降低运行消耗成本，较少行车故障，杜绝汽车排放超标，不断提高汽车装备质量。

【相关知识】

营运车辆技术等级划分

汽车技术等级就是指评定汽车技术状况的技术分级。

JT/T198－2004《营运车辆技术等级划分和评定要求》，将营运车辆技术等级划分为一级、二级和三级。

一级：表 4-2 中分级的项目应达到规定的一级技术要求；没分级的项目应为合格。

二级：表 4-2 中 1.2、1.9 和 4.2 应达到规定的技术要求；1.1、1.3、2.1、3.1、4.4、5.2、7 和 10 八个项目中至少有三项应达到规定的一级技术要求；没分级的项目应为合格。

三级：表 4-2 中分级的项目应达到三级技术要求；没分级的项目应为合格。

表 4-2 营运车辆技术等级的评定项目和技术要求

序号	项目	技术要求		
		一级车	二级车	三级车
1	整车装备与外观			
1.1	整车装备与标识	①整车装备应齐全、完好、有效，各连接部件紧固完好，车体应周正；②车辆的结构不得任意改造；③营运车辆的车顶、车门、车身、风窗玻璃等部分的标识应统一，齐全有效，并符合有关规定		
		④车体外缘左右对称部位（在离地高 1.5m 以内测量）高度差不大于 20mm；左右轴距差不大于轴距的 1.2/1000	④车体外缘左右对称部位（在离地高 1.5m 内测量）高度差不得大于 40mm；左右轴距不得大于轴距的 1.5/1000	
1.2	车架、车身、驾驶室	①车身和驾驶室的技术状况应能保证驾驶员有正常的工作条件和客货安全；②车身和驾驶室应坚固耐用，车架、车身与驾驶室不得有开裂、锈蚀和明显变形，螺栓和铆钉不得缺少或松动，车身与车架的连接应安装牢固；③车身外部和内部都不应有任何可能使人致伤的尖锐凸起物；④驾驶室和乘客舱所有内饰材料应具有阻燃性；⑤驾驶室必须保证驾驶员的前方视野和侧方视野。车窗玻璃不允许张贴妨碍驾驶员视野的附加物及镜面反光遮阳膜		
		⑥表面无锈迹、无脱掉漆		
1.3	车门、车窗、刮水器	①车门和车窗启闭轻便，不得有自行开启现象，锁止可靠，玻璃升降器应完好；②前风窗应装备刮水器。刮水器应能正常工作，刮水器关闭时刮片应能自动返回至初始位置		
		③玻璃应完好无损	③玻璃不得缺损	
1.4	驾乘座椅	①地板和座椅应具有足够的强度，座椅和扶手应安装牢固可靠。乘客座椅间距不得采用沿滑道纵向调整的结构；②车长大于 6m 的客车同方向座椅的座间距不得小于 650mm，面对面座椅的座间距不得小于 1200mm		
1.5	卧铺[a]	①卧铺客车的卧铺应采用"1+1"或"1+1+1"纵向布置（与车辆前进方向相同），卧铺宽度应不小于 450mm，卧铺纵向间距应不小于 1400mm，相邻卧铺的间距应不小于 350mm		

续表

序号	项目	技术要求		
		一级车	二级车	三级车
1.6	行李架（舱）[a]	①中级、中级以上车长大于或等于 9m 的营运客车和卧铺客车车身顶部不得设置行李架，应设置符合有关标准要求的行李舱。其他客车需设置车外顶行李架时，其顶架载荷按每个乘客 10kg 行李核定，且行李架长度不得超过车长的三分之一		
1.7	安全出口[a]、安全带	安全出口：①车长大于 6m 的客车，如车身右侧仅有一个乘客上下的车门时，应设置安全门或安全窗。卧铺客车应设置车顶安全出口。其卧铺布置为上、下双层时，侧窗布置应为上下双排。使用安全门时应保证不用其他器具即可将其向外推开。安全出口的数量及位置应符合有关规定；②安全门应满足下列要求：a）安全门的净高不得小于 1250mm，净宽不得小于 550mm；b）门铰链应在门前端，向外开角度应不小于 100°，并能在此角度下保持开启，同时设有开启报警装置；c）通向安全门的通道宽度应不小于 300mm，不足 300mm 时，允许采用迅速翻转座椅等方法加宽通道；d）车内外应设应急开门把手，车外把手距地面高度应不大于 1800mm；e）关闭时应能锁止；f）在安全门或安全窗处应有醒目的红色标志和操纵方法，字体高度应不小于 20mm；③安全窗应满足下列要求：a）安全窗和安全顶窗的面积应不小于 $3×10^5mm^2$，且能内接一个 400mm×600mm 的椭圆；车辆后端面的安全窗的面积应不小于 $4×10^5mm^2$，且能内接一个 500mm×700mm 的矩形；b）安全窗应易于向外推开或用手锤击破玻璃，在其附近应备有便于取用的击碎出口玻璃的专用工具。

汽车安全带：①座位数小于或等于 20（含驾驶员座椅，下同）或者车长小于或等于 6m 的载客汽车和最大设计车速大于 100km/h 的载货汽车和牵引车的前排座位必须装置汽车安全带。长途客车和旅游客车的驾驶员座椅及前面没有座椅或护栏的座椅应安装汽车安全带。安全带应有认证标志；②卧铺客车的每个铺位均应安装两点式汽车安全带；③汽车安全带应可靠有效，安装位置应合理，固定点应有足够的强度 |||
1.8	车厢、地板、护轮板（挡泥板）	①货箱的栏板和地板应平整；客车车身与地板应密合，应有防止发动机废气进入车厢内部的有效措施；②轿车应装有护轮板，挂车后轮应有挡泥板，其他车辆的所有车轮均应有挡泥板		
1.9	车轮、轮胎	①轮胎胎面不得有因局部磨损而暴露出轮胎帘布层。轮胎的胎面和胎壁上不得有长度超过 25mm 或深度足以暴露出轮胎帘布层的破裂和割伤；②同一轴上轮胎规格和花纹应相同，轮胎规格应符合车辆出厂时的规定，同一轴上轮胎外径的磨损程度应大体一致；③汽车转向轮不得装用翻新的轮胎；④汽车装用的轮胎应与其最大设计车速相适应；⑤轮胎负荷不应超过该轮胎的额定负荷，轮胎的充气压力应符合该轮胎承受负荷时规定的压力；⑥最大设计车速超过 120km/h 的车辆，其车轮应做动平衡，并应符合有关技术要求；⑦轮胎螺母和半轴螺母应完整齐全，并应按规定力矩紧固；⑧车轮总成的横向摆动量和径向跳动量：总质量小于或等于 4500kg 的汽车不得大于 5mm；其他车辆不得大于 8mm		
		⑨微型车辆胎冠花纹深度不小于 3.2mm；其他车辆转向轮的胎冠花纹深度不小于 3.5mm，其余轮胎花纹深度不小于 2.5mm	⑨轮胎的磨损：轿车和挂车胎冠上花纹深度不得小于 1.6mm；其他车辆转向轮的胎冠花纹深度不小于 3.2mm，其余轮胎胎冠花纹深度不得小于 1.6mm	
1.10	悬架装置	①钢板弹簧不得有裂纹和断片现象，其弹簧形式和规格应符合产品使用说明书的规定。中心螺栓和 U 形螺栓应紧固；②减振器应齐全有效；③车桥与悬架之间的各种拉杆和导杆不得变形，各接头和衬套不得松旷和移位		

续表

序号	项目	技术要求		
^	^	一级车	二级车	三级车
1.11	传动系、车桥	传动系：①离合器踏板自由行程应符合原厂规定的该车技术条件的有关规定；②离合器踏板力应不大于300N；③离合器应接合平稳，分离彻底，工作时不得有异响、抖动和不正常打滑等现象；④变速器和分动器，换挡时齿轮啮合灵便，互锁、自锁、倒挡锁装置有效，不得有乱挡和自动跳挡现象，换挡时变速杆不得与其他部件干涉。运行中无异响；⑤传动轴在运转时不得发生振抖和异响，中间轴承和万向节不得有裂纹和松旷现象；⑥驱动桥工作应正常且无异响 车桥：前、后桥不得有变形和裂纹		
1.12	转向节及臂，横、直拉杆及球销	①转向节及臂，转向横、直拉杆及球销应无裂纹和损伤，并且球销不得松旷。对车辆进行改装或修理时，横、直拉杆不得拼焊		
1.13	制动装置（行车、应急、驻车）	①车辆应具有行车制动、应急制动和驻车制动功能；②行车制动系制动踏板的自由行程应符合该车原厂规定的有关技术条件；③车辆的行车制动必须采用双管路或多管路；④检查汽车是否具有有效的应急制动装置		
1.14	螺栓、螺母紧固	①轮胎螺母和半轴螺母应完整齐全，并应按规定力矩紧固；②中心螺栓和U形螺栓应紧固		
1.15	灯光数量、光色、位置	①所有前照灯的近光都不得眩目；②汽车和挂车的外部照明和信号装置的数量、位置、光色、最小几何可见角度等应符合GB4785的有关规定；③全挂车应在挂车前部的左右各装一只红色标志灯，其高度应比全挂车的前栏板高出300~400mm，距车箱外侧应小于150mm；④车辆应装置后回复反射器，车长大于10m的车辆应安装侧回复反射器，汽车列车应装有侧回复反射器。回复反射器应能保证夜间在其正面前方150m处用汽车前照灯照射时，在照射位置就能确认其反射光；⑤装有前照灯的车辆应有远近光变换装置，并且当远光变为近光时，所有的远光应同时熄灭。同一辆车上的前照灯不允许左、右的远、近灯光交叉开亮；⑥车辆的前位灯、后位灯、示廓灯、挂车标志灯、牌照灯和仪表灯应能同时启闭，当前照灯关闭和发动机熄火时仍能点亮；⑦空载高为3m以上的车辆应安装示廓灯；⑧车辆应安装一只或两只后雾灯，只有当远光灯、近光灯或前雾灯打开时，后雾灯才能打开。后雾灯可以独立于任何其他灯而关闭。后雾灯可以连续工作，直至位置灯关闭时为止，之后一直处于关闭状态，直至再次打开。车辆（挂车除外）可以选装前雾灯；⑨车辆应装有危险报警闪光灯，其操纵装置应不受电源总开关的控制。危险报警闪光灯和转向信号灯的闪光频率为1.5±0.5Hz；起动时间应不大于1.5s；⑩汽车及挂车均应安装侧转向灯，若汽车前转向灯在侧面可见时则视为满足要求。铰接式车辆每一刚性单元必须装有至少一对侧转向灯		
1.16	信号装置与仪表	①车辆仪表板上应设置与行驶方向相适应的转向指示信号和蓝色远光指示信号灯；②仪表板上应设置仪表灯。仪表灯点亮时，应能照清仪表板上所有仪表并不得眩目；③各种客车应设置车厢灯和门灯。车长大于6m的客车应至少有两条车厢照明电路，仅用于进出口处的照明电路可作为其中之一。当一条电路失效时，另一条应能正常工作，以保证车内照明，但不得影响驾驶员的视线和其他机动车的正常行驶；④车辆照明和信号装置的任一条线路出现故障，不得干扰其他线路的正常工作；⑤车辆前、后转向信号灯、危险报警闪光灯及制动灯白天距100m可见，侧转向信号灯白天距30m可见；前、后位置灯、示廓灯和挂车标志灯夜间好天气距300m可见，后牌照灯夜间好天气距20m能看清牌照号码。制动灯的亮度应明显大于后位灯；⑥车长大于6m的客车应设置电源总开关，分线路保险完善的客车除外；⑦车速里程表、水温表、机油压力表、电流表、燃油表、气压表等各种仪表和信号装置应齐全有效		

续表

序号	项目	技术要求		
		一级车	二级车	三级车
1.17	漏气、漏油、漏水、漏电	①汽车上各连接件无漏油、渗水和漏气现象；②发电机技术性能应良好。蓄电池应保持常态电压。所有电气导线应捆扎成束、布置整齐、固定卡紧、接头牢固，并有绝缘套，在导线穿越孔洞时需设绝缘套管		
1.18	底盘异响	①车辆运行当中底盘应无异响		
1.19	发动机异响	①发动机运转应无异响，运转和加速时不得有回火放炮现象		
1.20	润滑	①各部润滑良好，发动机机油压力应符合该车有关技术条件的规定；②变速箱、后桥等总成和部件的润滑油的规格和用量应符合规定		
1.21	灭火器	①营运车辆应装备与其相适应的有效灭火装置，灭火装置应安装牢靠并便于取用		
1.22	车内外后视镜、前下视镜	①车辆（挂车除外）必须在左右各设置一面后视镜；车长大于 6m 的平头客车和平头载货汽车车前应设置一面下视镜。轿车和客车驾驶室内应设置一面内后视镜；②车辆车外后视镜的安装位置和角度应保证看清车身左右外侧、车后 50m 以内的交通情况。前下视镜应能看清风窗玻璃前下方长 1.5m、宽 3m 范围内的情况；③车内外后视镜和前下视镜应易于调节，并能有效保持其位置；④安装在外侧距地面 1800mm 以下的后视镜，当行人等接触该镜时，应具有能缓和冲击的功能		
1.23	侧面、后下部防护装置[b]	①总质量大于 3500kg 的载货汽车和挂车两侧必须装备侧面防护装置，但本身结构已能防止行人和骑车人等卷入的汽车和挂车除外；②除牵引车和长货挂车以外的汽车及挂车，空载状态下其车身或无车身底盘总成的后端离地间隙大于 700mm 时，必须装备能有效防止其他机动车和非机动车等从车辆后下方嵌入的防护装置		
2	动力性			
2.1	驱动轮输出功率	附表 4-1"汽车驱动轮输出功率的限值"中额定值的要求		附表 4-1"汽车驱动轮输出功率的限值"中允许值的要求
2.2	滑行性能	①用底盘测功机检测时，按 GB18565－2001 中 12.5.1 规定的方法测得的初速为 30km/h 的滑行距离，应符合下表的规定；②路试检测时，按 GB18565－2001 中 12.5.2 规定的方法测得的初速为 30km/h 的滑行距离应符合如下规定。 | 汽车整备质量 M/kg	双轴驱动车辆的滑行距离/m	单轴驱动车辆的滑行距离/m
---	---	---
$M<1000$	≥104	≥130
$1000 \leqslant M \leqslant 4000$	≥120	≥160
$4000<M \leqslant 5000$	≥144	≥180
$5000<M \leqslant 8000$	≥184	≥230
$8000<M \leqslant 11000$	≥200	≥250
$M>11000$	≥214	≥270 | ③按 GB18565－2001 中规定的方法测得的滑行阻力 P_S，应符合 $P_S \leqslant 1.5\% M \cdot g$ 式中：P_S——滑行阻力，N；M——汽车的整备质量，kg；g——重力加速度，9.8m/s^2 ④车辆的滑行性能符合①、②或③中其中一项即为合格		

续表

序号	项目	技术要求		
^	^	一级车	二级车	三级车
3	燃料经济性			
3.1	等速百公里油耗	不大于该车型制造厂规定的相应车速等速百公里油耗的103%	不大于该车型制造厂规定的相应车速等速百公里油耗的110%。	
4	制动性			
4.1	制动力	①汽车在制动试验台上测出的制动力应符合如下规定。 	制动力总和与整车重量的百分比，%		轴制动力与轴荷的百分比，%	
---	---	---	---
空载	满载	前轴	后轴
≥60	≥50	≥60[1]	— | [1] 和满载状态下测试均应满足此要求 ②台试时的制动气压和制动踏板力要求： a）满载检验时 气压制动系：气压表的指示气压≤额定工作气压； 液压制动系：踏板力，座位数小于或等于9的载客汽车≤500N；其他车辆≤700N。 b）空载检验时 气压制动系：气压表的指示气压≤600kPa； 液压制动系：踏板力，座位数小于或等于9的载客汽车≤400N；其他车辆≤450N。		
4.2	制动力平衡	①在制动力增长全过程中同时测得的左右轮制动力差的最大值，与全过程中测得的该轴左右轮最大制动力中大者之比；对前轴不得大于16%；当后轴制动力大于或等于后轴轴荷的60%时不得大于20%；当后轴制动力小于后轴轴荷的60%时，在制动力增长全过程中，同时测得的左右轮制动力之差的最大值不得大于后轴轴荷的5%	①在制动力增长全过程中同时测得的左右轮制动力差的最大值，与全过程中测得的该轴左右轮最大制动力中大者之比，对前轴不得大于20%；对后轴：当后轴制动力大于或等于后轴轴荷的60%时不得大于24%；当后轴制动力小于后轴轴荷的60%时，在制动力增长全过程中同时测得的左右轮制动力差的最大值不得大于后轴轴荷的8%	
4.3	制动协调时间	①汽车制动协调时间（指在急踩制动时，从踏板开始动作至制动力达到4.1中"台试制动力要求"规定的制动力75%时所需的时间）：对采用液压制动系的车辆不得大于0.35s；对于采用气压制动系的车辆不得大于0.56s		
4.4	车轮阻滞力	①进行制动力检测时,各轮的阻滞力均不得大于该轴轴荷的2.5%	①进行制动力检测时，车辆各轮的阻滞力均不得大于该轴轴荷的5%	
4.5	驻车制动	①当采用制动试验台检验车辆驻车制动的制动力时，车辆空载，乘坐一名驾驶员，使用驻车制动装置，驻车制动力的总和应不小于该车在测试状态下整车重量的20%；对总质量为整备质量1.2倍以下的车辆，限值为15%		
5	转向操纵性			

续表

序号	项目	技术要求		
		一级车	二级车	三级车
5.1	转向轮横向侧滑量	①前轴采用非独立悬架的汽车,转向轮的横向侧滑量,用侧滑仪(包括单、双板)按12.4.2规定的方法检测时,侧滑量值应不大于5m/km。②前轴采用独立悬架的汽车,可以前轮定位参数值符合原厂规定的该车有关技术条件为合格		
5.2	转向盘最大自由转动量	①最大设计车速大于或等于100km/h的汽车为15°,最大设计车速小于100km/h的汽车为20°	①最大设计车速大于或等于100km/h的汽车为20°;最大设计车速小于100km/h的汽车为30°	
5.3	悬架特性[c]	对于最大设计车速大于或等于100km/h、轴载质量小于或等于1500kg的载客汽车,应按GB18565－2001中12.4.3规定的方法进行悬架特性检测。①用悬架检测台按12.4.3.1规定的方法检测时,受检车辆的车轮在受外界激励振动下测得的吸收率(被测汽车共振时的最小动态车轮垂直载荷与静态车轮垂直载荷的百分比值)应不小于40%,同轴左右轮吸收率之差不得大于15%;②用平板检测台按12.4.3.2规定的方法检测时,受检车辆制动时测得的悬架效率应不小于45%,同轴左右轮悬架效率之差不得大于20%。		
6	前照灯			
6.1	发光强度	汽车每只前照灯远光光束发光强度应达到如下要求: 两灯制:12000cd;四灯制:10000cd 测试时,电源系统可处于充电状态 采用四灯制的汽车,其中两只对称的灯达到两灯制的要求时,视为合格		
6.2	光束照射位置	①在检验前照灯的近光光束照射位置时,前照灯在距离屏幕前10m处,光束明暗截止线转角或中点的高度应为0.6H～0.8H(H为前照灯基准中心高度),其水平方向位置要求向左向右偏均不得超过100mm;②四灯制前照灯其远光单光束的照射位置,前照灯在距离屏幕10m处,光束中心离地高度为0.85H～0.90H,水平位置要求左灯向左偏不得大于100mm,向右偏不得大于170mm;右灯向左或向右偏均不得大于170mm;③汽车装用远光和近光双光束灯时以调整近光光束为主。对于只能调整远光单光束的灯,调整远光单光束		
7	排放污染物控制			
7.1	汽油车怠速污染物排放[d]	轻型 CO≤3.5%; HC≤700×10^{-6}; 重型 CO≤4.0%; HC≤1000×10^{-6}	<table><tr><td rowspan="2">车辆类型</td><td colspan="2">轻型车</td><td colspan="2">重型车</td></tr><tr><td>CO %</td><td>HC 10^{-6}[1]</td><td>CO %</td><td>HC 10^{-6}[1]</td></tr><tr><td>1995年7月1日前生产的在用汽车</td><td>4.5</td><td>1200</td><td>5.0</td><td>2000</td></tr><tr><td>1995年7月1日后生产的在用汽车</td><td>4.5</td><td>900</td><td>4.5</td><td>1200</td></tr><tr><td colspan="5">[1] HC容积浓度值按正己烷当值</td></tr></table>	

续表

序号	项目	技术要求		
		一级车	二级车	三级车
7.2	汽油车双怠速污染物排放 [d]	M1 类怠速：CO≤0.7%；HC≤135×10⁻⁶ 高怠速：CO≤0.25%；HC≤90×10⁻⁶ N1 类怠速：CO≤0.85%；HC≤180×10⁻⁶ 高怠速：CO≤0.45%；HC≤130×10⁻⁶		

车辆类型	怠速		高怠速	
	CO %	HC 10^{-6[1]}	CO %	HC 10^{-6[1]}
2001 年 1 月 1 日以后上牌照的 M_1[2] 类车型	0.8	150	0.3	200
2002 年 1 月 1 日以后上牌照的 N_1[3] 类车型	1.0	200	0.5	150

[1] HC 容积浓度值按正己烷当值
[2] M_1 指车辆设计乘员数（含驾驶员）不超过 6 人，且最大总质量不超过 2500kg
[3] N_1 还包括设计乘员数（含驾驶员）超过 6 人，且最大总质量超过 2500kg，但不超过 3500kg 的 M 类车辆

序号	项目	一级车	二级车/三级车
7.3	柴油车自由加速烟度 [e]	R_b≤3.6	1995 年 7 月 1 日以前生产的在用汽车：烟度值 R_b≤4.7 1995 年 7 月 1 日起生产的在用汽车：烟度值 R_b≤4.0
7.4	柴油车排气可见污染物 [e]	光吸收系数（m⁻¹）：2.2	2001 年 1 月 1 日以后上牌照的在用车：光吸收系数（m⁻¹）：2.5 2001 年 1 月 1 日以后上牌照的装配废气涡轮增压器的在用车：光吸收系数（m⁻¹）：3.0
8	喇叭声级		汽车喇叭声级在距车前 2m、离地高 1.2m 处用声级计测量时，其值应为 90～115dB（A）。
9	车辆防雨密封性 [a]		符合 QC/T476 有关规定。

客车防雨密封性限值

客车类型		限制（分）
轻型客车		≥93
中型客车	旅游客车	≥92
	团体客车	≥90
	城市客车	≥88
	长途客车	≥80
重型客车	旅游客车	≥90
	团体客车	≥88
	城市客车	≥87
	长途客车	≥87
特大型客车	铰接式客车	≥84

续表

序号	项目	技术要求		
		一级车	二级车	三级车
10	车速表示值误差	车速表示值误差 0~+15% 即当实际车速为 40km/h 时，车速表指示应为 40~46km/h	车速表允许误差范围为-5%~20% 即当实际车速为 40km/h 时，车速表指示值应为 38~48km/h	

注：a.载客汽车；b.载货汽车；c.用于对最大设计车速大于或等于 100km/h、轴载质量小于或等于 1500kg 的载客汽车；d.按 GB18352 通过型式认证装配点燃式发动机的轻型汽车，应进行双怠速试验；其他装配点燃式发动机的车辆应进行怠速试验；e.按 GB18352 通过型式认证装配压燃式发动机的轻型汽车，应进行排气可见污染物试验；其他装配压燃式发动机的车辆应进行自由加速烟度试验

附表 4-1　汽车驱动轮输出功率的限值

汽车类别	汽车型号		额定转矩工况			额定功率工况		
			直接挡检测速度 V_M km/h	校正驱动轮输出功率/额定转矩功率 η_{VM}%		直接挡检测速度 V_P km/h	校正驱动轮输出功率/额定功率 η_{VP}%	
				额定值 η_{Mr}	允许值 η_{Ma}		额定值 η_{Pr}	允许值 η_{Pa}
载货汽车	1010 系列 1020 系列	汽油车	60	75	50	90	65	40
	1030 系列	汽油车	60	75	50	90	65	40
	1040 系列	柴油车	55	75	50	90	70	45
	1050 系列	汽油车	60	75	50	90	65	40
	1060 系列	柴油车	50	75	50	80	70	45
	1070 系列	汽油车	—					
	1080 系列	柴油车	50	75	50	80	70	45
	1090 系列	汽油车	40	75	50	80	70	45
		柴油车	55	75	50	80	70	45
	1100，1110 系列	汽油车	—	—	—	—	—	—
	1120，1130 系列	柴油车	60	70	45	80	65	40
	1140 系列 1150 系列 1160 系列	柴油车	60	75	50	80	65	40
	1170 系列 1190 系列	柴油车	55	75	50	80	65	40

续表

汽车类别	汽车型号		额定转矩工况			额定功率工况		
			直接挡检测速度 V_M km/h	校正驱动轮输出功率/额定转矩功率 $\eta_{VM}\%$		直接挡检测速度 V_P km/h	校正驱动轮输出功率/额定功率 $\eta_{VP}\%$	
				额定值 η_{Mr}	允许值 η_{Ma}		额定值 η_{Pr}	允许值 η_{Pa}
半挂列车[①]	10t 半挂系列车	汽油车	40	75	50	80	70	45
		柴油车	50	75	50	80	70	45
	15t,20t 半挂系列车	汽油车	45	70	45	70	65	40
	25t 半挂系列车	柴油车	45	75	50	75	65	40
客车	6600 系列	汽油车	60	70	45	85	60	35
		柴油车	45	75	50	75	65	40
	6700 系列	汽油车	50	65	40	80	60	35
		柴油车	55	70	45	75	60	35
	6800 系列	汽油车	40	65	40	85	60	35
		柴油车	45	70	45	75	60	35
	6900 系列	汽油车	40	65	40	85	60	35
		柴油车	60	70	45	85	60	35
	6100 系列	汽油车	40	65	40	85	60	35
		柴油车	40	70	45	85	60	35
	6110 系列	汽油车	40	65	40	85	60	35
		柴油车	55	70	45	80	60	35
	6120 系列	柴油车	60	65	40	90	60	35
轿车	夏利、富康		95/60[②]	65/60[②]	40/35[②]	—	—	—
	桑塔纳		95/65[②]	70/65[②]	45/40[②]	—	—	—

注：5010～5040 系列厢式货车和罐式货车驱动轮输出功率的允许值按同系列普通货车的允许值下调 2%，其他厢式货车和罐式货车驱动轮输出功率的允许值按同系列普通货车的允许值下调 4%。

本限制适用于本表所列的在用国产车，其他在用车辆可参照执行。

①半挂列车是按载质量分类。

②为汽车变速器使用三挡时的参数值。

【任务实施】

JT/T198－2004《营运车辆技术等级划分和评定要求》中将营运车辆技术等级划分为一级、二级和三级。凡是达不到二级车技术等级标准的汽车均为三级车。三级车是不合格车。运用本任务的相关知识，分组讨论这种说法是否正确。

【项目总结】

1．汽车技术状况是指定量测得的表征某一时刻汽车外观和性能的参数值的总和，汽车技术状况是发挥汽车性能的保证。

2．汽车技术状况变化的根本原因是零件的失效。汽车零件失效的主要形式可分为磨损、疲劳、变形、腐蚀和老化。

3．汽车在使用过程中，其技术状况将发生变化。汽车技术状况的变化受到汽车结构工艺、汽车运行材料的品质与使用、道路状况、环境条件、装载质量、驾驶技术、维修质量等诸多因素的影响。

4．汽车技术状况变化规律是指汽车技术状况与行驶里程或使用时间的关系，分为函数变化规律（第一种变化规律）和随机变化规律（第二种变化规律）两类。

5．汽车技术等级是指评定汽车技术状况的技术分级。汽车平均技术等级是指企业或单位汽车技术状况的平均技术等级。为了掌握汽车的技术状况，有计划地安排与组织维修工作，促进运输企业的技术进步，JT/T198－2004《营运车辆技术等级划分和评定要求》行业标准颁布，该标准将营运车辆技术等级划分为一级、二级和三级。

6．掌握汽车技术状况变化规律，掌握汽车技术状况变化的原因与影响因素，正确使用、定期检测、强制维护、视情修理，维持和恢复汽车完好的技术状况。

【项目训练】

1．解释汽车技术状况的概念。

2．汽车技术状况变化的基本原因，是汽车零件、机构或总成技术状态的改变。零件的技术状态对汽车来说至关重要。分析汽车在某种特定条件下零件损坏的主要形式。

3．分析影响汽车技术状况变化的因素。

4．汽车技术状况变化规律分为几类，各有什么特点？

5．汽车技术等级是如何划分的？评定的依据是什么？

5 汽车使用寿命

【项目导读】

　　汽车在正常使用过程中，其使用性能随着使用年限或行驶里程的增加而逐渐下降，如果无限制地延长汽车的使用寿命，其动力性能、经济性能、环保性能及行驶安全性能会大幅度下降，维修频繁、维修费用剧增。相反，如果过早地报废汽车，就会造成大量资源的浪费。因此，研究汽车使用寿命的意义在于合理地确定汽车的使用寿命，确保在用汽车具有良好的技术状况，保持安全环保、能源节约与运输高效，充分发挥汽车的社会效益和经济效益。对于在用汽车，为了更好地发挥其经济效益与社会效益，必须适时更新与报废。通过本项目的学习，熟练掌握汽车使用寿命的概念、汽车使用寿命的分类、汽车损耗的基本知识；理解有关汽车报废标准；会计算汽车的经济使用寿命。

任务一　汽车使用寿命分类

【任务描述】

　　汽车使用寿命是指汽车从开始使用到不能使用所经历的时间或里程，常用累计使用年数或累计行驶里程数表示。汽车使用寿命的长短直接影响汽车的使用效益。按照汽车终止使用的原则不同，汽车使用寿命一般分为：自然使用寿命、技术使用寿命、经济使用寿命和折旧使用寿命。

【相关知识】

一、汽车自然使用寿命

　　汽车自然使用寿命，又称为物理使用寿命，是指汽车从全新状态投入使用开始，直到不能用维修的方法恢复其主要使用性能为止所经历的时间或行驶里程。汽车自然使用寿命取决于汽车的设计水平、制造品质、使用技术与维修质量等。汽车维修工作做得越好,汽车自然使用寿命就越长。

二、汽车技术使用寿命

汽车技术使用寿命是指汽车从全新状态投入使用开始,直到汽车生产成本的降低或汽车新技术的出现使在用汽车丧失其使用价值为止所经历的时间或行驶里程。汽车技术进步越快,汽车技术使用寿命就越短。

三、汽车经济使用寿命

汽车经济使用寿命是指汽车从全新状态投入使用开始,直到单位费用(按单位使用时间或行驶里程计算)最低为止所经历的时间或行驶里程。汽车使用超过这个时间或里程,在技术上仍可继续使用,但单位费用上升,在经济上不宜继续使用。

单位费用是汽车单位使用时间或行驶里程内折旧费与该汽车发生的运行费用总和。汽车使用时间或行驶里程越长,分摊的折旧费越少;但汽车使用性能逐渐下降,使汽车的运行材料费(主要是燃料费和润滑剂费)、维修费增加。延长汽车使用时间,折旧费的下降,有时会被运行费用的增加逐渐抵消。汽车单位费用是随使用时间或行驶里程而变化的函数。汽车年均费用曲线,如图5-1所示。从图5-1中不难看出,汽车使用至一定年限,会出现年均费用最小值,此时的使用年数,就是汽车的经济使用寿命。

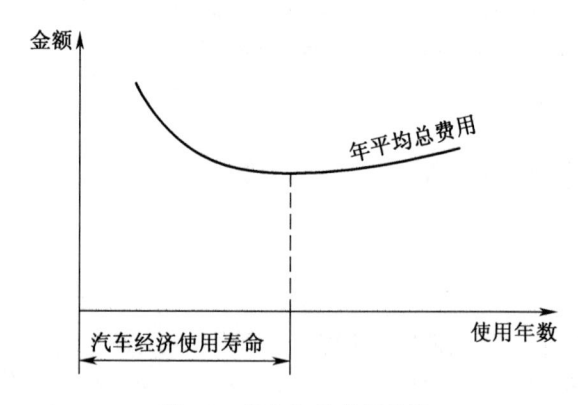

图 5-1 汽车年均费用曲线

四、汽车折旧使用寿命

汽车折旧使用寿命,是指按照国家或企业规定的折旧率,将汽车的原值扣除残值后的余额折旧到接近于零为止所经历的时间或里程。汽车的折旧使用寿命一般介于汽车自然使用寿命与汽车技术使用寿命之间。值得注意的是:汽车的折旧使用寿命是提取汽车折旧费的依据,不是汽车报废的标准，二者不可混淆。

【任务实施】

3～5 名同学一组，到汽车维修企业、汽车运输企业进行"汽车使用寿命"的调研，完成调研报告并进行 PPT 展示。

任务二　汽车的损耗与更新

【任务描述】

在汽车整个使用寿命期内，汽车的使用性能及经济指标会逐渐下降，出现下降的原因主要来自汽车的损耗。汽车的损耗分为有形损耗和无形损耗两种。汽车的损耗到一定程度，就需要汽车更新。所谓汽车更新，是指以同类型新车或者效率更高、消耗更低、性能更先进的汽车替换在用汽车。

【相关知识】

一、汽车有形损耗

汽车有形损耗是指由于载荷和周围介质的作用，汽车在使用或闲置过程中发生的实体损耗（物质损耗）。汽车经过一段时间使用，使用性能下降，如汽车动力性下降、油耗增加、振动加大等，都是汽车有形损耗的具体表现。汽车有形损耗可分为汽车第一种有形损耗（或汽车使用过程有形损耗）和汽车第二种有形损耗（或汽车闲置过程有形损耗）两种。

汽车第一种有形损耗是指汽车使用过程中，在载荷和周围介质的作用下，因零部件磨损、变形和疲劳等损伤使汽车性能下降而引起的损耗。如零件配合副的机械磨损、基础零件的变形、零件的疲劳破坏等。

汽车第二种有形损耗是指汽车闲置过程中，由于零部件与外部介质发生化学、电化学作用，使金属零部件腐蚀，非金属材料老化变质而引起的损耗。如生锈，车身漆面及轮胎等橡胶件老化。管理不善或缺乏必要的维护，会使汽车闲置过程有形损耗加快。

汽车有形损耗发展到一定程度，就会呈现故障，使维修费、运行材料费增加，运输效率降低。汽车有形损耗反映了其使用价值降低的承度，当采用维修方法消除这种损耗时，需要支出一定的费用。通常，维修费用不应超过一定限度，否则就需要更新汽车。

二、汽车无形损耗

汽车无形损耗是指由于汽车生产成本降低或者新型汽车的出现而引起在用汽车价值贬值，促使在用汽车提前更新而引起的损耗。

汽车无形损耗分为汽车第一种无形损耗（或同型汽车价值贬值）和汽车第二种无形损耗（或旧型汽车相对于新型汽车价值贬值）两种。

汽车第一种无形损耗，是指由于科技进步，使生产同样结构、性能汽车（同型汽车）的再生产价值降低，导致在用汽车的价值贬值而引起的损耗。

汽车第二种无形损耗，是指由于科技进步，出现结构更为完善、性能更先进的新型汽车，导致在用汽车的价值贬值而引起的损耗。

例如：某单位 5 年前购进一批普通桑塔纳轿车，由于生产厂家技术进步和生产规模扩大，使该型汽车再生产成本下降，价格下调，使在用普通桑塔纳轿车价值贬值，这属于汽车第一种无形损耗；由于桑塔纳 2000 型轿车的问世，轿车性能发生了改善，使普通桑塔纳轿车价值严重贬值，这又属于汽车第二种无形损耗。

汽车第一种无形损耗反映了在用汽车的部分贬值，但是汽车本身的技术特性和运输效能并不受到影响。

汽车第二种无形损耗，使得旧型在用汽车在有形损耗发展到完全损耗之前，就出现用新型汽车代替较陈旧的在用汽车的必要性，即产生汽车更新问题。

三、汽车综合损耗

汽车综合损耗，是指汽车使用寿命期内发生的汽车有形损耗和汽车无形损耗的综合。

汽车有形损耗和汽车无形损耗在经济后果上均引起汽车原始价值的降低。汽车有形损耗严重时常会使汽车在修复之前不能正常运行而被迫停驶，而任何汽车无形损耗均不影响汽车的正常运行。

汽车综合损耗的补偿方式分为局部补偿和全部补偿两种。汽车有形损耗的局部补偿方式是维修。汽车无形损耗的局部补偿方式是技术改造；但由于汽车技术的进步，这种补偿方式已经很少采用。汽车有形损耗和汽车无形损耗的完全补偿形式就是更换或更新汽车。

【任务实施】

汽车更新是汽车有形损耗和汽车无形损耗共同作用的结果，取决于汽车有形损耗期和汽车无形损耗期长短及其相互关系。通常，会出现如下三种情形：

一、"无维修设计"方案

"无维修设计"方案，即通过汽车设计使得汽车有形损耗期和汽车无形损耗期接近，当汽车达到应该大修的时刻，汽车同时也达到了应更新的时刻。这种"无维修设计"的理想方案，实际上很难做到。

二、汽车已达到完全有形损耗，而汽车无形损耗期尚未到来

汽车已达到完全有形损耗，而汽车无形损耗期尚未到来，这时应分析对该汽车进行大修

还是更换同车型新车。

为确定汽车大修与更新方案，常采用的判定式为

$$(R_i + S_e) < (K_0 \alpha \beta + S_a - C_z) \tag{5-1}$$

式中：R_i——汽车第 i 次大修的费用，元；S_e——使用成本的增加值，表示大修后汽车与新购汽车的运输成本差值乘以至下次大修期间的运输生产量，元；K_0——新车原始价值，元；α——大修过后汽车运输生产率（完好率）与新汽车至第一次大修之间运输生产率（完好率）的比值；β——大修后汽车至下次大修前的行驶里程与新车第一次大修前行驶里程的比值；S_a——因更新而引起旧车未折旧完的损失值（即折旧余值），元。C_z——汽车残值，元。

若满足式（5-1）的关系，则进行汽车大修是合理的；否则，即汽车大修费用与使用成本增加值之和超过新车的修正价值与旧车未折旧完的损失值之和时，汽车更新是合理的。

例：某运输公司汽车大修次数与费用、运行成本以及完好率的关系，见表5-1。

表 5-1 某运输公司汽车大修次数与费用、运行成本以及完好率的关系

大修次数	大修间隔里程（1000km）	大修费用（元）	大修间隔里程内平均成本（元/1000t·km）	大修间隔里程内平均完好率（%）
0	180		159.5	89
1	100	25000	170.5	86
2	100	33000	180.6	82
3	80	39000	183.1	74

注：a.新车价格为 80000 元；b.汽车残值定为 8000 元；c.单车折算吨位为 3.33t（考虑到实载率、里程利用率、拖挂率等因素，由统计数据求出）；d.折旧里程为 500000km。

（1）先判定是否需要进行第二次大修

$R_i = R_2 = 33000$

$S_e = (180.6 - 159.5) \times 3.33 \times 100 = 7026.3$

$R_i + S_e = 33000 + 7026.3 = 40026.3$

$K_0 \alpha \beta = 80000 \times \left(\dfrac{82}{89}\right) \times \left(\dfrac{100}{180}\right) = 40948.8$

$S_a = (80000 - 8000)\left(1 - \dfrac{280000}{500000}\right) = 31680$

$K_0 \alpha \beta + S_a - C_z = 40948.8 + 31680 - 8000 = 64628.8$

$(R_i + S_e) < (K_0 \alpha \beta + S_a - C_z)$，进行第二次大修是合理的。

（2）再判定是否需要进行第三次大修

$R_i = R_3 = 39000$

$S_e = (183.1 - 159.5) \times 3.33 \times 80 = 6287$

$R_i + S_e = 39000+6287=45287$

$K_0\alpha\beta = 80000 \times \left(\dfrac{74}{89}\right) \times \left(\dfrac{80}{180}\right) = 29563$

$S_a = (80000-8000)\left(1-\dfrac{380000}{500000}\right)=17280$

$K_0\alpha\beta + S_a - C_Z = 29563+17280-8000=38843$

$(R_i + S_e) > (K_0\alpha\beta + S_a - C_Z)$，进行汽车更新是合理的。

三、汽车无形损耗期早于汽车有形损耗期

汽车无形损耗期早于汽车有形损耗期，这时应分析是继续使用在用汽车还是提前更新在用汽车。

科技进步越快，汽车有形损耗期就越长，而汽车无形损耗期就越短。随着科技水平的不断进步，汽车无形损耗在汽车更新中所起的作用将更加突出。

任务三　汽车经济使用寿命的确定方法

【任务描述】

汽车经济使用寿命是确定汽车是否更新的主要依据。汽车行驶到汽车经济使用寿命时，及时更新，可取得最佳经济效果；提前或者推迟更新，都会在一定程度上造成经济损失。汽车经济使用寿命的确定方法主要有低劣化数值法、应用现值与资本回收系数计算法、面值计算法。

【相关知识】

一、低劣化数值计算法

随着汽车行驶里程的增加，汽车有形损耗加剧，其主要性能下降，汽车维修费、燃料费增加，引起汽车运行费用增加，这种现象称为汽车的低劣化。

低劣化费，是因汽车使用性能下降而增加的费用，包括运行费用的增加、停歇时间的增加和工作质量下降引起的损失。其中，燃料费和维修费增加是最明显的。

设 b 为汽车低劣化的增加强度，单位为元/（1000km）^{2}，则单位里程平均低劣化费为：

$$Y_1 = \dfrac{b}{2}L \tag{5-2}$$

汽车折旧，通常采用平均折旧法，单位里程汽车折旧费为：

$$Y_2 = \dfrac{K_0 - C_Z}{L} \tag{5-3}$$

式中：K_0——汽车的原值，是指汽车从购置到投入运行前所发生的全部费用，单位为元；C_Z——汽车的残值，元；L——汽车的行驶里程，1000km。

汽车单位里程的固定费用，是指汽车运输成本中与汽车行驶里程无关的费用，设 C_0 为汽车单位里程的固定费用，元/1000km。

因此，汽车单位里程使用总费用的方程式可表示为：

$$Y = \frac{K_0 - C_Z}{L} + \frac{b}{2}L + C_0 \tag{5-4}$$

汽车单位里程使用费用与汽车行驶里程的关系，如图 5-2 所示。

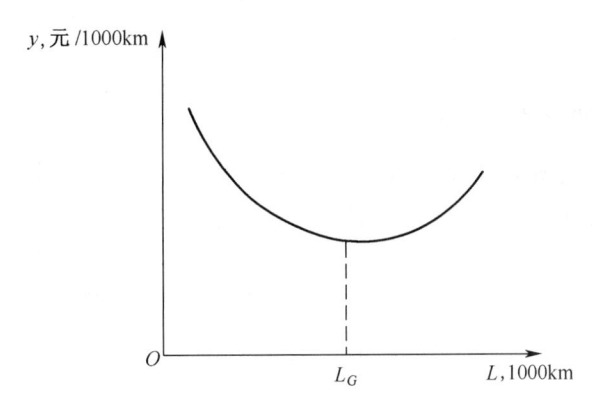

图 5-2　汽车单位里程使用费用与汽车行驶里程的关系

若使 Y 最小，只需令 $\dfrac{\mathrm{d}Y}{\mathrm{d}L}=0$，则求得汽车经济使用寿命为

$$L_G = \sqrt{\frac{2(K_0 - C_Z)}{b}}，1000\mathrm{km} \tag{5-5}$$

由上述公式可见，只要知道汽车的原值、残值、低劣化的增加强度，即可求出汽车的经济使用寿命。

换算成按使用年限计算的汽车经济使用寿命为

$$T_G = \frac{L_G}{\overline{L}}，年 \tag{5-6}$$

式中：$\overline{L}$——年平均行驶里程，1000km。

表示劣化程度的 b 值，可通过将营运费用（燃料费＋维修费＋大修均摊费）与行驶里程进行回归计算后求得。

回归方程为

$$y = a + bx \tag{5-7}$$

式中：y——因变量，此问题中为汽车单位里程运行费用，元/1000km；x——自变量，此问题中为汽车行驶里程，1000km；a——待定系数；b——待定系数，此问题中为汽车低劣化增加强度，元/（1000km）²。

待定系数 a、b 表示为：

$$a = \frac{1}{n}\sum_{i=1}^{n} y_i - b \cdot \frac{1}{n}\sum_{i=1}^{n} x_i \tag{5-8}$$

$$b = \frac{\sum_{i=1}^{n} x_i y_i - \frac{1}{n}\sum_{i=1}^{n} x_i \sum_{i=1}^{n} y_i}{\sum_{i=1}^{n} x_i^2 - \frac{1}{n}\left(\sum_{i=1}^{n} x_i\right)^2} \tag{5-9}$$

式中：n——统计数据个数。

二、应用现值及投资回收系数计算法

在计算汽车经济使用寿命时，若考虑利率对年使用费用的影响，就应把已发生的费用（一次性投资）和预期将要发生的费用（运行费用）进行现值折现计算，使所涉及的各项费用换算在同一时间基点上。

其换算公式为

$$P = \frac{S}{(1+i)^T} \tag{5-10}$$

式中：P——为现值；S——为未来值，即第 T 年付出的费用；i——为利率；$\frac{1}{(1+i)^T}$——为现值系数，为复利计息形式。

假定汽车使用过程中，平均每年使用费用为 R（称为年当量使用费用），每年使用费用现值的总和 P，则 R 与 P 之间的关系为：

$$\begin{aligned} P &= \frac{R}{(1+i)} + \frac{R}{(1+i)^2} + \cdots + \frac{R}{(1+i)^{T-1}} + \frac{R}{(1+i)^T} \\ &= \frac{R}{(1+i)^T}\left[(1+i)^{T-1} + (1+i)^{T-2} + \cdots + (1+i) + 1\right] \\ &= \frac{R}{(1+i)^T}\frac{(1+i)^T - 1}{i} \end{aligned} \tag{5-11}$$

$$R = P\frac{i(1+i)^T}{(1+i)^T - 1} \tag{5-12}$$

式中：$\frac{i(1+i)^T}{(1+i)^T - 1}$ 为投资回收系数。

则年当量总费用 R 最小时对应的使用年限 T，即为汽车经济使用寿命年限。

三、面值计算法

面值计算法是以汽车的账面数据作为分析的依据，以汽车的有形损耗理论为基础确定汽车经济使用寿命的方法。

【任务实施】

一、低劣化数值法计算实例

某运输公司东风 EQ1091 型汽车原值为 80000 元，残值为 800 元，对使用数据进行统计分析，见表 5-2。

表 5-2　某运输公司东风 EQ1091 型汽车使用数据统计表

里程段 D 10000km	平均累计里程 X_i（1000km）	维修费 Y_1 元/1000km	大修费 Y_0 元/1000km	燃料费 Y_2 元/1000t·km	燃料费折算系数 $C(t)$	总费用 $Y_i=Y_1+Y_0+Y_2*C$（元/1000km）
0～10	89	1236.41	0	158.43	3.33	1763.98
10～15	116.47	1232.42	0	156.10	3.33	1752.23
20～25	241.67	1288.65	324.01	166.03	3.33	2165.54
25～30	266.07	1311.50	338.02	170.27	3.33	2216.52
30～35	337.47	1416.38	358.44	179.78	3.33	2373.49
45～50	481.80	1436.26	399.47	167.36	3.33	2393.04
50～55	524.04	1554.77	415.48	176.99	3.33	2559.63
55～60	569.79	1584.04	434.20	187.23	3.33	2641.72

注：燃料费的折算系数是把 1000t·km 燃料费折算成千车公里燃料费，C=（主车标记吨位+挂车标记吨位×拖挂率）×实载率。

将表 5-2 中数据 X_i、Y_i 代入回归公式（5-9），经计算，可得到低劣化增加强度 b=1.517 元/(1000km)²。

则汽车经济使用寿命为 $L_G = \sqrt{\dfrac{2 \times (80000 - 800)}{1.517}} \approx 323$，1000km。

当年平均行驶里程 $\overline{L}$ 为 3.4 万千米时，经济使用寿命年限 $L_G = 32.3/3.4 \approx 9.5$ 年。

二、应用现值及投资回收系数计算法实例

假定利率 i=10%，新车原值 K_0=80000 元，年运行费用，见表 5-3。由表 5-3 的计算结果，可得汽车经济使用寿命为 7 年。

表 5-3　汽车经济使用寿命计算表（费用的单位为元）

年限 T (1)	年运行费用 (2)	现值系数 (3)	年运行费用现值 P (4)=(2)×(3)	年总费用现值合计 (5)=K_0+∑(4)	投资回收系数 (6)	年当量总费用 R (7)=(5)×(6)
1	6000	0.909	5454	85454	1.100	93999
2	6000	0.826	4956	90410	0.576	52076
3	7000	0.751	5257	95667	0.402	38458
4	8000	0.683	5464	101131	0.316	31957
5	9000	0.621	5589	106720	0.264	28174
6	11000	0.565	6215	112935	0.230	25975
※7	13000	0.513	6669	119604	0.205	24519
8	16000	0.467	7472	127076	0.197	25034

三、面值计算法实例

某汽车运输公司购进一批新车，每辆新车原值为 K_0=80000 元，预计可使用 7 年，其价值将随着使用年限的增加而降低，而运行成本则增加，有关数据，见表 5-4 中的第 1 列、第 2 列、第 4 列。经列表计算，则可以得到年平均总费用最低的使用年限为第 5 年。因此，该车的经济使用寿命为 5 年。

表 5-4　汽车年均总费用计算表（费用的单位为元）

使用年限 (1)	汽车残值 (2)	累计折旧费 (3)=K_0-(2)	运行成本 (4)	累计运行成本 (5)=∑(4)	总费用 (6)=(3)+(5)	年均总费用 (7)=(6)/(1)
1	65000	15000	6000	6000	21000	21000
2	50000	30000	6000	12000	42000	21000
3	40000	40000	7000	19000	59000	19667
4	30000	50000	8000	27000	77000	19250
※5	20000	60000	9000	36000	96000	19200
6	10000	70000	12000	48000	118000	19667
7	4000	76000	15000	63000	139000	19857

任务四　汽车报废标准

【任务描述】

汽车工业与前后产业的关联度高，是拉动国民经济增长的主导性产业。随着我国经济的增长和汽车工业的迅猛发展，客观要求必须制定一套完善的政策措施，对汽车生产、流通、使用和报废等所有环节进行全过程管理。汽车的更新报废就是其中一项重要内容，它关系到国计民生，涉及面广、政策性强、协调难度大。如果汽车不能及时报废，将直接影响我国汽车工业的总体规划和发展，阻碍汽车消费及运输市场的正常发育，还会造成环境污染、资源浪费和严重的交通隐患。因此，制定适合我国国情的汽车报废标准并加以实施是非常必要的。

【相关知识】

一、《机动车强制报废标准规定》

现行的《机动车强制报废标准规定》共11条，明确根据机动车使用和安全技术、排放检验状况，国家对达到报废标准的机动车实施强制报废，具体条款如下：

第一条 为保障道路交通安全、鼓励技术进步、加快建设资源节约型、环境友好型社会，根据《中华人民共和国道路交通安全法》及其实施条例、《中华人民共和国大气污染防治法》、《中华人民共和国噪声污染防治法》，制定本规定。

第二条 根据机动车使用和安全技术、排放检验状况，国家对达到报废标准的机动车实施强制报废。

第三条 商务、公安、环境保护、发展改革等部门依据各自职责，负责报废机动车回收拆解监督管理、机动车强制报废标准执行有关工作。

第四条 已注册机动车有下列情形之一的应当强制报废，其所有人应当将机动车交售给报废机动车回收拆解企业，由报废机动车回收拆解企业按规定进行登记、拆解、销毁等处理，并将报废机动车登记证书、号牌、行驶证交公安机关交通管理部门注销：

（一）达到本规定第五条规定使用年限的；

（二）经修理和调整仍不符合机动车安全技术国家标准对在用车有关要求的；

（三）经修理和调整或者采用控制技术后，大气排放污染物或者噪声仍不符合国家标准对在用车有关要求的；

（四）在检验有效期届满后连续3个机动车检验周期内未取得机动车检验合格标志的。

第五条 各类机动车使用年限分别如下：

（一）小、微型出租客运汽车使用8年，中型出租客运汽车使用10年，大型出租客运汽车使用12年；

（二）租赁载客汽车使用15年；

（三）小型教练载客汽车使用10年，中型教练载客汽车使用12年，大型教练载客汽车使用15年；

（四）公交客运汽车使用13年；

（五）其他小、微型营运载客汽车使用10年，大、中型营运载客汽车使用15年；

（六）专用校车使用15年；

（七）大、中型非营运载客汽车（大型轿车除外）使用 20 年；

（八）三轮汽车、装用单缸发动机的低速货车使用 9 年，装用多缸发动机的低速货车以及微型载货汽车使用 12 年，危险品运输载货汽车使用 10 年，其他载货汽车（包括半挂牵引车和全挂牵引车）使用 15 年；

（九）有载货功能的专项作业车使用 15 年，无载货功能的专项作业车使用 30 年；

（十）全挂车、危险品运输半挂车使用 10 年，集装箱半挂车 20 年，其他半挂车使用 15 年；

（十一）正三轮摩托车使用 12 年，其他摩托车使用 13 年。

对小、微型出租客运汽车（纯电动汽车除外）和摩托车，省、自治区、直辖市人民政府有关部门可结合本地实际情况，制定严于上述使用年限的规定，但小、微型出租客运汽车不得低于 6 年，正三轮摩托车不得低于 10 年，其他摩托车不得低于 11 年。

小、微型非营运载客汽车、大型非营运轿车、轮式专用机械车无使用年限限制。

机动车使用年限起始日期按照注册登记日期计算，但自出厂之日起超过 2 年未办理注册登记手续的，按照出厂日期计算。

第六条 变更使用性质或者转移登记的机动车应当按照下列有关要求确定使用年限和报废：

（一）营运载客汽车与非营运载客汽车相互转换的，按照营运载客汽车的规定报废，但小、微型非营运载客汽车和大型非营运轿车转为营运载客汽车的，应按照本规定附件 1 所列公式核算累计使用年限，且不得超过 15 年；

（二）不同类型的营运载客汽车相互转换，按照使用年限较严的规定报废；

（三）小、微型出租客运汽车和摩托车需要转出登记所属地省、自治区、直辖市范围的，按照使用年限较严的规定报废；

（四）危险品运输载货汽车、半挂车与其他载货汽车、半挂车相互转换的，按照危险品运输载货车、半挂车的规定报废。

距本规定要求使用年限 1 年以内（含 1 年）的机动车，不得变更使用性质、转移所有权或者转出登记地所属地市级行政区域。

第七条 国家对达到一定行驶里程的机动车引导报废。

达到下列行驶里程的机动车，其所有人可以将机动车交售给报废机动车回收拆解企业，由报废机动车回收拆解企业按规定进行登记、拆解、销毁等处理，并将报废的机动车登记证书、号牌、行驶证交公安机关交通管理部门注销：

（一）小、微型出租客运汽车行驶 60 万千米，中型出租客运汽车行驶 50 万千米，大型出租客运汽车行驶 60 万千米；

（二）租赁载客汽车行驶 60 万千米；

（三）小型和中型教练载客汽车行驶 50 万千米，大型教练载客汽车行驶 60 万千米；

（四）公交客运汽车行驶 40 万千米；

（五）其他小、微型营运载客汽车行驶 60 万千米，中型营运载客汽车行驶 50 万千米，大型营运载客汽车行驶 80 万千米；

（六）专用校车行驶40万千米；

（七）小、微型非营运载客汽车和大型非营运轿车行驶60万千米，中型非营运载客汽车行驶50万千米，大型非营运载客汽车行驶60万千米；

（八）微型载货汽车行驶50万千米，中、轻型载货汽车行驶60万千米，重型载货汽车（包括半挂牵引车和全挂牵引车）行驶70万千米，危险品运输载货汽车行驶40万千米，装用多缸发动机的低速货车行驶30万千米；

（九）专项作业车、轮式专用机械车行驶50万千米；

（十）正三轮摩托车行驶10万千米，其他摩托车行驶12万千米。

第八条 本规定所称机动车是指上道路行驶的汽车、挂车、摩托车和轮式专用机械车；非营运载客汽车是指个人或者单位不以获取利润为目的的自用载客汽车；危险品运输载货汽车是指专门用于运输剧毒化学品、爆炸品、放射性物品、腐蚀性物品等危险品的车辆；变更使用性质是指使用性质由营运转为非营运或者由非营运转为营运，小、微型出租、租赁、教练等不同类型的营运载客汽车之间的相互转换，以及危险品运输载货汽车转为其他载货汽车。本规定所称检验周期是指《中华人民共和国道路交通安全法实施条例》规定的机动车安全技术检验周期。

第九条 省、自治区、直辖市人民政府有关部门依据本规定第五条制定的小、微型出租客运汽车或者摩托车使用年限标准，应当及时向社会公布，并报国务院商务、公安、环境保护等部门备案。

第十条 上道路行驶拖拉机的报废标准规定另行制定。

第十一条 本规定自2013年5月1日起施行。2013年5月1日前已达到本规定所列报废标准的，应当在2014年4月30日前予以报废。《关于发布<汽车报废标准>的通知》（国经贸经〔1997〕456号）、《关于调整轻型载货汽车报废标准的通知》（国经贸经〔1998〕407号）、《关于调整汽车报废标准若干规定的通知》（国经贸资源〔2000〕1202号）、《关于印发<农用运输车报废标准>的通知》（国经贸资源〔2001〕234号）、《摩托车报废标准暂行规定》（国家经贸委、发展计划委、公安部、环保总局令〔2002〕第33号）同时废止。

附件 非营运小微型载客汽车和大型轿车变更使用性质后累计使用年限计算公式

$$累计使用年限 = 原状态已使用年 + \left(1 - \frac{原状态已使用年}{原状态使用年限}\right) \times 状态改变后年限$$

备注：公式中原状态已使用年中不足一年的按一年计算，例如，已使用2.5年按照3年计算；对于小型、微型非营运载客汽车，原状态使用年限数值取定值为17；累计使用年限计算结果向下圆整为整数，且不超过15年。

二、机动车使用年限及行驶里程参考值汇总表

机动车使用年限及行驶里程参考值汇总表，见表5-5。

表 5-5　机动车使用年限及行驶里程参考值汇总表

车辆类型与用途				使用年限（年）	行驶里程参考值（万千米）
汽车	载客	营运	出租客运	小、微型	8	60
				中型	10	50
				大型	12	60
			租赁		15	60
			教练	小、微型	10	50
				中型	12	50
				大型	15	60
			公共客运		13	40
			其他	小、微型	10	60
				中型	15	50
				大型	15	80
		专用校车			15	40
		非营运	小、微型客车、大型轿车※		无	60
			中型客车		20	50
			大型客车		20	60
	载货	微型			12	50
		中、轻型			15	60
		重型			15	70
		危险品运输			10	40
		三轮汽车、装用单缸发动机的低速货车			9	无
		装用多缸以上发动机的低速货车			12	30
	专项作业	有载货功能			15	50
		无载货功能			30	50
挂车	半挂车	集装箱			20	无
		危险品运输			10	无
		其他			15	无
	全挂车				10	无
摩托车	正三轮				12	10
	其他				13	12
轮式专业机械车					无	50

注：①表中机动车主要依据 GA802－2008《机动车类型 术语和定义》进行分类；标注※车辆为乘用车。
②对小、微型出租客运汽车（纯电动汽车除外）和摩托车，省、自治区、直辖市人民政府有关部门可结合本地实际情况，制定严于表中使用年限的规定，但小、微型出租客运汽车不得低于 6 年，正三轮摩托车不得低于 10 年，其他摩托车不得低于 11 年。

【任务实施】

查找资料，分析我国汽车报废标准变革的过程并用 PPT 展示。

【项目总结】

1. 汽车使用寿命是指汽车从开始使用到不能使用所经历的时间或里程，常用累计使用年数或累计行驶里程数表示。汽车使用寿命的长短直接影响汽车的使用效益。工业发达国家汽车的平均使用寿命一般为 7~12 年。

按照汽车终止使用的原则不同，汽车使用寿命一般分为：自然使用寿命、技术使用寿命、经济使用寿命和折旧使用寿命。

2. 在汽车整个使用寿命期内，汽车使用性能及经济指标会逐渐下降，下降的原因主要受到汽车损耗的影响。汽车损耗分为汽车有形损耗和汽车无形损耗两种。

以新车或高效率、低消耗、性能先进的汽车替换在用汽车，称为汽车更新。

汽车更新是汽车有形损耗和汽车无形损耗共同作用的结果，取决于汽车有形损耗期和汽车无形损耗期长短及其相互关系。

3. 为确定汽车大修与更新方案，常采用的判定式为

$$(R_i + S_e) < (K_0 \alpha \beta + S_a - C_Z)$$

式中：R_i——汽车第 i 次大修的费用，元；S_e——使用成本的增加值，表示大修后汽车与新购汽车的运输成本差值乘以至下次大修期间的运输生产量，元；K_0——新车原始价值，元；α——反映大修过后汽车运输生产率与新汽车至第一次大修之间运输生产率的比例关系；β——反映大修后汽车至下次大修前的行驶里程与新车第一次大修前行驶里程间的比例关系；S_a——因更新而引起旧车未折旧完的损失值。C_Z——汽车残值，元。

若满足上式的关系，则进行汽车大修是合理的；否则，即汽车大修费用与使用成本增加值之和超过新车的修正价值与旧车未折旧完的损失值之和时，汽车更新是合理的。

4. 汽车经济使用寿命是确定汽车是否更新的主要依据。汽车行驶到汽车经济使用寿命时，及时更新，可取得最佳经济效果；提前或者推迟更新，都会在一定程度上造成经济损失。本节主要介绍汽车经济使用寿命的确定方法。汽车经济使用寿命的确定方法主要有低劣化数值法、应用现值与资本回收系数计算法、面值计算法。

5.《机动车强制报废标准规定》共 11 条，明确根据机动车使用和安全技术、排放检验状况，国家对达到报废标准的机动车实施强制报废。严禁用报废汽车的总成和零部件拼装汽车。

【项目训练】

一、概念题

汽车使用寿命、汽车物理使用寿命、汽车技术使用寿命、汽车经济使用寿命、汽车折旧

使用寿命、汽车有形损耗、汽车无形损耗、汽车综合损耗、汽车更新

二、简答题

1. 汽车有形损耗与汽车无形损耗的关系。
2. 汽车经济使用寿命的确定方法有哪几种。

三、计算题

1. 某汽车原值为 80000 元，残值为 8000 元，使用前 7 年的运行费用历史数据如表 5-6 所示。

表 5-6　年运行费用历史数据

使用年限	1	2	3	4	5	6	7
运行费用/元	6000	6000	7000	8000	9000	12000	15000

应用低劣化数值计算法确定该车的最佳更新年限。

2. 某运输公司汽车大修次数与大修费用、运行成本以及完好率的关系，见表 5-7。

表 5-7　某运输公司汽车大修次数与大修费用、运行成本以及完好率的关系

大修次数	大修间隔里程（1000km）	大修费用（元）	大修间隔里程内平均成本（元/1000t·km）	大修间隔里程内平均完好率（%）
0	180	---	159.49	89
1	100	30000	180.14	87
2	100	33000	200.61	81

注：①新车价格为 80000 元；②汽车残值定为 8000 元；③单车折算吨位为 3.33t（考虑到实载率、里程利用率、拖挂率等因素，由统计数据求出）；④折旧里程为 500km。

应用最低计算费用法确定该汽车是否需要进行第二次大修。

3. 某汽车运输企业购买一批新车，单价是 60000 元，每辆汽车平均各年运行费用和年末估计净值，见表 5-8。应用面值计算法确定该车的最佳更新年限。

表 5-8　汽车年运行费用和年末净值历史数据

使用年限	1	2	3	4	5	6	7
运行费用/元	10000	12000	14000	18000	23000	28000	34000
年末净值/元	30000	15000	7500	3750	2000	2000	2000

6 汽车维修制度与维修规范

【项目导读】

汽车维修制度是为实施汽车维修作业所采取的技术组织措施的规定,是指导和规范汽车维修行业行为的总方针。汽车维修制度对汽车的维修决策、维修工艺、维修组织和维修技术发展起到决定作用。

汽车维修制度与维护规范主要内容包括维修制度概况、汽车维护作业分级、周期和主要作业内容以及汽车二级维护检验项目及技术要求、汽车修理分类、汽车送修标志、汽车送修与出厂规定等。

任务一 汽车维修制度

【任务描述】

汽车是道路运输工具,在运行过程中其技术状况会逐渐下降。为维持或恢复汽车工作能力,就需要加强对汽车进行维护和修理的技术管理。汽车技术管理应当坚持分类管理、预防为主、安全高效、节能环保的原则,对汽车实行择优选配、正确使用、周期维护、视情修理、定期检测和适时更新,保证汽车符合技术要求。

【相关知识】

一、汽车维修制度概况

1954 年,交通部即颁发了《汽车运输企业技术标准与技术经济定额》(红皮书),其中规定汽车维护分为例行维护、一级维护和二级维护。汽车修理分为小修、中修和大修。此后，又参考国外经验并结合具体国情，于1962年对该红皮书进行了较大的修改，分别制订出《汽车运输企业技术管理制度》和《汽车运用技术规范》。

1965年，又将汽车维护改为例行保养、一级保养、二级保养和三级保养，同时取消汽车中修。所增加的三级保养，作业中心内容是总成解体、清洗、检查、调整、消除隐患，并新增加了部分修理内容。

1990年交通部颁布了《汽车运输业车辆技术管理规定》（交通部13号令），对我国的汽车维修制度做出了重大改革，即与目前国外普遍采用的技术状况监测下的维修制度接轨。推行定期检测、强制维护、视情修理的方针，从而取代了实行多年的以定期维护、计划修理为主的汽车维修制度。

1995年交通部颁布JT/T201－1995《汽车维护工艺规范》，2001年交通部颁布GB/T18344－2001《汽车维护检测、诊断技术规范》。

汽车维修制度有两种，一是计划预防性维修制度，二是非计划预防性维修制度。

计划预防性维修制度，是根据汽车技术状况变化的规律，在其发生故障之前，提前进行维护或换件修理，预防故障发生的制度。计划预防性维修制度是建立在零部件失效理论和失效规律的基础上的。这种维修思想认为，汽车在使用过程中由于零部件的磨损、疲劳、老化和松动，其技术状况会不断恶化，到一定程度时就必然会导致故障发生。为了尽可能地保证每个零部件能安全可靠地工作，要求维修作业能符合客观规律，实施在故障发生之前。

非计划预防性维修制度是在汽车出现故障后进行的。它适用于突发性故障，因为这类故障的出现具有很大的随机性，在故障出现前是很难预测的，因而无法预先安排维修计划。

对于严重威胁行车安全的故障，如制动系统和转向系统等部位的故障，不适合非计划预防性维修制度，应定期地进行检测和维护，预防故障发生。

二、现行汽车维修制度

汽车维护按作业范围分为日常维护、一级维护和二级维护。新的维护制度在汽车维护方面，贯彻预防为主的原则，规定维护必须强制进行，并取消了已被实践证明是不合理的主要总成大拆大卸式的三级保养，构成了新的维护制度。但是，在二级维护前要进行汽车的不解体检测诊断，以确定附加作业和小修作业的项目，结合二级维护一并进行。

汽车修理贯彻视情修理的原则，即根据汽车检测诊断和技术鉴定的结果，视情况的不同按不同作业范围和深度进行，既要防止拖延修理造成车况恶化，又要防止提前修理造成浪费。汽车修理按作业范围分为汽车大修、总成大修、汽车小修和零件修理。

【任务实施】

利用网络和相关资料，查找不同时期我国汽车维修制度并进行对比分析。

任务二　汽车维护规范

【任务描述】

汽车维护按作业范围分为日常维护、一级维护和二级维护。本任务主要包括各级维护的周期、作业内容、技术要求。

【相关知识】

一、日常维护

1. 日常维护的周期和作业内容

在汽车使用过程中，为确保汽车正常行驶，必须对汽车进行日常维护。日常维护是发挥车辆效率、减少行车事故、节约维修费用、降低能耗和延长车辆使用寿命的重要环节。

日常维护由驾驶员在出车前、行车中和收车后负责执行，是日常性作业。日常维护以清洁、补给和安全检视为中心作业内容。

2. 日常维护的主要技术要求

汽车日常维护的目的是保证车辆各部分的清洁和润滑，各总成、部件工作正常，尤其是要掌握车辆安全部件的技术状况，保证其工作的可靠性。要求做到：车容整洁周正；工作介质（燃油、润滑油、润滑脂、动力传动液、冷却液、制动液及蓄电池电解液等）充足；密封良好，水、电、油、气无泄漏；附件齐全无松动；悬架、安全带等部件和装置紧固可靠、无松动，轮胎无典型磨损；制动可靠，无制动跑偏，转向灵敏、灯光、信号、喇叭等工作正常。

二、汽车一级维护

1. 汽车一级维护的周期和中心作业内容

除日常维护作业外，汽车一级维护以清洁、润滑、紧固为作业中心内容，并检查有关制动、操纵等功能的安全部件和由维修企业负责执行的车辆维护作业。

汽车维护的周期按相关规定执行。

2. 汽车一级维护的主要技术要求

汽车一级维护是一项运行性维护作业，即在汽车日常使用过程中的一次以确保车辆正常运行状况为目的的作业，由符合 GB/T16739.1《汽车维修业开业条件》规定的汽车整车维修企业或具有资质的道路运输维修企业、维护站负责完成。

随着现代汽车技术的发展，汽车免解体清洗技术及汽车检测诊断仪器的运用，汽车维护作业的技术含量也逐步提高。因此，一级维护必须由汽车维修企业的专业维护人员来完成，这对加强车辆维护工作的管理，确保车辆技术状况都具有一定的意义。

安全机构一级维护要求转向系统、制动系统、各种信号装置和灯光工作性能可靠，检查、紧固所有的外露螺丝，紧固力矩达到标准；检查所有运行材料的质量和数量，包括各种润滑油液、清洗液、冷却液、制动液等，如有变质应更换，如不足应按规定添加；检查制动、转向等安全机构的工作状况，确保工作状况良好；对所有的脂润滑部位进行润滑。具体要求见表 6-1。

表 6-1　一级维护安全系统作业内容及技术要求

序号	项目	作业内容	技术要求
1	空压机	检查皮带磨损、老化程度，调整皮带松紧度	符合规定
2	转向器	检查转向器液面及密封状况，润滑万向节十字轴、横直拉杆、球头销、转向节等部位	符合规定
3	制动系	检查紧固各制动管路、检查调整制动踏板自由行程	制动管路接头应不漏气，支架螺栓紧固可靠。制动联动机构应灵敏可靠，储气筒无积水、制动踏板自由行程符合规定
4	车架、车身及各附件	检查、紧固	各部螺栓及拖钩、挂钩应紧固可靠，无裂损，无窜动，齐全有效
5	车轮	检查轮辋及压条挡圈；检查轮胎气压（包括备胎），并视情况补气；检查轮毂轴承间隙	轮辋及压条挡圈应无裂损、变形；轮胎气压应符合规定，气门嘴帽齐全；轮轴承间隙无明显松旷
6	悬架机构	检查	无损坏、连接可靠、螺栓紧固无松动
7	灯光、仪表、信号装置	检查	齐全有效，安装牢固无破损
8	脂润滑点	润滑	转向系统和制动系统各润滑嘴安装正确，齐全有效

注：技术要求栏中的"符合规定"指符合实际使用中的有关规定。

三、汽车二级维护

1. 汽车二级维护的中心作业内容

汽车二级维护的中心作业内容，除一级维护作业内容外，二级维护以检查、调整为中心，并进行轮胎换位。

二级维护的周期按相关规定进行。

1990 年颁布实施的《营运车辆技术管理规定》明确了我国日常维护、一级维护、二级维护的三级维护制度，二级维护是现行汽车维护作业中的最高一级。从作业深度上看，二级维护要求在维护前要进行不解体检测诊断，确定附加作业项目；维护中要进行严格的过程检验；维护后要进行竣工检验，并签发维护合格证。

规定标准对二级维护前检测项目和标准、二级维护作业内容和标准、二级维护竣工检验内容和标准都进行了明确的规定，必须严格执行。

2. 汽车二级维护的基本要求

汽车二级维护是一次以消除隐患为目的的性能恢复性作业，尤其是恢复达标排放性能，恢复安全性能。因此保证汽车二级维护作业的全面性和彻底性很重要。

要落实好不解体检测下的汽车二级维护工作，应重点抓好以下几个环节。

（1）汽车二级维护前检测诊断

二级维护前检测诊断的目的是为了确定汽车的技术状况，决定附加作业项目，对车辆的技术状况进行评定。所以维护前的检测质量是决定汽车维护质量的关键环节，他决定着二级维护的附加作业确定是否合理、作业是否到位，关系到汽车潜在的事故隐患能否通过这次维护得到有效排除。在汽车技术日益发展、结构日益复杂的今天，这项工作要开展好关键在于汽车维修检验员的基本素质，在于他们是否掌握了汽车不解体检测诊断技术和汽车维修企业的技术装备水平。

做好二级维护前检测诊断的关键是检测设备是否能满足检测的需要，检测工艺是否规范以及检测维修人员根据检测结果分析诊断故障的水平高低。

（2）汽车维护作业过程检验

汽车维护作业过程检验是控制维护作业质量的重要环节。汽车二级维护是否能达到应有的目的，取决于二级维护的基本作业和附加作业项目是否到位，即是否严格按技术规范完成任务。长期工作实践证明，只有加强对维护作业过程的检验，才能对汽车维护质量进行有效控制，以确保汽车二级维护达到应有的目的。

（3）汽车维护竣工出厂检验

这是保证汽车维护质量的关键。为此，应有明确的针对具体车型的汽车维护竣工检验技术标准，并根据此标准配备相应的检测设备和具有高度责任心、掌握现代汽车检测诊断技术的质量检验员。

在检测维修中，应该严格执行国家的有关技术标准和厂家的技术标准。对检测出来的故障隐患要进行修理。

【任务实施】

汽车二级维护检验项目及技术要求包括汽车二级维护进厂检验项目及技术要求、汽车二级维护过程检验项目及技术要求、汽车二级维护竣工检验项目及技术要求。

一、汽车二级维护进厂检验项目及技术要求

汽车二级维护前必须进行上线检测，发现故障隐患，以确定附加作业项目，并填写二级维护进厂检验单。检验单包括汽车配置状况检查（外检）（表6-2）、汽车二级维护前检测（设备）项目和基本要求（表6-3）、汽车二级维护进厂检验记录单（表6-4）。

表 6-2　汽车配置状况检查（外检）

序号	检查项目	检查结果	序号	检查项目	检查结果
1	车门车窗、门窗玻璃完好		5	轮胎、备胎数量	
2	车（轿）厢内座椅完好		6	灯光、信号装置齐全	
3	面漆无明显脱落		7	油箱油量指示	高　中　低
4	车内外后视镜、前下视镜良好		8	安全出口及安全带完好	

表 6-3　汽车二级维护前检测（设备）项目和基本要求

序号	检测项目	检测内容	检测方法
1	车载诊断系统	读取车载诊断系统故障信息	使用汽车电脑故障诊断仪检测
2	行车制动性能	检测制动力（或制动距离或 MFDD）、制动稳定性	使用汽车制动检验台、便携式制动性能检测仪等相应设备，采用 GB 7258 或 GB 18565 规定的方法
3	汽车排放	汽车排气污染物	使用双怠速法、自由加速法
4	灯光信号装置	灯光、信号装置齐全有效	目测
5	路试	整车无漏水漏油漏气漏电 发动机工作状况 操纵稳定性，有无跑偏、发抖、摆头等现象 变速器工作正常，换挡轻便 轮毂、后桥有无泄漏、异响、过热等现象 传动轴有无异响、无松旷现象 离合器分离是否彻底，接合是否平稳	人工检视

注：MFDD 为充分发出的平均减速度。

表 6-4　汽车二级维护进厂检验记录单

托修方		车牌号		车型	
合同编号		发动机号		底盘号	
进厂日期	年　月　日	行驶里程　　km		上次维护时间	年　月　日
汽车配置状况检查	车门车窗、门窗玻璃完好		轮胎、备胎数量		
	车（轿）厢内座椅完好		灯光、信号装置齐全		
	面漆无明显脱落		油箱油量指示	高　中　低	
	车内外后视镜、前下视镜良好		安全出口及安全带完好		

续表

驾驶员反映的汽车使用状况		
汽车技术状况检测记录	检测内容	检测结果
	读取车载诊断系统故障信息	
	检测制动力（或制动距离或 MFDD）、制动稳定性	
	汽车排气污染物	
	灯光、信号装置齐全有效	
	整车无漏水漏油漏气漏电	
	发动机工作状况	
	操纵稳定性，有无跑偏、发抖、摆头等现象	
	变速器工作正常，换挡轻便	
	轮毂、后桥有无泄漏、异响、过热等现象	
	传动轴有无异响、无松旷现象	
	离合器分离是否彻底，接合是否平稳	
	其他检测项目（根据驾驶员反映的汽车使用状况确定的检测项目）	
附加作业项目		
检验结论：		托修方意见：
质量检验员签字：　　　　承修方：（章）　　年　月　日		签字：　　　年　月　日

二、汽车二级维护过程检验技术要求

在二级维护过程中要加强过程检验，并做好维护过程检验记录。汽车二级维护检验记录单见表 6-5。

表 6-5 汽车二级维护检验记录单

托修方		车牌号		车型		
合同编号		发动机号		底盘号		
部位	检验项目	技术状况				作业人员
发动机	1 发动机及附件	清洁：		各部分连接：		
	2 发动机润滑油	润滑油规格：		液面高度：		
	3 滤清器					
	4 三元催化装置	外观：				
	5 曲轴箱通风装置	外观：				
	6 燃油蒸发控制装置	外观：				
	7 油路和气路	密封性：				
	8 散热器、膨胀阀、节温器、水泵及冷却液	散热器： 水泵： 节温器：		膨胀阀： 冷却液位高度：		
	9 传动带（链）	外观：		松紧度：		
	10 发电机、起动机、火花塞、高压线					
	11 空气压缩机、安全阀、真空助力器	连接：		密封性：		
	12 气门间隙	设计值：		测量值：		
	13 增压器、中冷器	连接是否可靠：				
	14 喷油器、喷油泵	喷油器、喷油泵是否调整： 是否调整供油提前角：				
	15 进、排气歧管、消声器、排气管					
制动系	1 制动管路	制动管路：		密封性能：		
	2 制动液液面高度	制动液规格：		液面高度：		
	3 制动总泵、分泵、快放阀、梭阀、继动阀	密封性：				
	4 制动踏板自由行程	自由行程设计值： 踏板行程设计值：		自由行程测量值： 踏板行程测量值：		
	5 驻车制动系统	磨损情况： 工作情况：		拉杆： 自由行程：		
	6 电涡流缓速器	转子/定子间隙：				
	7 低气压报警及限压装置	功能是否正常：				
	8 弹簧储能制动器	功能是否正常：				
	9 ABS 系统	工作是否正常：				

续表

	10 盘式制动器	摩擦片设计值： 摩擦片测量值： 制动盘设计值： 制动盘测量值： 间隙设计值： 间隙测量值： 制动间隙调整器功能是否有效： 密封情况：	
	11 转向轮鼓式制动器	轮制动器调整臂作用： 摩擦片设计值： 摩擦片厚度测量值： 轮毂轴承： 凸轮轴： 转向节： 制动蹄复位弹簧： 轮毂： 制动鼓：	
	12 非转向轮鼓式制动器	半轴： 摩擦片设计值： 摩擦片厚度量值： 轮毂轴承： 凸轮轴： 制动蹄复位弹簧： 轮毂： 制动鼓：	
行驶系	1 车轮	螺栓拧紧力矩： 轮胎气压设计值： 轮胎气压测量值： 胎面花纹深度标准值： 胎面花纹深度测量值： 车轮动平衡：	
	2 车架		
	3 悬架	减振器：	
	4 车桥及车轴		
转向系	1 转向器、转向传动机构	垂臂及转向节臂： 横直拉杆及球头： 自由转动量标准要求值： 自由转动量测量值：	
	2 车轮前束	设计前束值： 实测前束值：	

续表

传动系	1 离合器及操纵机构	踏板自由行程设计值： 踏板自由行程标准值：	
	2 变速器、主减速器、差速器	密封：　　通气：　　工作状况：	
	3 传动轴	防尘罩：　　万向节：　　支架：	
照明、信号装置和标识	前照灯、信号装置和标识	前照灯、信号装置和标识是否齐全有效：	
电气线路及仪表	1 线束及导线		
	2 仪表	工作是否正常：	
	3 蓄电池	清洁：　　电解液面高度：	
车身及附属设备	1 车身、驾驶室		
	2 整车清洗		
	3 刮水器	是否齐全有效：	
	4 内、外视镜	是否齐全有效：	
	5 防护装置	是否齐全有效：	
	6 空调装置	制冷剂是否泄漏：	

附加作业项目记录		更换主要零部件记录		
项目	修理情况摘要	名称	型号规格	数量
备注	检查结果合格的填"√"，不合格的填"×"，并应具体说明，有检测数据的必须填写。			

三、汽车二级维护竣工检验项目及技术要求

　　汽车二级维护后应进行竣工检验，并填写二级维护竣工检验单。汽车二级维护安全机构竣工检验项目及技术要求见表6-6。二级维护竣工检验单见表6-7。

表 6-6　二级维护竣工检验项目及技术要求

检验部位	序号	检验项目	技术要求	检验方法
整车	1	清洁	汽车外部、各总成外部清洁	检查
	2	面漆	表面无明显脱掉漆，补漆颜色与原色基本一致	检查
	3	对称	车体周正，左右对称	检查
	4	紧固	各总成外部螺栓、螺母紧固，锁销齐全有效	检查
	5	润滑	发动机、变速器、转向器、减速器等润滑部位润滑装置齐全有效，各通气孔畅通。润滑油（脂）加注量符合技术要求	检查
	6	密封	全车密封良好，无漏油、无漏水、无漏气现象	检查
	7	读取车载诊断系统（OBD）故障码	ECU 无故障码显示	检查
发动机及其附件	8	发动机装备	齐全有效	检查
	9	发动机部件连接	螺栓、螺母连接紧固，锁销、垫圈及密封垫应完好有效	检查
	10	油路和气路	油路和气路连接可靠，无漏油、漏气现象；发动机缸体、油底壳、冷却水道边盖、放水阀、水箱无漏液现象	检查
	11	发动机工作状况	（1）发动机正常启动，低、中、高速运转稳定及无异响，加速性能良好，无断缸、回火、放炮等现象 （2）冷却液温度、机油压力等仪表显示（指示）正常	运行检查
	12	传动带	无裂痕和过量磨损，松紧度符合使用说明书规定	检查
制动系	13	制动管路	制动管路稳固，行驶及转向时，金属管路及软管不应与车身或底盘产生运动干涉。制动金属管及软管无弯折、破裂、磨损、凸起、扁平的现象	检查
	14	行车制动性能	符合 GB7258，道路运输车辆还应满足 GB18565	检测
	15	驻车制动性能	符合 GB7258，道路运输车辆还应满足 GB18565	检测
	16	车轮阻滞力	符合 GB7258，道路运输车辆还应满足 GB18565	检测
行驶系	17	车轮	轮胎磨损在规定范围内，同轴轮胎应为相同的规格和花纹，转向轮不得使用翻新轮胎，轮胎气压符合规定，后轮辋孔与制动鼓观察孔对齐	检查
	18	悬架及减振器	（1）减振器稳固有效，无漏油现象 （2）悬架中的弹性元件、导向元件、支撑元件、传动元件的连接、配合处无松旷、无变形 （3）钢板弹簧无断裂、移位、缺片，U 型螺栓紧固，前后钢板支架无裂纹及变形	检查
	19	车架	车架无变形，纵横梁无裂纹，铆钉无松动。拖车钩、备胎架应齐全，无裂损变形，连接牢固	检查
	20	车桥及车轴	无变形及裂纹	检查

续表

检验部位	序号	检验项目	技术要求	检验方法
转向系	21	转向盘最大自由转动量	符合 GB 7258 规定，道路运输车辆还应满足 GB18565	检测
	22	横、直拉杆装置	转向节、转向臂、转向横直拉杆、球销应无裂纹和损伤，球销不松旷，各部件连接可靠	检测
	23	侧滑	侧滑量符合 GB 7258 的规定，道路运输车辆还应满足 GB 18565	检测
传动系	24	变速器	换挡平顺、不打滑、无冲击、无异响	运行检查
	25	离合器	离合器接合平稳，分离彻底，无抖动、异响及打滑现象	运行检查
	26	传动轴、主减速器	传动轴、主减速器无异响	运行检查
照明、信号装置和标识	27	灯光数量、光色、位置	符合 GB 7258 规定	检查
	28	信号装置	符合 GB 7258 规定	检查
	29	前照灯	前照灯发光强度及光束照射位置应符合 GB 7258 要求	检测
	30	喇叭声级	符合 GB 7258 规定	检测
	31	后反射器、侧反射器和侧标志灯	后反射器、汽车和挂车的侧反射器和侧标志灯齐全有效，无损毁	检查
电气线路及仪表	32	线束及导线	呈线束状，布置整齐且稳固；导线绝缘层无老化、皲裂和破损，导体无外露；导线及连接蓄电池的接头应牢固，并有绝缘套；导线穿过金属孔时应设绝缘护套	检查
	33	仪表	工作正常	检查
车身及附属设备	34	车身	无变形、裂纹、断裂及开焊情况，联接螺栓、铆钉紧固可靠，车身周正	检查
	35	车箱	车箱不歪斜，整体不变形，底板无损坏，边板、后门平整无变形，铰链完好，关闭严密，前后锁扣作用可靠	检查
	36	安全设备	安全带联接可靠，功能有效。灭火器在有效期内，配备应急锤	检查
	37	防护装置	侧、后防护装置齐全有效，安装牢固	检查
	38	内、外视镜	齐全，无裂纹，镜面清洁，安装牢固	检查
	39	空调装置	空调系统无制冷剂泄漏现象	检查
尾气排放	40	尾气排放值	符合 GB 18285 或者 GB 3847 的规定	检测

表 6-7 汽车二级维护竣工检验记录单

托修方		车牌号		车 型	
合同编号		发动机号		底盘号	

外检项目	清洁		后视镜		面漆	
	车身、车厢		车架		润滑	
	灯光、信号		仪表显示		整车密封	
	刮水器		驾驶室		车门/车窗	
	发动机工作状况		发动机异响		发动机装备	
	转向机构		横直拉杆装置		传动带	
	离合情况		传动轴		主减速器	
	变速器		车轴		车轮	
	悬架、减振器		制动管路		底盘异响	
	防护装置		安全带		线束及导线	

检测项目	转向盘最大自由转动量			空调系统密封		
	喇叭声级		dB（A）	侧滑量		m/km
	车载诊断系统（OBD）故障码					
	制动效能	检测项目	轮重 kN	左制动力 kN	右制动力 kN	整车制动率 %	整车车轮阻滞率%	制动不平衡率%
		前轴制动						
		二轴制动						
		三轴制动						
		四轴制动						
		整车制动					——	——
		驻车制动					——	——
	制动减速度		m/s²	制动踏板自由行程		mm
	制动距离		m	制动稳定性评价		
	前照灯性能	检测部位	发光强度 cd	基准灯心高 mm	上/下偏移量 mm/10m	左/右偏移量 mm/10m
		左灯远光 1				
		左灯远光 2				
		右灯远光 1				
		右灯远光 2				
		左灯近光	——			
		右灯近光	——			

续表

尾气排放	汽油车	怠速	CO		%	HC			×10⁻⁶
		高怠速	CO		%	HC			×10⁻⁶
		5025工况	CO		%	HC	×10⁻⁶	NO	×10⁻⁶
		2540工况	CO		%	HC	×10⁻⁶	NO	×10⁻⁶
	柴油车	烟度值		Rb		光吸收系数			m⁻¹
检验结论：						托修方意见：			
质量检验员签字： 承修方：（章） 年 月 日						签字： 年 月 日			

二级维护竣工检验合格后，要签发维护合格证。

任务三　汽车修理规范

【任务描述】

汽车修理按作业范围分为汽车大修、总成大修、汽车小修和零件修理。本任务主要包括汽车修理分类、汽车和总成送修的标志以及相关规定等。

【相关知识】

一、汽车修理分类

1. 汽车大修

汽车大修是指新车或经过大修后的汽车，在行驶一定里程（或时间）后，经过检测诊断和技术鉴定，用修理或更换汽车任何零部件的方法，恢复汽车的完好技术状况，完全或接近完全恢复汽车寿命的恢复性修理。

汽车大修时，需对汽车全部总成解体，并对全部零件进行清洗和检验分类，更换不可修复零件，修复可修件，按大修技术标准进行装配和调试，以达到全面恢复汽车技术性能的目的。

2. 总成大修

总成大修是汽车的总成经过一定使用里程（或时间）后，用修理或更换总成任何零部件（包括基础件）的方法，恢复其完好技术状况和寿命的恢复性修理。

汽车经过一定行驶里程（或时间）后，其基础件或主要零件出现破裂、磨损和变形等，在两次大修之间，可安排一次用修理或更换总成任何零部件（包括基础件）的方法，恢复其完好技术状况和寿命的平衡性修理。通过总成大修，使汽车各总成的工作寿命趋于平衡，延长汽车大修间隔里程。

3. 汽车小修

汽车小修是指用修理或更换个别零件的方法，保证或恢复汽车的工作能力的运行性修理，主要目的是消除汽车在运行过程或维护作业过程中发生或发现的故障或隐患。

4. 零件修理

零件修理是对由于磨损、变形、损伤等原因而不能继续使用的零件所进行的加工性修理。其目的是在符合经济性原则的前提下，利用矫正、喷涂、电镀、堆焊、机械加工等修复方法对零件进行修复，以恢复其使用性能。

二、汽车修理质量检测标准

汽车修理质量检测诊断所依据的主要技术标准有：

GB/T3798.1－2005《汽车大修竣工出厂技术条件第1部分：载客汽车》

GB/T3798.2－2005《汽车大修竣工出厂技术条件第2部分：载货汽车》

GB/T3799.1－2005《商用汽车发动机大修竣工出厂技术条件第1部分：汽油发动机》

GB/T3799.2－2005《商用汽车发动机大修竣工出厂技术条件第2部分：柴油发动机》

以上标准规定了汽车整车大修、发动机大修、车身大修质量评定的内容、规则、办法和基本检验技术文件评定及竣工质量评定的评定项目、技术要求、检查方法与手段、评定方法等。

三、汽车维修业应配备的仪器设备

GB/T16739－2014《汽车维修业开业条件》中规定了汽车整车维修企业、汽车综合小修及专项维修业户应具备的开业条件。

1. 汽车整车维修企业应配备的仪器设备

汽车整车维修企业是指有能力对所维修车型的整车、各个总成及主要零部件进行各级维护、修理及更换，使汽车的技术状况和运行性能完全（或接近完全）恢复到原车的技术要求，并符合相应国家标准和行业标准规定的汽车维修企业。按规模大小分为一类汽车整车维修企业和二类汽车整车维修企业。汽车整车维修企业应配备表6-8至表6-11所列的仪表工具、专用设备、检测设备及通用设备，其规格和数量应与其生产纲领和生产工艺相适应。

表6-8 仪表工具

序号	设备名称
1	万用表
2	气缸压力表
3	燃油压力表
4	液压油压力表
5	真空表

续表

序号	设备名称
6	空调检漏设备
7	轮胎气压表
8	外径千分尺
9	内径千分尺
10	量缸表
11	游标卡尺
12	扭力扳手
13	气体压力及流量检测仪（针对燃气汽车维修企业）
14	便携式气体检漏仪（针对燃气汽车维修企业）

表 6-9 专用设备

序号	设备名称	大中型客车	大型货车	小型车	附加说明
1	废油收集设备	√			
2	齿轮油加注设备	√			
3	液压油加注设备	√			
4	制动液更换加注器	√			
5	脂类加注器	√			
6	轮胎轮辋拆装设备	√			
7	轮胎螺母拆装机	√	√	-	
8	车轮动平衡机	√			
9	四轮定位仪	-	-	√	二类允许外协
10	四轮定位仪或转向轮定位仪	√	√	-	二类允许外协
11	制动鼓和制动盘维修设备	√	√	-	
12	汽车空调冷媒回收净化加注设备	√	-	√	大货车允许外协
13	总成吊装设备或变速器等总成顶举设备	√			
14	汽车举升设备	-	-	√	一类应不少于 5 个；二类应不少于 2 个。汽车举升机或具有安全逃生通道的地沟
15	汽车故障电脑诊断仪	√			
16	冷媒鉴别仪	√			
17	蓄电池检测、充电设备	√			

续表

序号	设备名称	大中型客车	大型货车	小型车	附加说明
18	无损探伤设备	√	-	-	
19	车身清洗设备	√			
20	打磨抛光设备	√	-	√	
21	除尘除垢设备	√	-	√	
22	车身整形设备	√			
23	车身校正设备	-	-	√	二类允许外协
24	车架校正设备	√	√	-	二类允许外协
25	悬架试验台	-	-	√	允许外协
26	喷烤漆房及设备	√	-	√	大中型客车允许外协
27	喷油泵试验设备（针对柴油车）	√			允许外协
28	喷油器试验设备	√			
29	调漆设备	√		√	允许外协
30	自动变速器维修设备（见GB/T16739.2－2014中5.5.4）	√			允许外协
31	氮气置换装置（针对燃气汽车维修企业）	√	-	√	
32	气瓶支架强度校验装置（针对燃气汽车维修企业）	√	-	√	允许外协

注：√——要求具备，-——不要求具备。

表6-10 检测设备

序号	设备名称	附加说明
1	尾气分析仪或不透光烟度计	
2	汽车前照灯检测设备	可用手动灯光仪或投影板检测
3	侧滑试验台	可用单板侧滑台
4	制动性能检验设备	可用制动力、制动距离、制动减速度的检验设备之一

表6-11 通用设备

序号	设备名称
1	计算机
2	砂轮机
3	台钻（含台钳）
4	电焊设备（大中型客车、大型货车）

续表

序号	设备名称
5	气体保护焊设备
6	压床
7	空气压缩机
8	抢修服务车

2. 汽车综合小修及专项维修业户应配备的仪器设备

汽车综合小修业户是指从事汽车故障诊断和通过修理或更换个别零件，消除车辆在运行过程或维护过程中发生或发现的故障或隐患，恢复汽车工作能力的维修业户（三类）。

汽车专项维修业户是指从事汽车发动机维修、车身维修、电气系统维修、自动变速器维修、轮胎动平衡及修补、四轮定位检测调整、汽车润滑与养护、喷油泵和喷油器维修、曲轴修磨、气缸镗磨、散热器维修、空调维修、汽车美容装潢、汽车玻璃安装及修复等专项维修作业的业户（三类）。

（1）汽车综合小修应配备的主要设备

压床；空气压缩机；汽车故障电脑诊断仪；温、湿度计；万用表；气缸压力表；真空表；燃油压力表；尾气分析仪或不透光烟度计；轮胎漏气试验设备；轮胎气压表；千斤顶；轮胎轮辋拆装、防锈设备或专用工具；车轮动平衡机；汽车空调冷媒回收净化加注设备；空调专用检测设备；空调专用检漏设备；不解体油路清洗设备；举升设备或地沟；废油收集设备、齿轮油加注设备；液压油加注设备；制动液更换加注器；脂类加注器；汽车前照灯检测设备（可用手动灯光仪或投影板检测）；制动减速度检验等制动性能检验设备。

（2）发动机维修应配备的主要设备

压床；空气压缩机；发动机解体清洗设备；发动机等总成吊装设备；发动机翻转设备；发动机诊断仪；废油收集设备；万用表；气缸压力表；真空表；量缸表；正时仪；汽油喷油器清洗及流量测量仪；燃油压力表；喷油泵试验设备（允许外协）；喷油器试验设备（允许外协）；连杆校正器；无损探伤设备；立式精镗床；立式珩磨机；曲轴磨床；曲轴校正设备；凸轮轴磨床；曲轴、飞轮与离合器总成动平衡机。

（3）车身维修应配备的主要设备

电焊及气体保护焊设备；切割设备；压床；空气压缩机；汽车外部清洗设备；打磨抛光设备；除尘除垢设备；型材切割机；车身整形设备；车身校正设备；车架校正设备；车身尺寸测量设备；喷烤漆房及设备；调漆设备；砂轮机和角磨机；举升设备；除锈设备；吸尘、采光、通风设备；洗枪设备或溶剂收集设备。

（4）电气系统维修应配备的仪器设备

空气压缩机；汽车故障电脑诊断仪；万用表；充电机；电解液比重计；高频放电叉；汽车前照灯检测设备；电路检测设备；蓄电池检测、充电设备。

（5）自动变速器维修应配备的仪器设备

自动变速器翻转设备；自动变速器拆解设备；变扭器维修设备；变扭器切割设备；变扭器焊接设备；变扭器检测（漏）设备；零件清洗设备；电控变速器测试仪；油路总成测试机；液压油压力表；自动变速器总成测试机；自动变速器专用测量器具；空气压缩机；万用表；废油收集设备。

（6）轮胎动平衡及修补应配备的仪器设备

空气压缩机；轮胎漏气试验设备；轮胎气压表；千斤顶；轮胎螺母拆装机或专用拆装工具；轮胎轮辋拆装、除锈设备或专用工具；轮胎修补设备；车轮动平衡机。

（7）四轮定位检测调整应配备的仪器设备

举升设备；四轮定位仪；空气压缩机；轮胎气压表。

（8）汽车润滑与养护应配备的仪器设备

不解体油路清洗设备；废油收集设备；齿轮油加注设备；液压油加注设备；制动液更换加注器；脂类加注器；举升设备或地沟；空气压缩机。

（9）喷油泵、喷油器维修应配备的仪器设备

喷油泵、喷油器清洗和试验设备；喷油泵—喷油器密封性试验设备；弹簧试验仪；千分尺；厚薄规。从事电控喷油泵、喷油器维修还需配备电控喷油泵、喷油器检测台；电控喷油泵、喷油器专用拆装工具；电控柴油机故障诊断仪；超声波清洗仪；专用工作台。

（10）曲轴修磨应配备的仪器设备

曲轴磨床；曲轴校正设备；曲轴动平衡设备；平板；V型块；百分表及磁力表座；外径千分尺；无损探伤设备；吊装设备。

（11）气缸镗磨应配备的仪器设备

立式精镗床；立式珩磨机；压床；吊装起重设备；气缸体水压试验设备；量缸表；外径千分尺；厚薄规；激光淬火设备（从事激光淬火必备）；平板。

（12）散热器维修应配备的仪器设备

清洗及管道疏通设备；气焊设备；钎焊设备；空气压缩机；喷漆设备；散热器密封试验设备。

（13）空调维修应配备的仪器设备

汽车空调冷媒回收净化加注设备；空调电器检测设备；空调专用检测设备；万用表；冷媒鉴别设备；空调检漏设备；数字式温度计；汽车故障电脑诊断仪。

（14）汽车美容装潢应配备的仪器设备

汽车外部清洗设备；吸尘设备；除尘、除垢设备；打蜡设备；抛光设备；贴膜专业设备。

（15）汽车玻璃安装及修复应配备的仪器设备

工作台；玻璃切割工具；注胶工具；玻璃固定工具；直尺、弯尺；玻璃拆装工具；吸尘器。

【任务实施】

一、汽车和总成大修送修标志

要确定汽车和总成是否需要大修，必须掌握汽车和总成大修的送修标志。

1. 汽车大修送修标志

客车以车厢为主，结合发动机总成；货车以发动机总成为主，结合车架总成或其他两个总成符合大修条件。

2. 挂车大修送修标志

挂车车架（包括转盘）和货箱符合大修条件；定车牵引的半挂车和铰接式大客车，按照汽车大修的标志与牵引车同时进厂大修。

3. 总成大修送修标志

（1）发动机总成

气缸磨损，圆柱度达到 0.175～0.250mm 或圆度已达到 0.050～0.063mm（以其中磨损量最大的一个气缸为准）；最大功率或气缸压力较标准降低 25% 以上；燃料和润滑油消耗量显著增加。

（2）车架总成

车架断裂、锈蚀、弯曲、扭曲变形逾限，大部分铆钉松动或铆钉孔磨损，必须拆卸其他总成后才能进行校正、修理或重铆，方能修复。

（3）变速器、分动器总成

壳体变形、破裂、轴承承孔磨损逾限，变速齿轮及轴恶性磨损、损坏，需要彻底修复。

（4）后桥（驱动桥、中桥）总成

桥壳破裂、变形、半轴套管承孔磨损逾损，减速器齿轮恶性磨损，需要校正或彻底修复。

（5）前桥总成

前轴裂纹、变形，主销承孔磨损逾限，需要校正或修复。

（6）客车车身总成

车厢骨架断裂、锈蚀、变形严重，蒙皮破损面积较大，需要彻底修复。

（7）货车车身总成

驾驶室锈蚀、变形严重，破裂，或货厢纵、横梁腐朽，底板、拦板破损面积较大，需要彻底修复。

二、汽车和总成的送修规定

1）汽车和总部送修时，承修单位应与送修单位签订合同，商定送修要求，修理车日和质量保证等。合同签订后必须严格执行。

2）车辆送修时，应具备行驶功能，装备齐全，不得拆换。

3）总成送修时，应在装合状态，附件、零件均不得拆换和短缺。

4）肇事汽车或因特殊原因不能行驶和短缺零部件的汽车，在签订合同时，应作出相应的规定和说明。

5）汽车和总成送修时，应将汽车和总成的有关技术档案一并交给承修单位。

6）汽车和总成送修时，其修理作业范围和深度，根据汽车检测诊断和技术评定的结果确定。运输单位和个人的运输汽车，应严格按照规定，根据其修理作业范围送到交通运输管理部门认定的相应级别的修理厂进行修理。严禁送到无经营许可证的修理厂进行修理，确保车辆维修质量。

三、修竣汽车和总成的出厂规定

1）送修汽车和总成修竣检验合格后，承修单位应签发出厂合格证，并将同技术档案、修理技术资料和合格证移交送修单位。

2）汽车或总成修竣出厂时，不论送修时的装备（附件）状况如何，均应按照有关规定配备齐全。

3）接车人员应根据合同规定，就汽车或总成的技术状况和装备情况等进行验收。如发现确有不符合竣工要求的情况时，承修单位应立即查明，及时处理。

4）送修单位必须严格执行走合期的规定，在保证期内因修理质量发生故障或提前损坏时，承修单位应优先安排、及时排除、免费修理。如发生纠纷，由维修管理部门负责组织技术分析，进行仲裁。

【项目总结】

1．汽车维修是指汽车在使用过程中，为维持和恢复汽车的技术状况，保持汽车的工作能力，所采取的技术措施。汽车维修思想和工艺组织是否科学、维修设备是否先进、维修技术和规范是否合理，都对汽车的维修质量有重大影响；而汽车维修质量的高低，对于汽车技术状况和使用寿命具有决定性作用。

2．汽车维护作业内容包括清洁、补给、检查、紧固、润滑和调整。汽车维护按作业范围分为日常维护、一级维护和二级维护。汽车修理应贯彻视情修理的原则，即根据汽车检测诊断和技术鉴定的结果，视情按不同作业范围和深度进行，既要防止拖延修理造成车况恶化，又要防止提前修理造成浪费。

3．汽车修理按作业范围分为汽车大修、总成大修、汽车小修和零件修理。要确定汽车和总成是否需要大修，必须掌握汽车和总成大修的送修标志。

4．GB/T 16739—2014《汽车维修业开业条件》中规定了汽车整车维修企业、汽车综合小修和专项维修业户的开业条件。

5．汽车整车维修企业是指有能力对所维修车型的整车、各个总成及主要零部件进行各级维护、修理及更换，使汽车的技术状况和运行性能完全（或接近完全）恢复到原车的技术要求，并符合相应国家标准和行业标准规定的汽车维修企业。按规模大小分为一类汽车整车维修企业和二类汽车整车维修企业。

6. 汽车综合小修业户是指从事汽车故障诊断和通过修理或更换个别零件，消除车辆在运行过程或维护过程中发生或发现的故障或隐患，恢复汽车工作能力的维修业户（三类）。

7. 汽车专项维修业户是指从事汽车发动机维修、车身维修、电气系统维修、自动变速器维修、轮胎动平衡及修补、四轮定位检测调整、汽车润滑与养护、喷油泵和喷油器维修、曲轴修磨、气缸镗磨、散热器维修、空调维修、汽车美容装潢、汽车玻璃安装及修复等专项维修作业的业户（三类）。

【项目训练】

一、单项选择题

1. 为实施汽车维修工作所采取的技术组织措施的规定叫（　　）。
   A．汽车维修法规　　　　　　　　B．汽车维修标准
   C．汽车维修制度　　　　　　　　D．汽车维修技术条件
2. 汽车维修基本原则是（　　）。
   A．强制维护，计划修理　　　　　B．视情维护，计划修理
   C．强制维护，定期修理　　　　　D．强制维护，视情修理
3. 总成大修的送修标志中规定共有（　　）个总成按大修执行。
   A．4　　　　　　B．5　　　　　　C．6　　　　　　D．7
4. 汽车二级维护周期是（　　）。
   A．10000～15000km　　　　　　B．20000～25000km
   C．25000～30000km　　　　　　D．30000～40000km
5. 将损坏的总成拆下，更换上现有的总成，这种修理方法叫（　　）。
   A．就车修理法　　B．总成大修法　　C．定期维修法　　D．总成互换法

二、判断题

1. 汽车维护是为了恢复汽车完好技术状况或工作能力而进行的作业。
2. 汽车二级维护的周期是十万公里。
3. 进行汽车二级维护时要求先维护，后检测。
4. 维修制度的总原则是强制维护和强制修理。
5. 汽车二级维护时要求解体发动机。

三、简答题

1. 汽车维修制度的总原则是什么？
2. 简述汽车各级维护中心作业内容。
3. 汽车二级维护进厂检验单有哪些？

7 汽车发动机维修技术

【项目导读】

汽车发动机包括三大机构和五大系统,即机体组、曲柄连杆机构、配气机构、供油系统、冷却系统、润滑系统、起动系统、点火系统。

本项目分为三个任务,即汽车零件的检验、发动机机械维修和电控汽油喷射系统检修。具体内容包括常见故障、故障原因分析、诊断方法以及维护和修理方法。

任务一 汽车零件的检验

【任务描述】

汽车零件技术状况对总成工作会产生直接影响,因此汽车零件检验是汽车维修过程中的重要环节。

一轿车出现交通事故,发动机曲轴皮带轮有碰撞痕迹,正时齿轮盖碰碎。发动机经修理,启动后出现抖震现象,怀疑缸体或曲轴变形,需进行相关零部件形位误差检验。

【相关知识】

一、汽车零件形位误差检验

形位误差包括形状误差和位置误差两项。

在汽车维修行业中,零件的形位误差和形位公差是有区别的。形位公差是对零件要素的技术要求；形位误差是零件要素的实际变化量。零件的检验过程被称为误差检验，检验结果被称为误差。

要掌握零件的误差检验，需首先掌握零件形位公差的基本内容。

1. 形状公差项目及标注

形状公差项目及标注实例如表 7-1 所注。

表 7-1 形状公差项目及标注实例

分类	特征项目及符号	标注示例	说明
形状公差	直线度 ⎯		圆柱表面上任一素线的直线度公差为 0.02mm（左图）；圆柱轴线的直线度公差为 ϕ0.04mm（右图）
	平面度 ▱		实际平面的形状所允许的变动全量为 0.08mm
	圆度 ○		在垂直于轴线的任一正截面上实际圆的形状所允许的变动全量为 0.02mm
	圆柱度 ⌭		实际圆柱面的形状所允许的变动全量为 0.05mm
	线轮廓度 ⌒		在零件宽度方向任一横截面上，实际线的轮廓形状（或对基准 A）所允许的变动全量为 0.04mm（方框尺寸为理论正确尺寸）

续表

分类	特征项目及符号	标注示例	说明
	面轮廓度 ⌒		实际表面的轮廓形状（或对基准A）所允许的变动全量为0.04 mm

2. 位置公差项目及标注

位置公差项目及标注实例如表7-2所注。

表7-2 位置公差项目及标注实例

分类	特征项目及符号	标注示例	说明
位置公差	定向	平行度 ∥ 垂直度 ⊥ 倾斜度 ∠		实际要素对基准在方向上所允许的变动全量，平行度公差为0.01mm，垂直度公差为0.08mm，倾斜度公差为0.08mm
	定位	同轴度 ◎ 对称度 ⌀ 位置度 ⊕		实际要素对基准在位置上所允许的变动全量，同轴度公差为φ0.01mm，对称度公差为0.08mm，位置度公差为φ0.03mm
	跳动	圆跳动 ↗ 全跳动 ↗↗		实际要素绕基准轴线回转一周时所允许的最大跳动量（圆跳动）；实际要素绕基准轴线连续回转时所允许的最大跳动量（全跳动）（图中所注左为径向圆跳动，右为端面全跳动）

二、磁粉探伤

磁粉探伤是检查铁磁性材料零件表面及近表面缺陷的一种无损检测方法。

1. 原理与方法

铁磁材料或零件磁化后在表面或近表面的缺陷处磁力线发生变形，逸出零件表面形成磁极并产生可检测的漏磁场，若此时在零件表面撒上磁粉或喷上磁悬液，则磁粉粒子就会吸附在缺陷处，显示出其位置、形状及大小，这就是磁粉探伤的原理。

零件的磁化方法很多，根据磁化时磁场方向的不同，一般可有三种。

1）周向磁化，也称横向磁化。系指给零件直接通电，或使电流流过贯穿零件中心孔的导体，使零件产生环绕其轴线的环形磁场的磁化方法。周向磁化主要用于发现与零件轴线平行的纵向裂纹，如图 7-1（a）所示。

2）纵向磁化，系指利用电磁轭或使电流通过环绕零件的线圈，使零件获得与其轴线平行的纵向磁场的磁化方法。纵向磁化主要用于发现与零件轴线垂直的横向裂纹，如图 7-1（b）所示。

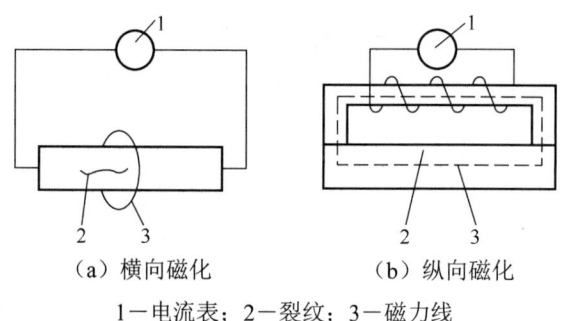

（a）横向磁化　　（b）纵向磁化

1—电流表；2—裂纹；3—磁力线

图 7-1　零件的磁化方法

3）复合磁化，是指利用磁场迭加原理对零件同时采用周向磁化和纵向磁化，使其产生既不同于周向也不同于纵向而是二者合成方向磁场的磁化方法。它可发现不同方向的裂纹。

2. 磁粉探伤工艺要点

（1）电流的选用

为在零件上形成磁场而使用的电流，称为磁场电流。磁粉探伤采用的电流类型有交流电和直流电。尤以交流电获得了最广泛的应用。这主要有三方面的原因：

首先，交流电具有集肤效应，使电流密度在零件表面附近增大，从而提高了表面缺陷的探伤灵敏度。这对表面疲劳裂纹的检测尤其有意义。

其次，能够实现复合磁化。这是因为复合磁化中至少有一个磁场必须是交变的才能产生各个不同的方向偏转磁场，也就是说复合磁化必须采用交流电。

再者，使用交流电时设备结构简单、价格便宜、易于维修。

（2）磁粉

探伤用的磁粉通常采用的是黑色的 Fe_3O_4 和红褐色的 Fe_2O_3。

根据给被检零件施加磁粉的方式不同，有干法和湿法之分。干法是直接将干磁粉撒在零件表面上；而湿法则是将磁粉配制成磁悬液。后者更为灵敏。磁悬液常用一升变压器油或低粘度的柴油或煤油中加入 20～30g 氧化铁粉。

（3）退磁

退磁的目的是使零件内的剩磁减少，避免剩余磁场在使用中吸附铁磁性磨料颗粒，造成磨损加剧等危害。

退磁就是将零件置于交变磁场中，并使磁场的幅值由大到小逐渐降到零，将其剩余磁场退掉。其方法为将零件从电流逐渐减小的通电线圈中慢慢退出，也可向零件直接通以逐渐减小的电流，并需重复进行 2～3 次。

用交流电磁化的零件，可用交流电也可用直流电退磁；而用直流电磁化的零件，只能用直流电退磁。用直流电退磁时应不断改变电流的方向，以获得交变的退磁磁场。

三、渗透探伤

1. 原理与方法

渗透探伤可用于各种材质的零件表面开口性裂纹或缺陷的检测，但不能检查零件表面以下的非开口缺陷。

渗透探伤方法有着色探伤法和荧光探伤法两种，其原理相似。

首先，用一种与零件之间接触角很小的渗透液涂敷于被检零件表面上，并使之渗透到表面裂纹中去，将附着于零件表面上多余的渗透液清洗去除。为将裂纹痕迹放大使之易于观察，还需喷射一种显示剂用以吸出渗透在表面裂纹中的渗透液。目测或用紫外线灯照射零件表面，根据颜色或发光情况判断零件表面是否有裂纹。

2. 渗透探伤基本方法

1）预处理：对被检零件进行彻底清洗，以去除妨碍渗透液渗入表面裂纹的油污、锈蚀等，然后烘干以便渗透。

2）渗透：将渗透液用喷雾器喷布或用刷子涂刷在零件表面上，小件可浸入渗透液中，渗透约 10～20min，使渗透液渗入表面缺陷内。

3）清洗：在渗透液充分渗入零件表面裂纹后，用约 0.15MPa 的压力水或清洗溶液将零件表面的渗透液洗去，并在低温下烘干。

4）显示、检查：在被检零件表面上喷以显示剂，通常是氧化镁（MgO）干粉，吸出残留在表面裂纹中的渗透液，并将其扩散到一定的宽度以放大裂纹便于检查。显示剂覆盖 10～15min 后即可用压缩空气吹掉多余的干粉。若采用荧光探伤法，则可在遮暗条件下用高压水银灯发出的紫外光照射，观察并记录零件表面上已被放大的黄绿色荧光显示痕迹。

四、汽车零部件的平衡检验

对汽车的旋转零件通常有平衡要求。

1. 静不平衡

（1）静不平衡的影响

零件质心偏离其旋转轴线的现象称之为静不平衡。如图所示，静不平衡的圆盘零件旋转时，由于存在着离心惯性力使支承 A、B 处的支承反力 N_A、N_B（或 N'_A，N'_B），如图 7-2 所示。这种周期性变化的支承反力将造成不平衡的零件在工作中产生不同程度的振动和噪音，同时加剧轴颈和支承表面的磨损。

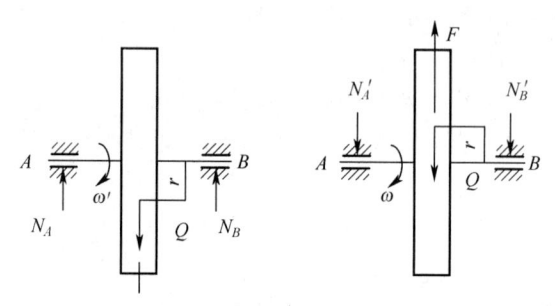

图 7-2 离心惯性力使支承 A、B 处的支承反力

（2）汽车零件的静平衡

汽车零件的静平衡要求一般是针对径向尺寸较大而轴向尺寸较小的盘形零件，如发动机飞轮、离合器压盘、制动盘、皮带轮等提出的。

静不平衡程度的检测一般可在简单的棱形导轨上进行。检测内容为造成零件静不平衡的重径积，即零件重量与质心距旋转轴线距离的乘积。

检测过程中每当盘形零件在棱形水平导轨上静止时，停留在导轨下方的始终是一个径向方位，即表明该零件存在着静不平衡且该方位即为质心偏离轴线的方位。

在零件静止位置的铅直上方适当位置处加上一小磁铁块或油泥，使其与零件旋转轴线的距离乘以其自身重量后所得的重径积恰等于修理标准中给定的不平衡重径积限值。

平衡校正的方法有两种，一种是减重法，一种是加重法。前者是在零件质量偏心的同侧减去一定重量，后者是在零件质量偏心的相反一侧加上一定重量来使其平衡状态满足给定的要求。

2. 动不平衡

动不平衡是由于零件的质心偏离了其旋转轴线或零件的惯性主轴与其旋轴线不重合而引起的。汽车零件的动平衡要求一般是针对轴向尺寸较大而径向尺寸较小的轴类零件，如发动机曲轴，底盘传动系的传动轴等。

（1）动不平衡概念

如图 7-3 所示，这时的长轴仍是静平衡的。但当该轴旋转时，由于多余的两个质量而产生

了两个惯性力 F，这两个惯性力大小相等，方向相反，又相隔一定距离，因而形成一惯性力偶对两侧支承 A、B 产生附加载荷，如图 7-3 所示。支承也必将产生支承反力 N_A 和 N_B 与之平衡。

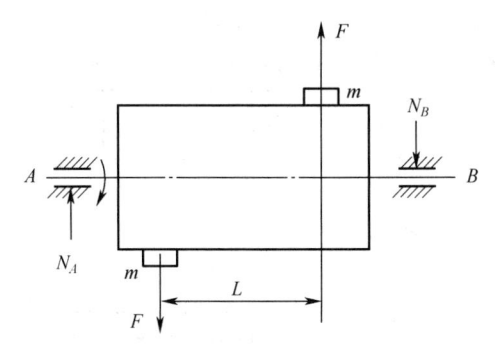

图 7-3　惯性力偶对两侧支承 A、B 产生附加载荷

（2）动不平衡的检测与矫正

动不平衡量的检测远较静不平衡复杂。但其检测原理都是根据动不平衡的零件转动时会给支承以附加载荷，而将支承做成径向弹性支承，检测时在一定转速下取其支承的弹性变形量和变形时刻，并转换成电信号予以显示的。

3. 零件静平衡与动平衡的关系

旋转零件静平衡的条件是：分布于该旋转零件上各个质量的惯性力的矢量和等于零。

旋转零件动平衡的条件是：分布于该旋转零件上各个质量的惯性力的矢量和等于零；同时，惯性力所引起的惯性力矩的矢量和也等于零。

由上述旋转零件静平衡和动平衡的条件可知，动平衡同时满足了静平衡的条件。所以，动平衡的零件一定是静平衡的，而静平衡的旋转件则不一定是动平衡的，因为它并不满足动平衡的全部条件。

【任务实施】

（1）直线度误差检验

将平尺（或刀口尺）与被测素线直接接触，并使两者之间保持最小间隙，此时的间隙值即为该零件被测素线的直线度误差，如图 7-4 所示。

（2）平面度误差检验

将刀口尺或检验光轴置于平面上（如图 7-5 所示汽缸体上平面），在横向、纵向及交叉方向用厚薄规塞检测平面与刀口尺的间隙，最大间隙值即为该平面的平面度误差。

（3）圆度和圆柱度误差检验（以汽缸孔为例）

1）选择合适的测量接杆旋入表杆下端。调整接杆的长度，使量缸表的测量尺寸与被测汽缸直径相适应。

2）在每一个汽缸选择三个断面，分别是活塞处在上止点、中间和下止点时第一道活塞环所对的位置；每个断面选择与曲轴轴线平行和垂直两个方向。分别测量其直径。

（a）直线度公差标注　　　　　（b）直线度误差检验

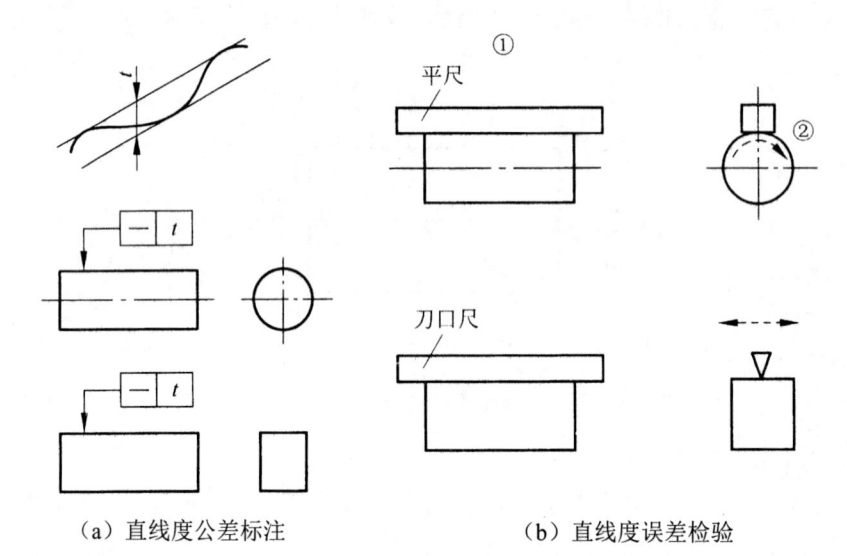

图 7-4　直线度误差检验

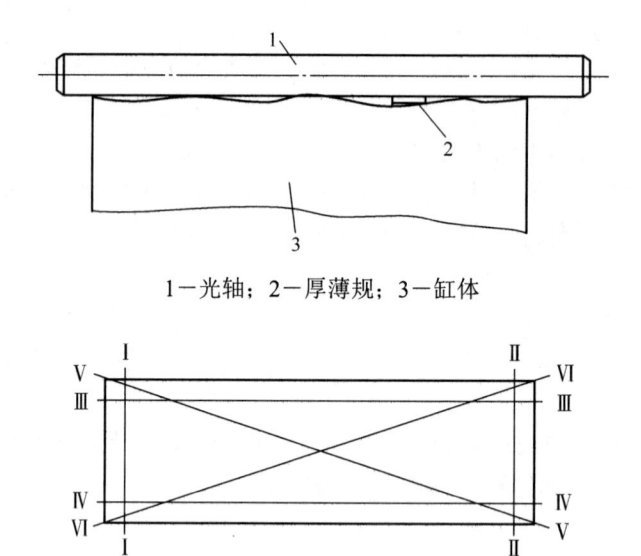

1—光轴；2—厚薄规；3—缸体

图 7-5　平面度误差检验

3）同一断面上两个直径差值的一半为该断面的圆度误差；同一汽缸孔中所测六个直径，其最大值与最小值差值的一半为该汽缸孔的圆柱度误差。

（4）平行度误差检验

（以连杆为例，如图 7-6 所示）用心轴模拟连杆大头孔和小头孔的轴线。

1）如图所示，测量心轴两端高度差，即为连杆垂直方向的平行度误差。
2）将连杆放平，测量心轴两端高度差，即为连杆水平方向的平行度误差。

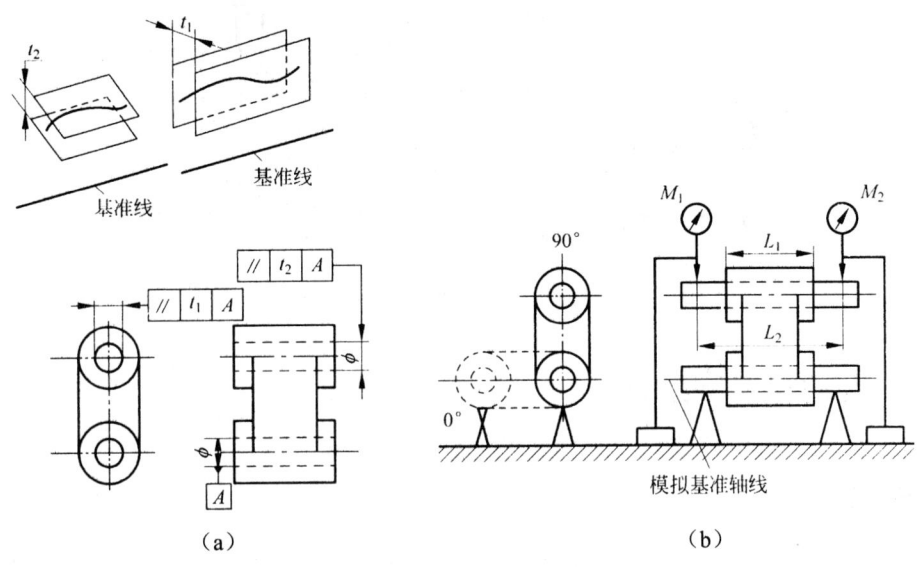

（a）
（b）

图 7-6　平行度误差检验

（5）垂直度误差检验

用三点支撑被测零件，基准心轴与检测平板垂直，用心轴模拟两测量孔轴线，测量被测心轴 L_2 长度范围内的高度差，其数值即为两轴线垂直度误差，如图 7-7 所示。

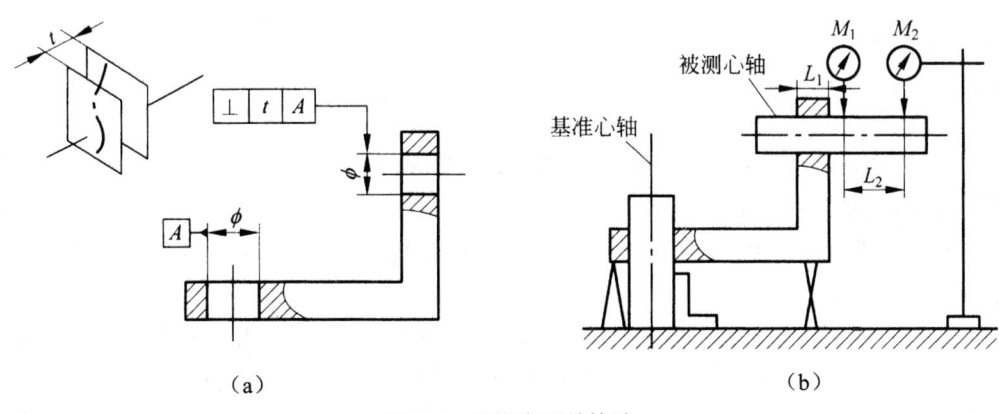

（a）
（b）

图 7-7　垂直度误差检验

（6）圆跳动误差检验

用两个等高的 V 型块支撑曲轴两端主轴颈，百分表固定在支架上，测量触点经压缩后垂直抵在飞轮凸缘表面，旋转曲轴，百分表的摆动数值即为圆跳动误差。图 7-8 中 1 测量径向圆跳动误差，2 测量端面圆跳动误差。

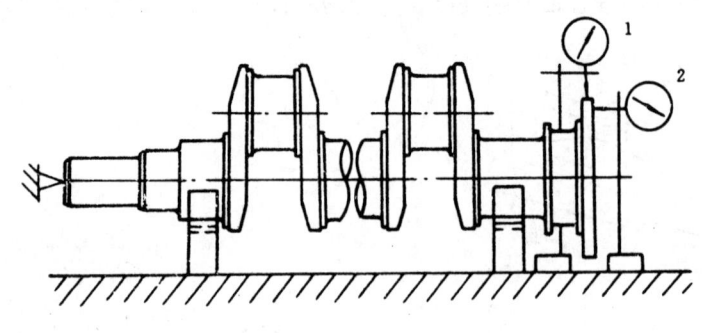

图 7-8　圆跳动误差检验

任务二　发动机机械维修

【任务描述】

一电控汽油喷射发动机轿车，行驶里程为 176000km。发动机启动后怠速不稳，加速无力，且排气管排出的废气中有明显的蓝烟，排气管内壁有明显黑烟灰。

【相关知识】

一、发动机机体组维修

发动机机体组的主要部件包括汽缸体、汽缸盖和飞轮壳。

汽缸体的主要耗损形式有磨损、变形和裂纹。

1．汽缸磨损检验

汽缸磨损检验项目有磨损量、圆度和圆柱度误差。

圆度和圆柱度误差检验方法：

1）选择合适的测量接杆旋入表杆下端。调整接杆的长度，使其与活动测点的总长度同被测汽缸直径相适应。

2）在每一个汽缸选择三个断面，分别是活塞处在上止点、中间和下止点时第一道活塞环所对的位置；每个断面选择与曲轴轴线平行和垂直两个方向。分别测量其直径。

3）同一断面上两个直径差值的一半为该断面的圆度误差；同一汽缸孔中所测六个直径，其最大值与最小值差值的一半为该汽缸孔的圆柱度误差。

磨损量检验时使用的工具是量缸表和螺旋千分尺。

2. 汽缸修理尺寸等级的确定

按磨损量和加工余量确定修理尺寸等级。

例如：某发动机，缸径基本尺寸为 100mm，经过测量六个气缸后，其中某缸磨损的最大值为 ϕ100.38mm。

选用镗缸和磨缸加工，加工余量 x=0.1mm，则该气缸磨损量为：
$$0.38+0.1=0.48mm$$

按该气缸修理级差为 0.25mm 计，第一级修理尺寸为 0.25；第二级为 0.50。显然，要加工的尺寸 0.48mm 接近第二级修理尺寸，所以按二级修理，修复后的尺寸为：
$$100+0.50=100.50mm$$

二、活塞连杆机构维修

1. 活塞的选配

活塞最常见的耗损是磨损，且最大磨损发生在活塞环槽处。

同一台发动机上应选用同一厂牌、同一修理尺寸、同一组别的活塞，以便使材料、性能、重量和尺寸一致。尤其是同一组活塞的椭圆和锥形要求、头部与裙部的直径差，以及各活塞的重量差，须满足有关修理标准或原厂规定值。

2. 活塞销与销座孔的配合

（1）活塞销与销座孔的配合要求

全浮式活塞销与销座孔的配合精度很高，在工作条件下一般应有 0.01~0.02mm 的配合间隙，而在常温下为高精度的过渡配合。一般发动机应有-0.0025~+0.0025mm 的微量过盈至微量间隙。

（2）配合方法

活塞销座孔与活塞销的配合方法有直接选配法以及镗削法、铰削法等机械加工方法。

1）选配法。大修时活塞销与销座孔用同一尺寸组别相配。其分组情况是用色漆来标志的，只要活塞销与销座孔为同一颜色漆即为同一组。如某发动机活塞销与销座孔基本尺寸直径均为 ϕ28mm，其 0.01mm 的公差分为四组，每组差 0.0025mm。二者相配就保证了-0.0025~+0.0025mm 的过渡配合。活塞销的色漆涂在内孔端部，活塞上的色漆涂在销座下方。

2）铰配法。当换用加大活塞销时，常对销座孔采用铰配法进行配合。

选用尺寸合适的长刃活络铰刀在台虎钳上用手搬转活塞进行铰削。由于手工铰削不可避免地会产生多棱形，精度达不到基本要求，应留有一定余量进行刮修，因此铰削试配应按留有刮修余量的要求试配紧度。一般当铰削至用手掌力量能将活塞销推入一个销座孔深度的 1/3 左右时即应停止铰削，进行刮修。

刮修后应达到的要求是，用手掌的力量能将活塞销推入一个销座孔的 1/2~2/3 深度，且接触面积达到 75%以上。

除手工铰配外，销座孔加工有的还采用专用铰刀和夹具在钻床或专用设备上进行机动铰削。也有的采用镗削。机铰和镗削不仅效率高,加工精度也很高。

3. 活塞环的选配

活塞环在使用过程中会出现磨损和弹力下降,且其使用寿命较短,所以可以考虑在发动机两次大修的中间,或当气缸磨损所造成的圆度和圆柱度误差达到要求镗缸值的一半或稍多时,更换一次活塞环,以便改善发动机的动力性和经济性。

发动机大修时,应按气缸的修理尺寸选用与气缸、活塞相同修理尺寸级别的活塞环。同时,为保证发动机正常工作,还应对活塞环实施以下检验。

(1) 活塞环的开口间隙、边隙和背隙检查

活塞环的开口间隙即活塞环在气缸内开口处的端隙。

检查方法是:将活塞环放入气缸孔内,用活塞顶部将活塞环向缸孔内推进,使活塞环的平面与气缸孔轴线垂直。然后,用厚薄规测量环的开口间隙。汽车维护换环时,应将活塞环推到气缸内活塞环行程以下检查开口间隙,以防在上部检查合适而到下部卡死。

活塞环边隙的检查方法是:将环装入环槽内,用厚薄规插入环与环槽侧面进行检测,其值应符合原厂规定。若间隙过大应另选配,若间隙过小可将活塞环在平板上垫以砂布进行修磨。

活塞环的背隙,是指在气缸内活塞环的背面与活塞环槽底之间的间隙。由于在维修企业按这一定义间隙进行测量相当麻烦,所以汽车维修企业的经验方法是将活塞环装入环槽内,若不高出槽岸,即为合适。

(2) 活塞环的弹力检验

修理时对换用的活塞环应进行弹力检验,有时对在用活塞环也需进行弹力检验。

(3) 活塞环的漏光检验

检验时,一般将活塞环平置于所装气缸内,用一盖板挡在环的内圆上。然后,在气缸底部放置灯泡,用肉眼观察环与气缸的密合情况。一般要求活塞环外圆工作面在开口处30°范围内不允许漏光,且每处漏光弧长对应的圆心角不得超过25°,同一环上漏光弧长所对应的圆心角总和不得超过45°。

4. 连杆的检修

(1) 一般耗损检修

连杆及连杆螺栓应进行探伤检查,若有裂纹应报废。探伤方法可用磁粉探伤,也可用渗透探伤。

连杆轴承孔圆度、圆柱度误差应符合原厂规定,一般应不大于0.025mm。

(2) 连杆衬套的修配

1) 活塞销与连杆衬套的配合要求。

活塞销与连杆小头衬套要求较高的配合精度,常温下一般配合间隙为0.005~0.01mm。

2) 连杆衬套的修配。

连杆衬套与承孔应有规定的过盈量,一般为0.10~0.20mm。

换衬套后以及维护换用加大尺寸的活塞销后,均需对衬套内孔进行加工。常用的加工方

法是镗削和铰配。

（3）连杆弯扭变形的检验与校正

1）检验。

检验时将连杆大头装在检验器的横轴上，并通过调整螺丝使定心块张开，将连杆固定在检验器上。用活塞销模拟连杆小头孔的轴线。三点规的 V 形槽卡在活塞销上，将三点规前推，使测量触点与检验平板接触。用厚薄规检查其他触点与检验平板之间的间隙。

两下触点间隙之差反映了扭曲变形的方向和程度；两下触点到平板间隙和值的一半与上触点到平板间隙值的差反映了连杆弯曲变形的情况。

连杆弯曲变形的修理技术要求是不大于 100:0.03 或原厂规定值。连杆扭曲变形不大于 100:0.06 或原厂规定值。

2）校正。

若连杆弯扭变形超过规定，可用连杆校正器进行冷压校正。为防止弹性后效，校正量较小时校正施力过程应保持一段时间；校正量较大时可用喷灯稍许加温。

三、曲轴与轴承检修

1. 曲轴耗损与技术要求

曲轴的常见耗损是轴颈磨损和弯扭变形，有时也会在圆角和油道口处产生裂纹甚至裂断。

曲轴大修时的技术要求是：以两端主轴颈的公共轴线为基准，中间各主轴颈的径向圆跳动不得大于 0.05mm；飞轮突缘的径向圆跳动不得大于 0.04mm，外端面的端面圆跳动不得大于 0.06mm；各连杆轴颈和主轴颈的圆度误差、柱度误差应不得大于 0.005mm，曲轴的回转半径应符合原设计规定；以装正时齿轮的键槽中心平面为基准，连杆轴颈的分配角偏差不得大于 ±30′。

2. 曲轴的检修

（1）轴颈圆度、圆柱度误差检验

在轴颈上选择两个断面，应避开过度圆角和油孔；在每个断面上选择两个方向分别测量直径（对连杆轴颈为朝向主轴颈方向和垂直于该方向的另一方向，主轴颈与连杆轴颈方向相对应。）；同一断面直径差值的一半为该断面的圆度误差，同一轴颈四个直径中最大最小值差值的一半为该轴颈的圆柱度误差。

（2）曲轴扭曲检验

将曲轴两端主轴颈支撑起来，第一、第六道连杆轴颈放置到与主轴颈水平位置。分别测量两连杆轴颈上部至检验平面的高度，得到两连杆轴颈的高度差 δ。利用公式即可得曲轴的扭转角。

$$\theta = 57.3 \frac{\delta}{R}$$

式中：θ——曲轴扭转角；δ——第一、第六道连杆轴颈高度差；R——曲轴回转半径。

（3）曲轴变形的校正

曲轴的弯曲变形表现为中间主轴对两端主轴颈的径向圆跳动误差。当该径向圆跳动误差大于 0.15mm，需先进行校正后再光磨轴颈；小于 0.15mm，则可结合轴颈的光磨予以消除。

曲轴的弯曲可用冷压校正。对锻制的中碳钢或中碳合金钢曲轴，当原始弯曲变形约 0.10mm 时，压校的弯曲度可取 3～4mm，这样可在 1～2min 之内大体校正曲轴；而对同样原始弯曲变形的球墨铸铁锻造曲轴，压校时的弯曲度仅取 1.0～1.5mm 即可。

曲轴的扭曲变形表现为连杆轴颈的分配角误差。当分配角误差较小时可通过轴颈光磨予以修正，较大时则应先校正后光磨。

3. 曲轴轴承的修配

（1）轴承的配合要求

为防止轴瓦在座孔中松动而在工作中产生震动、转动或移动，以及为使轴瓦通过座孔良好散热，轴瓦与座孔必须有合适的配合过盈并良好贴合。

为确保润滑良好，轴瓦与轴颈之间要有合适的配合间隙、轴瓦与轴颈的配合表面要有正确的几何形状，轴瓦表面应有足够低的粗糙度。

（2）轴瓦的选配条件

1）修理尺寸正确。应选配与轴颈同级修理尺寸的轴瓦。不少车型有-0.05mm 的轴瓦，当维护时各曲轴轴颈已有少量磨损，但其圆度、圆柱度误差符合规定时可供选用。但当选用这种轴瓦间隙过大时便应光磨曲轴，选用其他修理尺寸。

2）余面高度合适。轴承装入座孔内，上、下两片端部应高出轴承座平面一规定高度，此高度称为余面高度，以确保轴瓦与座孔的过盈配合。一般余面高度为 0.05mm 左右。检查方法是将轴瓦装入轴承座后，将有凸舌的一端压紧，在另一端施加一定压力，使轴瓦与座孔贴紧，此时该端高出座孔平面的高度就是余面高度。

3）定位凸舌完整，有弹性。

（3）垫片的选用

轴瓦装入轴承座内，沿与结合面垂直方向的内径应等于轴颈直径与轴瓦间隙之和。其内径不足时，除有规定者外，可在座孔结合面加装适当厚度的垫片。

垫片有两种，轴瓦余面高度过高者，可加装不压瓦的垫片；轴瓦余面高度合适者，则只能加装压瓦垫片。这种垫片不可多加，且其内边应与轴瓦内表面平齐，以防形成泄油沟槽。

（4）轴瓦的配合方法

轴瓦与轴颈的配合方法有直接选配法、镗削法、刮配法等。

1）直接选配法。

现代高速发动机轴瓦为镜面结构，修理时采用的任何机械加工方法都将破坏这一结构。因而只有采用直接选配法即根据曲轴轴颈的修理尺寸选配轴瓦，再通过光磨轴颈才能达到合适的配合间隙。这种方法效率高、配合质量好，是未来的发展方向。

2）镗削法。

镗削法，即使用镗瓦机镗削。对主轴承来说，一般用两端主轴承孔作定位基准。连杆轴承的定位方法不一，有的先用座孔定位在连杆大头端面加工一定位圆，再以定位圆定位镗削轴瓦。

3）刮配法。

刮配连杆轴承时应先将装有轴承的连杆装到连杆轴颈上，拧紧连杆螺栓螺母至转动连杆感到有阻力时为止。然后按工作时的转向转动连杆数圈（注意，切勿反复转动，以免减磨合金疲劳剥离），再拆下连杆，并对轴承表面上的接触印痕用刮刀予以修磨。

四、配气机构检修

1. 主要零件的检修

配气机构由气门组和气门传动组构成。气门组包括：气门、气门座圈、气门导管和气门弹簧；气门传动组包括正时齿轮、链条或皮带、凸轮轴、挺柱、推杆、摇臂和摇臂轴等。

（1）正时齿（链）轮、链条和齿形皮带检验

正时齿轮因磨损其啮合间隙超过极限时，应予以更换。

正时链条的磨损表现为总体伸长，因此检查方法也是检查其伸长量。具体检查方法有多种：一种是按原厂规定的拉力将对折后的整体链条充分拉伸，然后测量呈对折状态的整体链条的长度或规定节数链条的长度。另一种是通过检查链条的松紧程度来确定相关件的磨损程度。即在两链轮之间用一弹簧秤挂拉链条，若在原厂规定的弹簧秤拉力下链条外张超过允许值，则说明链条及两链轮磨损超限，应同时予以更换。

正时齿形皮带的检查类似三角皮带传动检查，即用拇指力（0.98N）压下皮带时，其挠曲度应不大于规定值（一般约为 5～7mm），否则应予以报废。

（2）凸轮轴及轴承检修

凸轮轴应进行探伤检验，若有裂纹，应予以更换。

凸轮磨损一般是检查其升程。通常可用外径百分尺直接进行。若凸轮升程较原厂标准值减小 0.4mm 以上，或凸轮表面有严重的拉伤或擦伤，则应修磨，以恢复凸轮的升程和形状。

凸轮轴轴颈的圆柱度误差如超过 0.015mm，可按规定的分级修理尺寸修磨，且同一根凸轮轴的各支承轴颈的直径应修磨为同一级修理尺寸。凸轮轴轴颈修理尺寸的级差一般为 0.10mm。以两端轴颈为支承，凸轮轴中间轴颈的径向圆跳动若大于 0.10mm，可冷压力校正。校正后应不大于 0.025mm。若需修磨，此项工作应在修磨前进行。

（3）气门的检修

大修时一般均需换新气门。

维护时，若气门与导管配合间隙超过使用限度，或头部烧蚀严重、光磨后圆柱部分厚度小于 0.8～1.0mm．或头部工作锥面对杆轴线的斜向圆跳动超差而通过光磨又不能纠正者，也都应予以更换。

维护时如气门头部工作锥面有点蚀麻点或轻微的烧蚀痕迹，或已磨损出槽但尚未超限，可通过研磨修复。

(4) 气门座圈的检修

1) 气门座圈的镶换。

座圈出现严重烧蚀、缺裂、下陷过度，则应予以更换。注意，若同时更换气门导管和座圈，应先镶气门导管，后镶气门座圈。以便当镶座圈需镗孔时，可以导管定心，保证其同轴度。

2) 气门座的修配。

气门座由三个锥形带表面 1、2、3 构成，它们的母线分别与导管孔轴线相垂直的平面构成不同的斜角，如图 7-9 所示。其中各锥面所形成的斜角一般为 15°、45°和 60°，如图 7-9 所示。

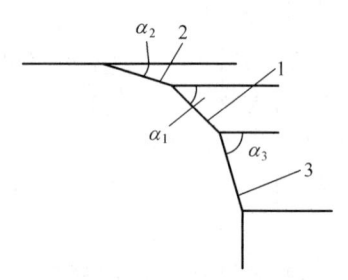

图 7-9 气门座三个锥形带表面

气门座与气门的密封锥面常用光磨法或铰配法修配。它们都是以导管内孔定位的，以保证其与导管的同轴度。下面主要介绍铰配法。

(5) 气门弹簧的检验

气门弹簧易因疲劳而使自由长度改变，弹力下降，弯曲变形，甚至发生裂纹和断裂等。气门弹簧的弹力检验，应用弹簧弹力检验仪。

2. 配气相位的检测与调整

(1) 配气相位的变化及对发动机工作性能的影响

配气相位变化后将使气缸充气量减小、残余废气量增加、燃烧速度缓慢，从而导致出现发动机的工作温度升高、动力性下降、经济性降低等工作性能变坏现象。

配气相位的四个角度中，尤以排气门早开角和进气门晚关角，特别是进气门晚关角的变化对发动机工作性能的影响最为明显。这是因为这两个角度通常较进气门开和排气门关两个角度大得多，即排气门刚开启时刻及进气门刚关闭时刻均距活塞下止点位置较远，单位曲轴转角内活塞的行程较大。

如果汽车高速有力、超车能力强，而爬坡能力差，说明配气相位迟后。这是因为进气门关角延迟后，高速时充气充分，而低速（爬坡）时便会有部分已充入的气体再经进气门排出而使充气量降低所致。反之，如果汽车高速超车能力差，而爬坡能力强，说明配气相位提前。这是因为进气门关闭提前，高速时进气不充分，低速时进气充分所致。

(2) 配气相位检测

对配气相位可进行动态检测和静态检测。动态检测，能利用发动机工作时进排气门落下产生振动声波的时刻,来检测进排气门关闭的配气相位角。静态检测,典型的有气门升程法和刻度盘法。气门升程法是通过测出活塞在排气行程上止点时进排气门的实际开启升程量,然后将其与对应的标准曲轴转角对照,来测定其进气门早开与排气门晚关两个相位角。这种方法适用于检测某种已知配气凸轮升程函数,或由此计算出的凸轮升程与相应的曲轴转角对照表的车型。

下面简要介绍刻度盘检测法。

这种方法需在发动机前端或后端安装一个与曲轴同轴的刻度盘。将刻度盘固定在机体前端并与曲轴轴线同轴。在曲轴上安装一铁丝制的指针。

1)测出上止点位置。顺转曲轴,第一缸活塞接近到达上止点时将百分表触头触到活塞顶上。继续顺转曲轴,观察百分表顺时针转至刚要反转时的刻度,并记下此刻度。再反转曲轴一小角度,然后再顺转曲轴至百分表刚好又到所记的刻度停住。此位置即为活塞的上止点。此时将曲轴上的指针定在拨向刻度盘的0°刻度线上(此后指针勿再搬动)。

2)调好气门间隙。装好气缸盖并按规定值调好所有的气门间隙。

3)检测配气相位。

检测进气门早开角:顺转曲轴,至该缸排气门处于关闭过程后期而进气门摇臂刚开始转动时停止,将百分表触到该气门弹簧座上。继续顺转曲轴,至百分表指示进气门刚刚开启或进气门达到规定开度(控制点)时停止。此时观察刻度盘的指示刻度并与该缸上止点的刻度比较,即可得到进气门早开角。

检测排气门晚关角:继续顺转曲轴至排气门完全关闭,然后将百分表触到该排气门弹簧座上,并转动表盘使指针指向0刻度。再反转曲轴,使排气门重新开启一升程,用控制点表示需开启至超过规定的开度。然后再顺转曲轴,使排气门下落至规定开度(控制点),或表针刚好回到。气门刚关闭的刻度时,停止转动。此时观察刻度盘指示值并与上止点刻度值比较即可得到排气门晚关角。

同理,可测得排气门开启和进气门关闭时刻(或规定开启量时刻)的刻度盘指示值,与下止点刻度比较,即可得到排气门开和进气门关的角度。

【任务实施】

一、发动机装配中应注意的一般问题

1)准备装配的零部件和附件都要经过试验或检验,必须保证质量合格。

2)装配前要认真清洗零件,特别是气缸体的润滑油道要彻底清洗并用压缩空气吹干。装配用的场地、工具、工作台也应保持清洁。

3)按规定配齐螺栓、螺母、垫圈、开口销等标准件。各种密封垫片、油封、密封条、开口销、锁紧铁丝等在大修时应全部更换。上述大都为一次性使用零件和材料,小修拆卸时也应更换。

4）各相对运动零件的配合表面在装配时均应涂机油，以保证零件开始运动时的润滑。

5）注意装配标志和零件的互换性。对组合加工件应按规定的位置和方向（标记）装配，不可错乱。

6）注意装配过程检验。各部位的配合间隙特别是关键部位的重要配合间隙必须符合技术标准要求。

7）重要螺栓螺母，如连杆螺母、主轴承螺栓、气缸盖螺栓等，必须按规定扭矩及与拆卸时方向相反的顺序分次均匀地拧紧。

二、装配的程序和要求

一般发动机的主要装配程序和有关要求如下：

1. 装曲轴

1）曲轴与飞轮组合时定位应可靠。换新飞轮时除应重新平衡外，应做出点火或喷油正时记号。

2）装主轴瓦时注意上下轴瓦不可装反。有油孔或油槽的为上轴瓦。同时应观察轴瓦上的油孔或油槽与座孔上的油道口是否对正。

3）对分开式油封，应先装上两端主轴瓦。靠合油封，使油封端面相互压紧，表面全面接触曲轴油封颈。

4）装止推轴承时应使减磨合金层的一面朝向曲轴曲柄一侧。

5）复查轴承间隙。全部轴承盖达到规定扭矩时用手扳转曲柄销应能顺利转动曲轴。若过紧，可逐道松动轴承盖检查。若哪一道松开后紧度变小，即为该道轴承过紧，应查明原因予以排除。

6）用百分表检查曲轴的轴向间隙应符合规定。大修时一般为 0.05～0.15mm。使用限度一般为 0.25～0.30mm。

2. 装活塞连杆组

1）复查活塞与缸壁的配合间隙，应符合规定。活塞销轴向间隙一般为 0.20mm。

2）检查活塞顶距气缸上平面的距离应符合技术要求。某些柴油机可根据检测数据选用对应厚度的气缸垫，以使压缩比保持在一定范围内。如 NISSAN 轻型柴油机，可选用 1.12mm、1.19mm、1.28mm 三种厚度的缸垫。

3. 检查校正偏缸

将不装活塞环的活塞连杆组按规定缸号和方向装入气缸，并按规定扭矩上紧连杆轴承盖，转动曲轴从活塞顶部查看活塞在气缸内运动时有无前后偏斜现象。其偏缸值，即活塞顶部前后方向与气缸的间隙差值不应超过 0.10mm。

1）所有气缸的活塞在上、下止点和中部都偏向一方。系气缸轴线与曲轴轴线不垂直，是镗缸定位不准造成的。可通过校正连杆弯曲的方法予以消除，但会遗留下连杆弯曲的隐患。

2）个别活塞在上下止点和中部偏向一方。多系连杆弯曲所致，可通过校正连杆弯曲的方法消除。

3）活塞在上、下止点改变偏斜的方向。系连杆轴颈圆柱度误差过大或连杆轴颈轴线与曲轴轴线不平行所致，应重新光磨曲轴。

4）活塞在上、下止点居中，但在气缸中部偏斜，且往复运动方向改变时偏斜方向也变。多系连杆扭曲所致。

4. 装活塞环

1）注意特殊断面形状的活塞环，其安装位置和方向不可装错。

2）使用专用活塞环钳安装，防止安装中产生扭曲变形。

3）复查活塞环的各种间隙，其中侧隙和背隙可用经验方法粗检：活塞环在环槽中应能靠自身重量落入槽底，落入槽底后环应不高于环岸。

5. 装活塞连杆组

1）活塞环开口安装位置的原则：开口位置尽可能避开侧压面，以减少活塞在上止点换向过程中对活塞环开口处密封性的影响；相邻环开口位置夹角尽可能大，使漏气路线最长。如为三道环，第一道在活塞销轴线方向，三道开口相间 120°；四道环（两道环片的组合式油环可算两道环）一、二道开口相间 180°，三、四道开口相间 180°，二、三道开口相间 90°。开口均在与活塞销轴线成 45°处。

2）装入气缸内时应用专用卡箍收紧活塞环。

3）按规定扭矩扭紧连杆螺母后，复查连杆轴承间隙：沿轴向用手锤轻击或用手扳动连杆轴承盖，连杆大端应能沿轴向移动。

6. 装凸轮轴

1）检查凸轮轴的轴向间隙，一般为 0.1～0.2mm。对斜齿正时齿轮来说若轴向间隙过大，应更换或焊修止推凸缘。

2）顶置凸轮轴在安装气缸盖后安装，注意安装时应使所有活塞均不在上止点。若为同时对正配气正时记号一缸活塞需在上止点时，则凸轮轴应使该缸进、排气凸轮的顶尖处于倒八字即"V"位置，以免气门与活塞发生干涉而损坏机体。

3）注意正时记号：正时齿轮者，曲轴与凸轮轴正时齿轮记号应对正。正时链条传动者，记号应按规定装配。

对柴油机来说，在对正配气正时记号的同时，还要对正喷油泵驱动齿轮正时记号。

4）正时齿轮传动者，应在互成 120°的三点处检查齿侧间隙，其值应符合规定。如 CA6102 发动机应为 0.10～0.20mm，且三处差值应不大于 0.06mm。

7. 装气门挺杆

1）气门挺杆对号入座，应能自由上下移动及灵活转动。

2）液力挺杆安装时应排除空气。排空气时，可把挺杆体整个浸入柴油中推压几次柱塞，推压不动时即已注满油。

8. 装气门

1) 装气门油封时应用专用工具导向,以免油封划伤。

2) 不等螺距的气门弹簧,螺距小的一端应朝向气缸盖。

9. 装气缸盖

1) 注意气缸垫的方向:包皮有翻边的一面,对于铸铁气缸盖应朝向气缸盖,对铝合金气缸盖应朝向气缸体。有方向标记者,则应按标记安装。

2) 装气缸盖前,应向气缸内注入少许机油。

3) 气缸盖螺栓除装配时应按规定扭矩和顺序即由中央向四周分次均匀扭紧外,发动机热车后应重新紧固一遍。

10. 装气门摇臂

1) 进、排气门摇臂无标记,应注意不可错乱。

2) 摇臂轴上润滑摇臂的出油口应朝下。

3) 摇臂支架的位置:有油道孔的支架,其油道孔应对正气缸盖油道口,并使摇臂轴的油道口与其对正。

11. 调气门间隙

气门间隙的调整原则:必须在被调整气门的挺杆(或摇臂)与凸轮的基圆部分相对时才可调整。遵从上述原则,实践中常采用两种方法调整:

(1) 逐缸调整法

转动曲轴将某缸活塞置于压缩行程上止点位置,然后调整该缸的进、排气门间隙。各缸依此法进行,逐缸调整。

这种方法准确可靠,但工效不高,特别是中间各缸找上止点位置较困难。

(2) 快速调整法

快速调整法即两次调整法:第一次,在第一缸于压缩终了上止点时,调整所有气门中的一半;第二次,摇转曲轴360°(四冲程发动机),调整其余的一半气门。不同发动机每次可调整的气门可用图7-10所示的环形图表判断。这是将发动机的工作顺序从左端开始按顺时针方向排成的闭路环形图。图中依次分为"双""排""不""进"四段,即进、排气双门可调段,排气门可调段,进、排气门均不可调段及进气门可调段。如工作顺序为1—5—3—6—2—4的六缸发动机,在1缸压缩终了时,1缸"双"门可调,3、5缸"排"气门可调,6缸双门"不"可调,2、4缸"进"气门可调。曲轴转360°,在6缸压缩终了时,其余气门可调。

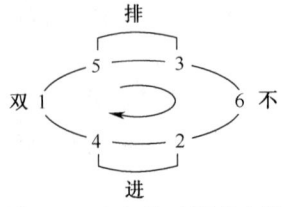

图7-10 气门快速调整方法

任务三 电控汽油喷射系统检修

【任务描述】

一电控汽油喷射发动机，使用里程接近 80000km，发动机在工作过程中出现间歇性怠速不稳现象，检查气缸压缩压力，数值达 1200kPa，气缸密封性能良好，因此检查电控系统各元件的工作情况。

【相关知识】

一、电控汽油喷射系统的组成

不论电控喷射系统是何种形式（L 型、D 型等），都是由供油系统、进气系统、控制系统和点火系统 4 大部分组成。

如图 7-11 所示，流量式喷射系统是在节气门的前方安装空气流量计 AFS，对空气量的多少进行计量，各种传感器和 ECU 一起形成了网络系统。（压力式喷射系统由安装在节气门后方的压力传感器取代了流量式喷射系统的空气流量计）。

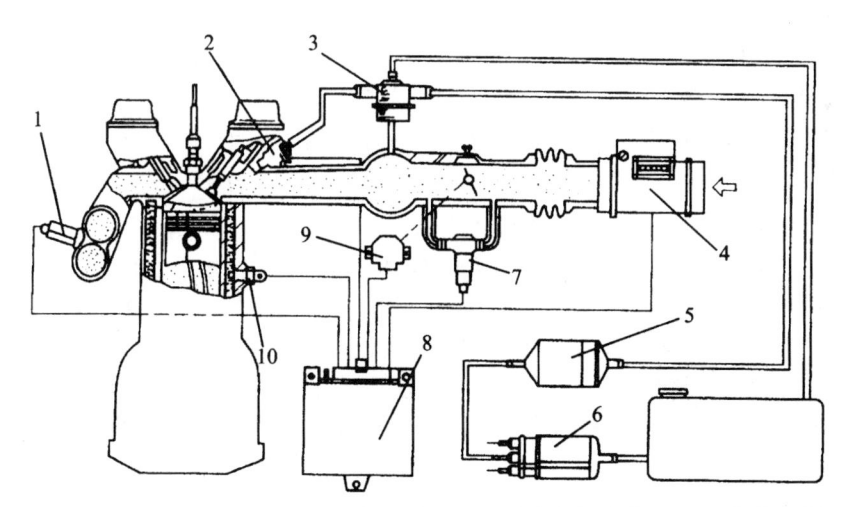

1—氧传感器；2—喷油器；3—压力调节器；4—热线式空气流量计；5—汽油滤清器；
6—电动汽油泵；7—怠速空气调节器；8—电控单元；9—节气门位置传感器；10—水温传感器

图 7-11 LH 型电控汽油喷射系统

1. 供油系统

供油系统包括：油箱、油泵、滤油器、油压调节器、分配管、喷油器等。它的任务是：供油、滤油、调压、喷油。

2. 进气系统

进气系统包括：空气滤清器、进气主管、节气门、怠速旁通道、怠速空气调节器等。如 L 型，在节气门前方装有空气流量计 AFS（热线式、卡门涡流式）。它的任务是：滤清、计量、调节和均匀分配空气。

3. 控制系统

控制系统包括：电脑 ECM、主继电器 EFI、十个传感器和十个执行元件。

（1）十个传感器

- 点火正时和曲轴位置传感器 IGT/NE　检测活塞在上止点 TDC 的信号，以便点火和喷油。它多安装在曲轴的前端或后端或在分电器中。有些车系在凸轮轴上也装有凸轮轴位置传感器，其作用为产生判缸信号（确认一缸位置信号 IGD）和监控配气正时。
- 转速、转角传感器 SP　产生曲轴转速和转角的电压信号，以便判定转速快慢和各缸的曲轴位置，SP 多和 IGT/NE 信号发生器成为一体。
- 节气门位置传感器 TPS　产生节气门开度大小和快慢的信号，输出给电脑 ECU，它在节气门轴的一端，与轴同步动作。
- 压力传感器 MAP　测出进气管中的负压值，使 ECU 度量喷油的多少。它可直接固定在进气管上，或在其他位置用软管与进气管连接。
- 空气流量计 AFS　如果是 L 型喷射系统，则在节气门前方安装空气流量计 AFS，测定进气量的多少（g/s）。
- 氧传感器 Ox　安装在排气管上，监控废气中的氧含量，以便 ECU 调节空燃比的大小。
- 水温传感器 CTS　监测发动机水温的高低，多在水温较高的气缸盖上安装。
- 气温传感器 ATS　监测进气温度的高低，多在进气主管上安装。
- 车速传感器 VSS　提供车速信号，多安装在变速器输出轴后端。
- 爆震传感器 KNK　监测爆震信号，调节点火时间，多安装在燃烧室附近的气缸盖上。

（2）十个执行元件

- 电动汽油泵 FP　多淹没在油箱内或油箱外的底部，完成供油任务。
- 喷油器 INJ　安装在各缸的进气支管上或节气门体中，定时、定量喷油。
- 真空电磁阀 VSV　它用来开闭执行元件的真空管路，控制的范围较多。多安装在机体后方隔板上。
- 废气再循环装置 EGR　控制氮氧化合物 NOx 的生成量，多在进气主管附近安装。
- 怠速空气调节器 IAC　调节高低怠速的进气量，保证怠速平稳运转。多跨接在节气门的前后方处。
- 空调系统 A/C　调节车厢内的温度。它是发动机额外负荷的主体。
- 点火器　接收 ECU 的点火信号 IGT，使大功率三极管 Tr 通断，点火线圈产生高压电。
- 碳罐电磁阀　使碳罐及时地在中等负荷工况投入工作，对油箱中的油蒸气充分利用和回收。

- 风扇继电器　使电动风扇根据水温的高低，及时转动，控制发动机温度。
- 仪表显示器　使仪表盘中的各种仪表显示，供驾驶员对汽车的各系统及时监控。

如果打开点火开关，仪表不显示，发动机就难以着火运转。

4．点火系统

点火系统由点火器、点火线圈、分电器等元件组成，完成最佳点火控制。其又分为有分电器式和无分电器式（直接点火式）两种型式。

二、各传感器和执行元件结构与工作原理

1．电动汽油泵

电动汽油泵安装在油箱中，既有利于降温，又提高了安全性。

（1）电动汽油泵的作用

供油、排气、升压，便于喷油雾化。由于燃油是喷入负压的进气管中或混合室中，喷油压力要求不高。多点喷射系统为200～350kPa，节气门体喷射系统仅100kPa即可。这样，低油压多用结构简单的涡轮式汽油泵；稍高油压的多用齿轮式或滚柱式汽油泵，或采用涡轮式双级油泵。

（2）构造和工作原理

它是由永磁直流电机和泵组成；另外，还有单向止回阀和过载溢流阀。泵的型式因车而异，滚柱式汽油泵工作原理如图7-12所示。

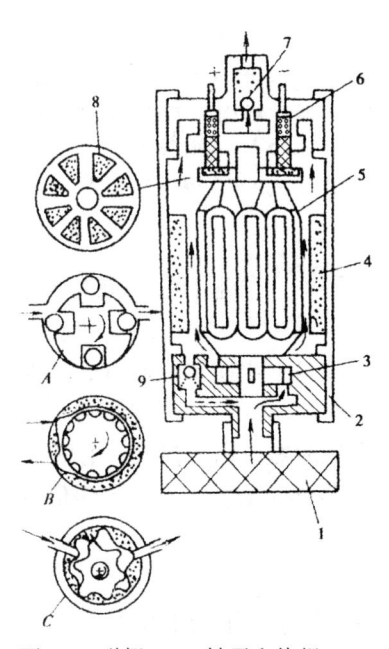

1—滤网；2—外壳；3—泵；4—磁极；5—转子和绕组；6—碳刷和弹簧；7—止回阀；
8—换向片；9—溢流阀；A—滚柱式；B—涡轮式；C—齿轮式

图7-12　滚柱式汽油泵

（3）电动汽油泵的控制电路

总的要求是：发动机运转，油泵工作；发动机不运转，接通点火开关（SW 为 ON），电动汽油泵不工作或只工作 2s 即断电。为此，电动汽油泵的控制电路是采用电感式主继电器电路 EFI 和电感式油泵继电器 FPC 双级控制，以减小电动汽油泵的磨损和不必要的电能消耗，防止电动汽油泵"无为地工作"。

图 7-13 所示为用转速信号（SP）控制的电动汽油泵电路。

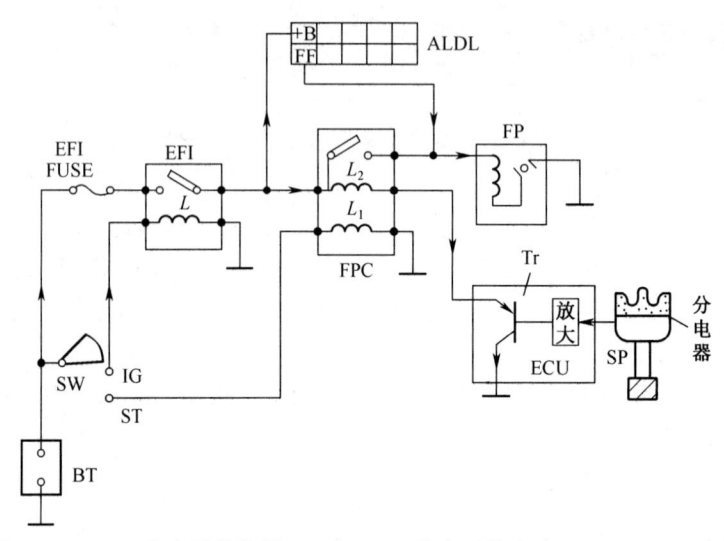

BT—蓄电池；SW—IG—点火开关关闭；SW—ST—点火开关启动；EFI FUSE—主继电器保险丝；EFI—主继电器；FPC—油泵继电器；ALDL—检查连接器；FP—油泵；ECU—电脑控制单元；SP—转速传感器

图 7-13 油泵控制电路图

（4）汽油泵的故障

1）汽油泵的故障征候是：起动困难、怠速不稳、加速不良、行驶无力、走走停停，夏季故障高于冬季（热气阻影响）。

2）脏堵造成的泵油量降低：汽油箱不定期清洗，造成油泵进油口处滤网堵塞。清洗油泵和滤网后，泵油量能恢复正常。

3）泵油能力衰退或失效：多为滤油器脏堵或接反，有时因加油不及时，造成汽油泵热负载加大，碳刷、弹簧、换向片、绕组发热，磨损加大，电阻值变大，转速下降，油压和油量下降而失效。

2. 油压调节器

油压调节器安装在燃油分配管的一端，用油道连通。

（1）油压调节器作用

油泵的供油压力一般在 200~350kPa 内，为了保证各工况喷油压力恒定，分配管内油压与进气管内压力差应保持恒定,一般为 250kPa。故分配管内的油压应随各工况下,进气管真空度 ΔP_x 的变化而变化。

(2)油压调节器构造和原理

油压调节器由外壳、膜片、阀门、弹簧、进回油管口、真空管口等组成,如图 7-14 所示。油压 P、弹簧力 F、进气管真空度 ΔP_x 的相互作用。其关系式如下:

$P+\Delta P_x>F$ 时　回油,回油是经常的,定压 250kPa。

$P+\Delta P_x<F$ 时　停回,熄火后储压,定压 250kPa。

$P+\Delta P_x=F$ 时　阀门维持一定开度,定压 250kPa,如图 7-15 所示。

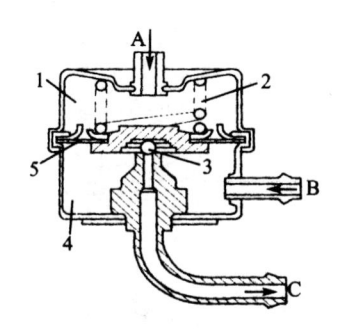

A—进气歧管负压的真空室;B—燃油分配管;C—回油管
1—真空室;2—弹簧;3—球阀;4—燃油室;5—膜片

图 7-14　燃油压力调节器

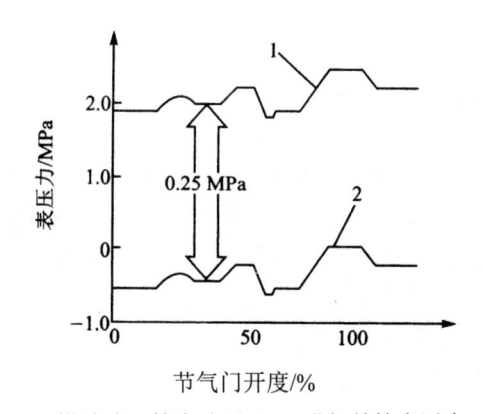

1—燃油分配管内油压;2—进气歧管内压力

图 7-15　节气门开度与进气歧管及燃油分配管压力的关系

3. 喷油器 INJ

(1)喷油器作用

在恒压下定时喷油、定时断油,并提高雾化质量,改善燃烧条件。

（2）喷油器构造和原理

喷油器由壳体、绕组、针阀、复位弹簧、喷嘴等组成，如图 7-16 所示。其喷嘴的形式有单孔、双孔、多孔之分；其关断件又分为针阀式、球阀式、平阀式 3 种形式，因车而异。其中平阀式因其响应性高、体积小、故障少的特点，日渐被广泛使用。

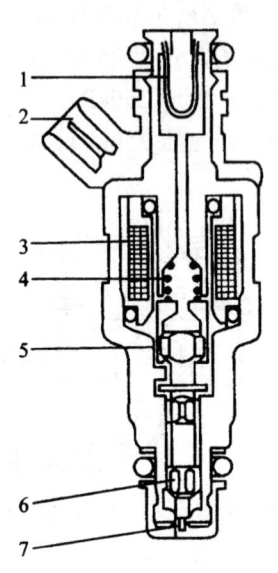

1—滤网；2—接线座；3—电磁线圈；4—弹簧；5—衔铁；6—针阀；7—轴针

图 7-16　轴针式喷油器

4. 空气流量计 AFS

空气流量计 AFS 分为热线式、卡门涡流式两种形式。都是用来对流入汽缸的空气量进行计量（g/s），来控制喷油量的多少。其中热线式流量计，因不受海拔高度的影响，对空气的阻力小的特点，日渐被广泛使用。不少车系用热膜替代热线，使用寿命较长。

（1）热线式或热膜式空气流量计（LH-AFS）

如图 7-17 所示，它由两个热敏电阻组成一个电桥，其中的热线和冷线电阻根据进气量的多少，其电阻值发生变化，因而导致电路中电压发生变化，电压信号传递给电脑，即可计算空气流量，其电路工作原理图如图 7-18 所示。

（2）卡门涡流式空气流量计（LD-AFS）

在进气道中设涡流发生体，由于涡流强度的大小与进气流速和流量成正比，于是可以取出其声波频率（Hz）来计量空气流量。卡门涡流式空气流量计有两种：一是超声波计量式空气流量计；二是光电式计量式空气流量计。

超声波卡门涡流式空气流量计由整流网、涡流发生体、超声波发射器、超声波接收器、取样管、控制电路等组成，如图 7-19 所示。

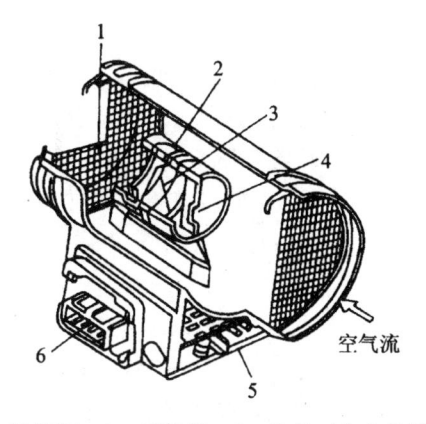

1—防护网；2—采样管；3—铂丝（白金热线）
图7-17　热线式空气流量计

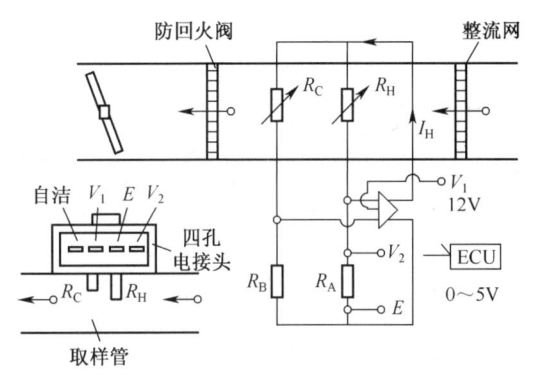

图7-18　热线式空气流量计电路工作原理图

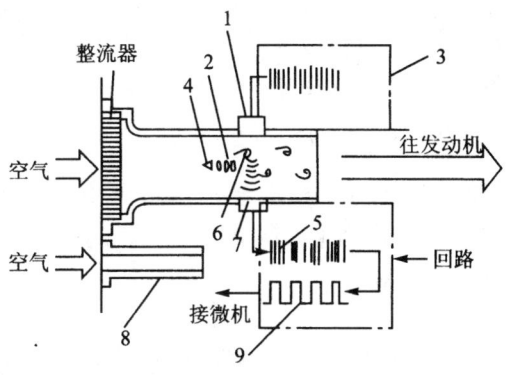

1—信号发生器；2—涡流稳定器；3—超声波发生器；4—涡流发生器；5—与涡流数对应的疏密声波；6—卡门旋涡；7—接收器；8—整形矩形波（脉冲）；9—旁通通路
图7-19　卡门旋涡式空气流量计

卡门涡流式空气流量计工作原理如下：

1）发动机不运转时，无涡流发生，超声波接收器始终能接收到发射器的超声波。

2）当有涡流发生时，涡流使超声波失去部分信号，相位发生变化，而变为强弱不等的疏密波。将整形后的方波脉冲电压信号传给电脑 ECU，电脑即可计算进气量。

3）因涡流受大气密度的影响较大，需加装大气压力传感器 ATM，以便海拔高度变化时，修正空燃比 AF 和点火正时。进气温度传感器 ATS 多并装在 AFS 中。

5. 进气压力传感器 MAP

D 型喷射系统，采用进气压力传感器 MAP 来度量进气量的多少。进气管内绝对压力的高低，也代表了进气量的多少，转换为电压信号给 ECM，决定喷油量的多少。MAP 多用软管与进气管连接，有的则直接装在进气歧管上，减少了漏气故障。这种传感器尺寸小，响应性好，使用较广。

进气压力传感器构造和工作原理如图 7-20 所示，它由外壳、压力室、膜片、压敏电阻等组成。

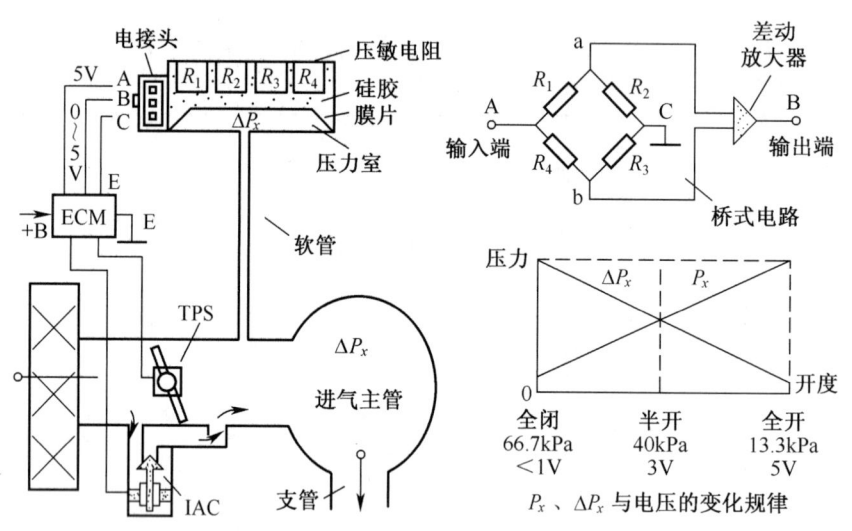

图 7-20 进气压力传感器构造和工作原理

4 个压敏电阻 R_1、R_2、R_3、R_4 形成了桥式电路，用硅胶传递压力，产生"压敏电阻效应"，使电阻值变化，破坏了电桥的平衡。当输入端 A 加上 5V 的电压时，输出端 B 即产生随压力变化的随动电压 0～5V 给电脑 ECM。

6. 怠速空气调节器 IAC（怠速阀）

因为发动机的运行条件是变化的，怠速运转时的喷油量和空气量的多少应随机调节，目的是保持怠速时空燃比 A/F 的稳定值和排放值的稳定性。

所谓"运行条件"是指：怠速运转时的水温、气温、摩擦损失、燃油品质、额外负荷等因素的变化。电脑 ECU 据此输出修正喷油多少的信号，IAC 随机调节怠速空气量的多少。

（1）怠速空气调节器的型式

1）体外直推式　在节气门体外面，利用电机使节气门适量微开，调节怠速空气量。

2）怠速旁通道式　在节气门体内，另设怠速旁通道，跨接节气门前后，用怠速阀调节怠速空气量。

（2）电磁阀式怠速空气调节器

如图 7-21 所示。它受 ECM 控制，有负荷自调功能。阀杆上套有尼龙波纹管，是为了消除阀门内外压差对阀门开启位置的影响。阀门开闭程度的大小，由电磁吸力和弹簧力的相互作用决定。一旦波纹管损坏，在 ΔP_x 的作用下使阀门常开，怠速失控。阀门开启度是由 ECM 通过 Tr 管以占空比的方式来控制。

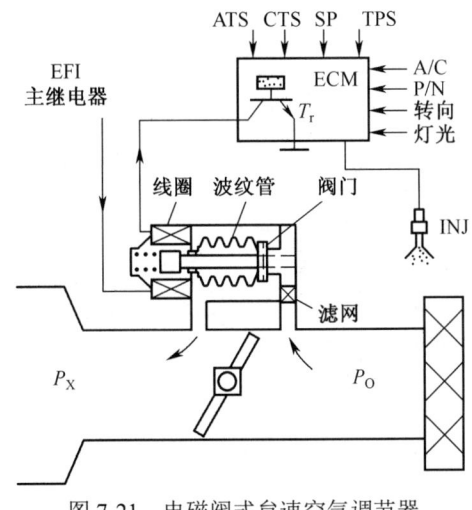

图 7-21　电磁阀式怠速空气调节器

（3）步进电机式怠速空气调节器

步进电机式怠速阀，用来调节怠速旁通道通气断面的大小，调节范围较宽。为此，可不再设置快怠速阀，简化了结构，减少了故障点。它根据冷却水温度信号 CTS、进气温度信号 ATS、额外负荷信号的高低和大小，有 0～125 个调节步级，步数与进气量呈线性关系，因而，广泛地用于 D 型、L 型、LH 型、LD 型等汽油喷射系统，如图 7-22 所示。

7. 节气门位置传感器 TPS

（1）节气门位置传感器作用

节气门位置传感器反映节气门开度的大小和动作的快慢，是电脑 ECU 感知负荷大小和快慢的输入信号。为此，成为 ECU 进行怠速控制、点火提前修正控制、异步喷射控制、急加速控制、急减速控制、断油控制等多功能控制的主要信号。

（2）全程式节气门位置传感器的构造和原理

节气门位置传感器是一个变阻电位器，只是多了一个怠速触点 IDL。开关电路，输出渐进随动电压信号，使电脑 ECU 有开度大小、加速率和减速率的感知能力，如图 7-23、7-24 所示。

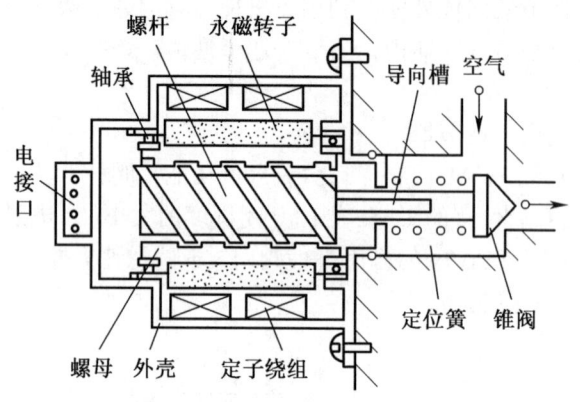

图 7-22　步进电机式怠速空气调节器

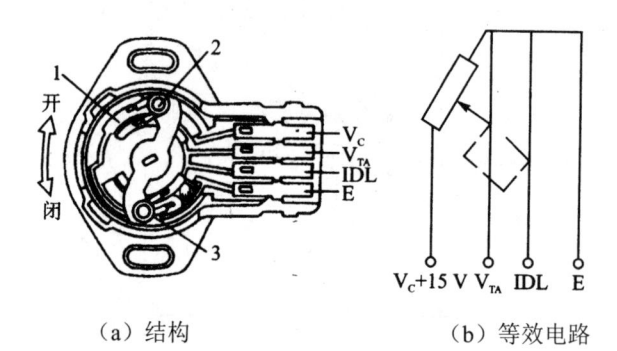

（a）结构　　　　　　（b）等效电路

1—电阻膜；2—节气门开度输出动触点；3—怠速动触点

图 7-23　线性输出型节气门位置传感器

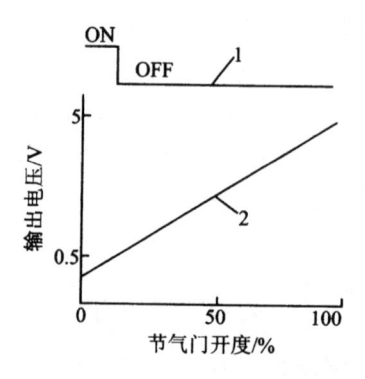

1—怠速触点型号；2—节气门开度输出电压

图 7-24　线性输出型节气门位置传感器的输出特性

196

8. 水温传感器 CTS 和气温传感器 ATS

（1）作用

水温传感器 CTS 和气温传感器 ATS 使喷油量随温度自动地成反比变化。水温达 60℃，气温达 20℃时，即停止温度修正。

CTS 冷、热态温度差大，对空燃比的影响和调节范围也大，它的地位和影响力远大于 ATS。

（2）构造和原理

水温传感器 CTS 由壳体、传热材料、热敏电阻 NTC 组成，如图 7-25 所示。水温和气温传感器的区别点是有无保护套。NTC 是感应元件，不是执行元件。输入端电压为 5V，通过热敏电阻 NTC 后，由于水温不同阻值改变，输入端的电位在 0～5V 内变化，使 ECU 感受到不同的电压信号（类似水闸原理）。

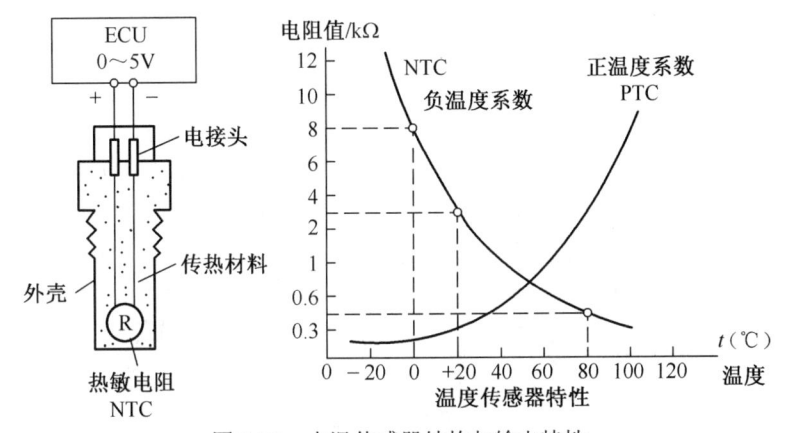

图 7-25 水温传感器结构与输出特性

9. 氧传感器 Ox

（1）氧传感器作用

监控废气中氧的含量多少和燃烧情况的好坏，用电压信号反馈给电脑 ECU，处理后发出新的喷油指令，使空燃比控制在 14.7:1 这一最佳状态，它是属于有反馈功能的闭环控制系统。

（2）二氧化锆氧传感器的构造和原理

二氧化锆氧传感器由二氧化锆（ZrO_2）陶瓷体制成，外罩保护套，锆管内外表面涂有铂催化剂层，作为电极。内侧通大气，氧浓度高；外侧通废气，氧浓度低，如图 7-26 所示。

工作时，氧离子从大气侧向废气侧扩散，形成内外氧浓度的平衡，由于氧离子的运动，产生电能量，产生基准电压 0.4～0.5V，形成"气敏微电池"。依此为界，一旦内外氧浓度不平衡，氧离子就向差值一侧扩散，两电极间产生突变电动势 E，并将升压或降压信号反馈给 ECU，如图 7-27 所示。

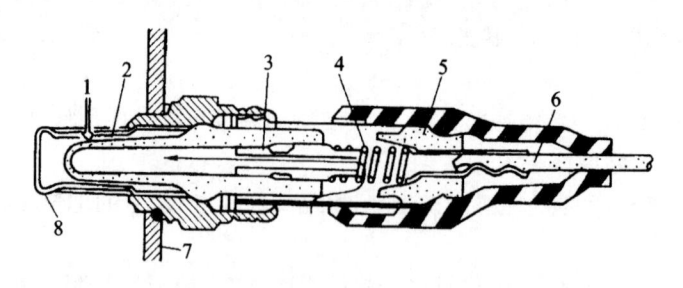

1—废气；2—锆管；3—电极；4—弹簧；5—线头绝缘支架；
6—导线；7—废气管管壁；8—防护套管

图 7-26　氧化锆氧传感器

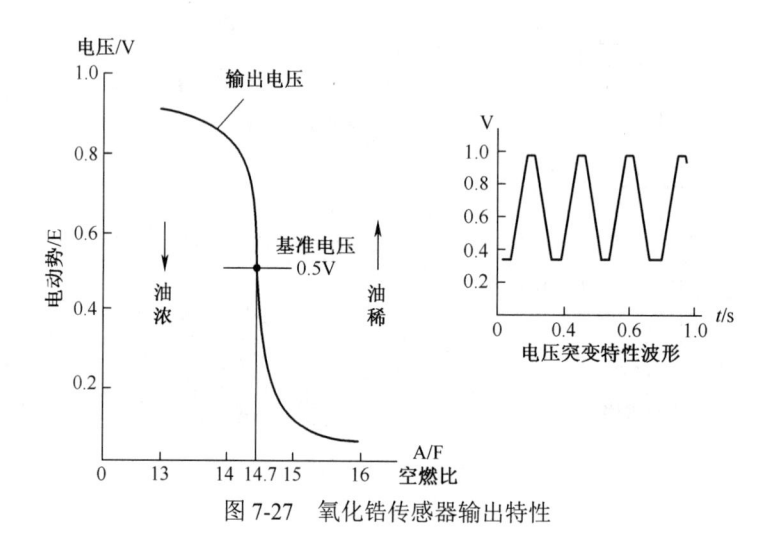

图 7-27　氧化锆传感器输出特性

【任务实施】

1. 热线或热膜式流量计检查

1）热线或热膜式流量计的常见故障。

热线或热膜式流量计的常见故障为：外表脏污、计量失准，造成起动困难、怠速不稳、加速不良。

2）当发现有怠速不稳、加速无力、熄火等现象时，关闭点火开关（SW/OFF），拔下 AFS 电接头，起动发动机，运转情况反而明显好转，表明 AFS 应更换新件（此时是备用系统以基本供油量工作）。

3）LH-AFS 的检测参数（以热线式空气流量计为例）。

可按下述内容静态测量：

V_1-E 输入电压 12V。

V$_2$-E 输出电压 0.1~5V。

对 LH-AFS 检测，可用压缩空气向管中吹气测量。不吹气时 V$_2$-E 基准电压为 0.8~lV；吹气时的随动电压变为 2V。吹气口距离变化，电压也应随之变化。

2. 卡门涡流式空气流量计性能检测

用测电压法或示波器测频率法进行检测，相关参数如图所示。如发现有怠速不稳、加速无力、熄火等现象时：SW/OFF，拔下 AFS 电接头，启动发动机，运转情况反而明显好转，表明 AFS 有故障，应更换新件。（此时是备用系统以基本供油量工作）。

它不怕脏污，无可动件，但抗电波干扰能力差，仅用于三菱车系和现代车系，如图 7-28 所示。

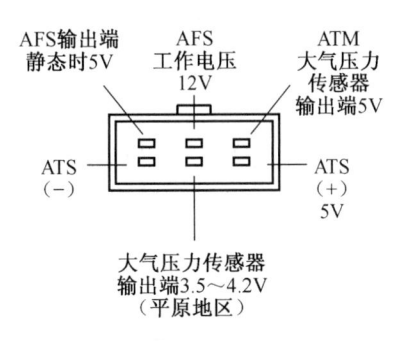

图 7-28 卡门涡流式空气流量计接头端子信号

3. 压力传感器 MAP 的检测

进气压力传感器 MAP 的好坏，除用专用仪器检测外，还可用万用表检测对应各工况的电压值，其程序如下：

1）拔下真空软管，SW/ON；AC 端即输入 5V 的工作电压。

2）用手动真空泵对 MAP 施加负压（此负压即节气门全闭、全开时的 ΔP_x），测出 BC 端的随动电压值。其电压值应与绝对压力 P_x 成正比；与 ΔP_x 成反比。至少要测出对应节气门全开、半开、全闭时，这三个位置的电压值，如图 7-29 所示。

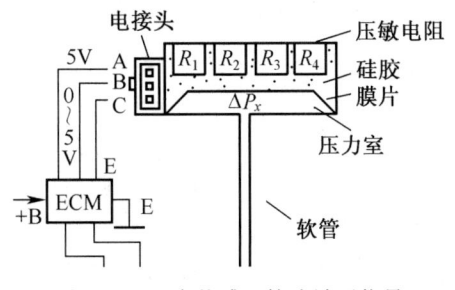

图 7-29 压力传感器接头端子信号

4. 节气门位置传感器 TPS 的检测

节气门位置传感器 TPS 是个摩擦件，工作频繁，是易损件，其故障多为：

1）镀膜失效，阻值变化造成输出电压失准，起步犯闯，加速不良，应换新件。

2）初始位置失准，输出电压偏高或偏低，造成怠速偏高或偏低。必须说明，节气门体上的限位螺钉不能乱调，它只是用来防止节气门卡死的，不能用来调节怠速的高低；否则，IDL 为 OFF，IAC 停止工作，造成怠速游车或熄火。

3）节气门处积碳过多，关闭不严，影响输出电压值和流量值，造成空燃比失准，怠速不稳；可以清洗后恢复。

4）在缓慢推动节气门打开时，节气门位置传感器输出的信号应呈线性变化，中间应无瞬间的信号消失。若出现此情况，说明滑动片在此位置与电阻接触不良，应更换。

5. 水温传感器 CTS 的检测

可在车上动态测量，也可拆下用水加热测量其电阻值。

依据特性曲线，测其电阻或电压值，一般测量 0℃、20℃、80℃的电阻和电压值。

80℃时，电阻为 200~400Ω；电压为 0.1~1V。

20℃时，电阻为 2~3kΩ；电压为 1~3V 左右。

0℃时，电阻为 8kΩ；电压为 4V。

【项目总结】

1. 汽车发动机包括三大机构和五大系统，即机体组、曲柄连杆机构、配气机构、供油系统、冷却系统、润滑系统、起动系统、点火系统。

2. 汽车零件检验包括形位误差检验、隐伤检验、平衡检验及水压试验等。

3. 对发动机机械部分和电控汽油喷射系统的常见故障、故障原因、检测诊断方法以及维护和修理方法进行了分析。

【项目训练】

一、单项选择题

1. 活塞常见耗损形式有（　　）、裂纹和烧蚀。
   A. 磨损　　　　　　B. 变形　　　　　　C. 疲劳　　　　　　D. 腐蚀
2. 活塞环的端隙是指（　　）。
   A. 活塞环与环槽上下两侧间隙　　　　B. 活塞环与环槽底部间隙
   C. 活塞环与汽缸壁之间间隙　　　　　D. 活塞环两端部之间间隙
3. 铰削气门座时以（　　）为定位基准。
   A. 气缸盖下平面　　　　　　　　　　B. 气门座圈端面
   C. 气门工作表面　　　　　　　　　　D. 气门导管

4. 曲轴轴承与轴承座孔过盈配合是通过（　　）实现的。
   A．曲轴轴承的弹性变形　　　　　　B．曲轴轴承端部定位耳
   C．轴承盖螺栓拧紧　　　　　　　　D．曲轴轴承余面高度
5. 检查活塞偏缸时在（　　）的情况下进行。
   A．不安装活塞环　　　　　　　　　B．安装活塞环
   C．发动机进气冲程　　　　　　　　D．发动机压缩冲程
6. 水温传感器的电阻随水温的升高而（　　）。
   A．增大　　　　　　B．减小　　　　　　C．不变
7. 控制油泵继电器工作的信号一般来自（　　）。
   A．曲轴位置传感器　　　　　　　　B．点火正时传感器
   C．转速传感器　　　　　　　　　　D．爆震传感器
8. 燃油压力调节器工作原理：油压 P、回位弹簧弹力 F 和进气歧管内的真空度 ΔP_x 满足的关系是（　　）。
   A．$P + \Delta P_x > F$　阀门打开，回油量多
   B．$P + \Delta P_x = F$　阀门打开，回油量多
   C．$P + \Delta P_x < F$　阀门打开，回油量多
9. 发动机水温过高的原因，下列说法不正确的是（　　）。
   A．温度控制开关失效，风扇不能及时打开
   B．点火提前角过小，热负荷加大
   C．点火提前角过大，热负荷加大
   D．对柴油机，喷油提前角过小
10. 汽油喷射发动机喷油器喷油量由（　　）决定。
    A．通电电流大小　　　　　　　　　B．通电电压大小
    C．通电时间　　　　　　　　　　　D．分配管油压
11. 发动机在怠速时夹住油压调节器回油管，或拔下油压调节器真空管，发动机的转速应明显（　　）。
    A．升高　　　　　　B．降低　　　　　　C．不变
12. 用油压表测量燃油分配管内油压，（　　）。
    A．怠速时油压低，大负荷时油压高
    B．怠速时油压高，大负荷时油压低
    C．分配管内油压不变
13. 氧传感器输出电压信号高，说明可燃混合气（　　）。
    A．浓度高　　　　　　　　　　　　B．浓度低
    C．数量多　　　　　　　　　　　　D．数量少

二、判断题

1. 活塞销在选配时应该与装配的活塞修理尺寸级别相同。
2. 固定式镗缸机以汽缸体下平面作为定位基准；移动式镗缸机以汽缸体上平面作为定位基准。
3. 汽缸磨缸的主要目的是修整汽缸孔的形状误差。
4. 大修发动机时应更换连杆小头孔衬套。
5. 汽缸镗削量=选配活塞最大直径-所镗汽缸最小直径+配缸间隙-磨缸余量。
6. 气缸表面沿其高度方向呈上小下大的锥形磨损。
7. 气缸壁发生最大磨损的部位，是当活塞位于其行程上止点时第一道活塞环所对应的缸壁处。
8. 安装活塞环时，与汽缸壁形成的楔形开口应朝下。
9. 气门间隙调整时应保证进气门比排气门间隙稍大。
10. 检查活塞偏缸是为了检查活塞变形。
11. D型汽油喷射系统的压力传感器安装在空气滤清器与节气门之间。
12. 一般锆管氧传感器在工作时产生的电压信号为0.1~0.9V。
13. 电喷发动机的怠速装置只有在怠速（包括快怠速）工况下起作用。
14. 一般正时皮带的使用寿命为30万公里。
15. 所有电控汽油喷射发动机燃油系统都必须安装燃油压力调节器。
16. 分配管内油压在发动机熄火后应保留一定残余压力。
17. 全程式节气门位置传感器表征节气门开度的输出电压信号随节气门开度增大呈线性变化。

三、简答题

1. 零件形位公差有哪些项目？
2. 如何检验气缸孔的圆度和圆柱度误差？
3. 如何检验曲轴的径向圆跳动误差？
4. 磁粉探伤的工作原理是什么？
5. 如何选配活塞环？其检验项目有哪些？
6. 如何快速调整气门间隙？
7. 简述流量式空气流量计的工作原理及检验方法。
8. 简述水温传感器检验参数值。

8 汽车底盘维修技术

【项目导读】

汽车底盘包含很多总成，其中有传动系、行驶系、转向系和制动系。

传动系主要由离合器、变速器、万向传动装置和驱动桥组成。

离合器常见故障主要包括：离合器分离不彻底、离合器打滑等，在传动系中出现故障较多；变速器常见故障是换挡困难或挂不上挡，以及乱挡、异响等；自动变速器常见故障是换挡时机失准及漏油等；万向传动装置常见故障是异响；驱动桥常见故障是驱动桥异响及过热等。

制动系主要由制动器和制动传动装置组成。

制动器包括鼓式制动器和盘式制动器，制动器常见故障主要包括：摩擦件磨损、变形、烧蚀、油污，调整产生的零部件损伤等；传动装置包括液压传动装置和气压传动装置，常见故障主要包括：零部件工装不正常，踏板自由行程失准等。

该项目主要学习传动系和制动系中各组成部分的常见故障、故障原因分析、诊断方法以及维护和修理方法。

任务一　离合器维修

【任务描述】

一轿车，采用手动式变速器。汽车行驶过程中变速器换挡困难，换挡时间明显延长；在平路行驶且未拉紧驻车制动时，如果强行挂上挡，在踩下离合器踏板时，汽车仍有爬行感。发动机易熄火。

【相关知识】

一、离合器常见故障分析

离合器的上述耗损将造成离合器工作可靠性下降。主要表现为离合器打滑、起步发抖、分离不彻底和噪音。

打滑的根本原因是摩擦元件的摩擦系数下降或压紧元件的压紧力下降，使其传递扭矩的能力降低。

发抖是离合器接合过程中摩擦元件产生了不均匀滑转导致传动忽快忽慢。其根本原因是主、从动盘接合过程中沿圆周产生的摩擦力不均。

分离不彻底就是分离状态下主、从动盘不能完全脱离接触。主、从动盘破裂及翘曲变形，分离杠杆高度不等及调整过低，踏板自由行程过大，双片离合器中压盘调整不当等，均可造成离合器分离不彻底。

二、离合器主要件耗损分析

1. 从动盘

从动盘是离合器的摩擦元件，常见耗损是磨损、烧蚀、开裂、油污、铆钉松动和钢片翘曲变形。

2. 压紧弹簧

压紧弹簧弹力减弱及断裂是其失效的主要形式，往往是长期使用疲劳所致。对膜片弹簧来说，其内端与分离轴承接触处还会产生磨损。

3. 压盘与离合器盖

压盘工作平面的磨损、烧蚀是其主要耗损形式。

离合器盖有时会产生变形和裂纹。

4. 分离件及操纵传动件

分离杠杆、分离轴承及操纵传动件耗损主要是配合部位的磨损。

三、离合器主要零部件检修

1. 从动盘

摩擦片有轻微的油污可用汽油清洗后，用喷灯火焰烘干；轻微硬化、烧损可用砂布打磨；磨损严重、铆钉头埋入深度小于0.5mm，或有裂纹、脱落、严重烧损或油污时，应予以更换。

钢片翘曲变形，其外缘端面跳动一般应不超过0.5~0.8mm。

2. 压盘

如压盘工作平面烧蚀、龟裂、划伤不严重时，可用油石打磨光滑。沟槽深度超过0.5mm或平面度误差超过0.12~0.20mm时应磨削修复，磨削后的压盘应重新进行平衡。

3. 压紧弹簧

压紧弹簧的弹力应符合规定。多簧式离合器的各压紧弹簧的弹力差应符合规定，其自由长度差一般应不大于 2mm，弹簧外圆柱面与端面的垂直度误差应不超过 2mm。膜片弹簧内端与分离轴承接触处磨损深度应不超过 0.6mm。膜片弹簧内端应在一个平面，最大差值应不超过 0.5mm。

4. 分离件

分离杠杆内端磨损超过规定时可焊修。

分离轴承应转动灵活、无卡阻或异响，轴向间隙应不大于 0.6mm。

【任务实施】

离合器的装配与调整

1. 离合器装配工艺要点及注意事项

1）摩擦片要清洁，各活动关节及摩擦面应涂少许润滑脂。

2）多簧式离合器的弹簧应按自由长度分组在周向均匀搭配，以使压紧力均匀。

3）注意装配安装记号。离合器盖与压盘间、平衡片与离合器盖间、离合器盖与飞轮间均应按原记号或位置装配，以防破坏平衡。

4）安装时应注意从动盘的方向：单片离合器从动盘花键毂短的一面朝向飞轮；双片离合器应按规定安装。

5）为保证从动盘与曲轴的同轴度和便于安装变速器，离合器安装时可用该车型的另一变速器第一轴或专用导向轴插入从动盘，并用曲轴后端导向轴承孔定位。

6）大修的离合器应在装车前与曲轴飞轮一起进行平衡。

2. 离合器调整

（1）分离杠杆高度的调整

分离杠杆高度即分离杠杆内端至飞轮表面或压盘表面或其他规定平面的距离，应符合原厂规定，且各杠杆高度差应不超过要求。

分离杠杆高度差的调整方法根据离合器结构的不同而有所不同。有的通过分离杠杆支点螺栓的调整螺母进行调整。

符合高度规定的分离杠杆运动干涉量小，传动效率高，高度相一致时离合器分离彻底接合平稳。

（2）中间压盘的调整

双片离合器中间压盘有的用限位螺钉限制其分离行程，装配后应调整限位螺钉，使中压盘的分离行程约为后压盘分离行程的一半，以便从动盘均能有效地分离。调整时只需按原厂规定调整即可。中压盘分离行程应为 1.5～1.75mm，调整时将三只限位螺钉扭到底即抵住中压盘，再退回 1～1.25 圈（或符合厂家规定）即符合要求。

（3）踏板自由行程的调整

正常情况下踏板自由行程主要是分离杠杆内端与分离轴承间隙在踏板上的反映。踏板自由行程的调整方法如下：

1）机械式操纵机构：机械操纵式离合器踏板自由行程的调整，一般是通过分离叉拉杆调整螺母调整拉杆或钢索长度进行的。

2）液压式操纵机构踏板自由行程一般是主缸活塞与其推杆之间和分离杠杆内端与分离轴承之间两部分间隙之和在踏板上的反映，调整时应先调整主缸活塞与推杆的间隙。有的通过调整螺母调整推杆长度，有的通过踏板臂与推杆相连的偏心装置调整推杆伸出长度。

任务二　变速器维修

【任务描述】

一轿车，采用手动式变速器，发动机前置，前轮驱动。汽车行驶过程中手动变速器存在挂四挡时间长，另外有时五挡挂不上的情况。

【相关知识】

一、变速器常见故障分析

变速器零件的主要耗损主要来自各配合副磨损及壳体变形和裂纹。这将导致变速器工作可靠性下降，产生自动脱挡、乱挡、抖杆、换挡困难、噪音及漏油等故障。

自动脱挡是变速器最常见的故障。其实质是由于相啮合的滑动齿轮或接合套齿在传力过程中齿面产生了大于锁止力（齿面摩擦力与拨叉自锁力之和）的轴向力，将齿轮从啮合状态自动推至空挡位置。因此轴向力的产生是发生自动脱挡的根本原因。

乱挡是与变速杆配合的有关部位间隙过大而造成的变速杆挡位失准。抖杆是变速齿轮径向或轴向振摆在变速杆上的反映。

噪声是齿轮传动中产生冲击力的结果。

换挡困难对于有同步器的变速器是同步器同步元件或锁止元件功能失效所致。

主要件耗损：

（1）变速器壳

变速器壳的主要耗损是裂纹、变形和轴承孔磨损。

（2）轴、轴承及齿轮

轴颈与轴承及轴颈与齿轮磨损。

对齿轮来说，主要是滑动换挡齿轮磨损。齿轮的楔形磨损使其在啮合中产生轴向分力，这是自动脱挡的常见原因。

（3）同步器

惯性式同步器的常见耗损是摩擦锥面螺旋槽磨损和锁环或锁销的锁止倒角磨损。螺旋尖部磨损过甚时便不能破坏油膜，使同步时间延长，换挡困难。锁止倒角磨损使锁止作用不可靠，造成同步前啮合而产生挂挡噪音。

（4）操纵件

操纵件的主要耗损是各配合处磨损。

二、变速器主要零部件检修

1. 变速器壳及盖

一般裂纹可焊修，但与轴承孔相通的裂纹及安装固定孔处有裂纹时应报废。

变速器壳与平面有关的形位误差超过技术要求时，应修复。其方法可用锉削、刮研或磨削。

2. 齿轮与花键

齿轮的啮合面上不允许有明显缺陷或不规则磨损。

接合齿轮或相配合的滑动齿轮齿端磨损，大修限度应不超过齿宽的 15%，使用限度为齿宽的 30%；常啮齿轮的啮合侧隙大修应为 0.15~0.50mm，使用限度应不超过 0.80mm；接合齿轮的啮合侧隙，大修应为 0.10~0.40mm，使用限度应不超过 0.60mm；各齿轮的啮合印痕应在啮合面的中部且不小于啮合面的 60%。

滑动齿轮与轴花键配合的侧隙，较原设计规定应不超过 0.15mm。

3. 轴

第一、二轴及中间轴，当以两端轴颈公共轴线为基准时，其中部径向圆跳动应不大于 0.03mm 和 0.06mm（长度分别为大于 120~250mm 和大于 250~500mm）。

滚动轴承或齿轮与轴颈的配合：属于过盈配合的，大修应无间隙，且最大过盈量应不超过原设计规定；属于过渡配合的，其间隙允许比原设计规定增加 0.003mm；属于间隙配合的，允许比原设计规定增加 0.02mm。

4. 同步器

当因摩擦锥面螺旋槽磨损使锁环与接合齿轮端面（锁环式）或摩擦锥环与锥盘内端面（锁销式）间的间隙小于规定值时，便应更换。

【任务实施】

变速器装配与调整步骤如下：

1. 组合件装配

一般变速器在总装前需先进行组合件装配，主要有中间轴、第二轴及变速器盖。

（1）中间轴

中型以上车辆的变速器中间轴通常是转轴，轴上装有靠键连接和过盈配合的齿轮。组装时应注意齿轮和垫片的位置和方向,应用压力机压入,并将各齿轮压靠到位。

(2) 第二轴

1) 装配各常啮齿轮时应用垫片调整其轴向间隙,使其符合各车型的要求。一般,大修时为 0.10～0.30mm;使用限度,轻型车以下为 0.30mm,中型以上车辆可为 0.80mm。

2) 注意齿轮的方向。特别是直接挡齿套、齿座常带有防自动脱挡结构,若装反了便失去此功能。

(3) 变速器盖

1) 装上变速杆并用定位销钉定位后,应转动灵活无卡阻。

2) 装变速叉轴应用专用工具,以防止安装时自锁钢球弹出。

3) 先装入的叉轴应放入空挡再装其他轴。

(4) 自锁、互锁球销勿漏装,且规格应相符

2. 变速器总装工艺要点与注意事项

1) 总装顺序一般为先中间轴、倒挡轴,再第一、二轴,最后是变速器盖。

2) 倒挡齿轮、中间轴(定轴)定塔轮的端面间隙一般为 0.10～0.35mm,使用限度 1.00mm。过大时,可用垫片调整。

3) 每装一轴应检查调整其轴向间隙,第一轴轴向间隙应不大于 0.10mm,其他各轴应不大于 0.30mm。

4) 里程表驱动齿轮和第二轴突缘平面应平整,以防漏油。

5) 中间轴与第二轴相啮合的常啮齿轮副应对正。不正时可通过调换中间轴调整垫片在前后端的位置进行调整。

6) 装配好的齿轮传动机构,应检查齿轮啮合啮合间隙,常啮合齿轮应为 0.10～0.50mm,使用限度 0.80mm;接合齿轮应为 0.10～0.40mm,使用限度 0.60mm。

啮合印痕,应在轮齿啮合面中部,且不小于啮合面的 60%。

任务三　传动轴维修

【任务描述】

一轿车,采用手动式变速器,发动机前置,前轮驱动。汽车起步和行驶过程中变速时存在明显异响,特别是低挡变速时异响严重。

【相关知识】

传动轴常见故障为传动异响。

一、主要件耗损分析

传动轴的耗损主要是花键、十字轴与轴承、中间支承轴承和轴颈磨损，及传动轴弯曲变形。

二、主要零件的检修

1. 轴管

轴管全长的径向全跳动应符合规定（轿车应比表列值相应减小 0.2mm）。

2. 花键轴与花键套

花键轴外表面及传动轴中间支承轴颈的径向圆跳动应不大于 0.15mm。超过时可将其从轴管端车去，重新焊接。

花键轴与滑动叉和突缘键槽的侧隙，轿车应不大于 0.15mm，其他车型应不大于 0.30mm。

3. 万向节叉

万向节叉轴承孔与万向节轴承为过渡配合，其配合间隙应符合规定。

万向节十字轴轴颈与万向节轴承配合间隙应符合规定。

中间支承轴承与轴颈的配合量为-0.02～+0.02mm；油封与油封颈配合应不大于 0.30mm。

三、传动轴的平衡

传动轴大修后应重新进行平衡。传动轴进行动平衡后，滑动叉、突缘叉应作上位置记号，以防拆装时位置错乱破坏平衡。

【任务实施】

为保证传动轴工作的等速性和平衡性以及维修方便，并延长其使用寿命，传动轴装配时应注意以下几点：

1）同一根传动轴两端万向节叉应在同一平面内，且应对准记号。突缘叉亦应与传动轴万向节叉对准记号。

2）防尘套上两只卡箍的锁扣位置应径向相对（相隔180°）。

3）十字轴轴向间隙一般为 0.02～0.25mm。超过时可在轴承壳外端加调整垫片，但应两端等量加减，以防破坏平衡。

4）中间支承轴承的紧固螺栓在装配时先不要拧紧，让传动轴运转一段时间自动调整位置后再拧紧。中间支承用锥形轴承者，应进行调整，使其轴向间隙符合规定。

5）瓦盖式或用 U 型螺栓紧固轴承盖的万向节，其紧固螺栓应严格按规定扭矩拧紧，以防过紧时轴承壳变形。

任务四　驱动桥维修

【任务描述】

一轿车,采用发动机前置(纵向布置),前轮驱动。汽车行驶过程中驱动桥存在明显异响,起步时发出"咣"的一声,上坡、急剧加速或减速时发出"咣当""咣当"的响声。

【相关知识】

一、主要件耗损分析

1. 桥壳及半轴套管

桥壳弯曲变形、裂纹;桥壳与主传动器壳结合平面磨损、变形;半轴套管与桥壳过盈配合处磨损;半轴套管轮毂轴承颈部分磨损及与半浮式半轴外端轴承配合部位磨损等。

半轴套管与桥壳为过盈配合,由于微动磨损其最外一道配合轴颈最易松动,且不拉出套管难以发现。当其配合间隙过大后,依靠第二道轴颈支承便增大了悬臂的长度,使支承刚度降低。

2. 主减速器壳

主减速器壳的主要耗损是轴承孔磨损,以及由于轴承孔磨损和壳体变形造成的轴线与轴线及轴线与平面间位置误差超差。特别是主、被动圆锥齿轮轴线的垂直度与位置度误差对主减速器工作可靠性的影响最大。

3. 半轴

半轴的主要耗损是花键磨损、扭曲和断裂。半轴断裂常发生在应力集中的突缘根部圆角处和花键端部圆角处。

二、主要零件检修

1. 桥壳与半轴套管

整体式桥壳以两端内轴颈为基准,其前端面的平行度误差应不大于 0.30mm 和 0.40mm(前端面直径分别为不大于和大于 300mm),外轴颈径向圆跳动应不大于 0.30mm。

分段式桥壳以桥壳的结合圆柱面、结合平面及另一端内锥面为支承,内外轴颈径向圆跳动应不大于 0.25mm,桥壳与减速器结合平面的端面圆跳动应不大于 0.10mm 和 0.08mm(结合平面直径分别为大于和不大于 200mm)。桥壳油封颈的径向磨损应不大于 0.15mm。

桥壳与制动鼓底盘结合平面及圆柱面对桥壳轴线的端面圆跳动及径向圆跳动均应不大于 0.10mm。

2. 主减速器壳

壳体上各承孔与轴承(或轴承盖)的配合应符合原设计规定。属过盈配合者,其使用限度一般不超过 0.02mm 的配合间隙。

差速器左、右轴承承孔同轴度误差应不大于 0.10mm。

减速器壳各横轴支承孔轴线对前端面的平行度误差应不大于 0.12mm 和 0.10mm（轴线长度分别为大于和不大于 200mm）。纵轴线对横轴线的垂直度误差应不大于 0.16mm 和 0.2mm（纵轴线长度分别为大于和不大于 300mm）。纵横线应位于同一平面（双曲线齿轮结构除外），其位置度误差应不大于 0.08mm。

3．半轴

对半轴应进行探伤检查，若有裂纹应予以报废。

半轴花键应无明显扭曲，否则应报废。花键齿侧间隙不得大于原设计规定 0.15mm。

以半轴轴线为基准，中部未加工部分径向圆跳动应不大于 1.30mm，花键外圆柱面径向圆跳动应不大于 0.25mm，半轴突缘内端面圆跳动应不大于 0.15mm。

【任务实施】

驱动桥的装配调整一般包括主减速器和差速器的装配调整、轮毂的装配调整。

1．差速器的装配调整要点

1）从动齿轮用螺栓紧固在差速器壳上时，螺栓应对称均匀地按规定扭矩扭紧，以防变形。紧固后应检查从动齿轮背面的圆跳动误差，应不大于 0.10mm。

2）半轴齿轮垫片有油槽的一面应对着半轴齿轮。

3）行星齿轮应运转自如、平顺，行星齿轮与半轴齿轮的啮合间隙应符合原设计规定。

4）装配差速器壳时应对准装配标记。

2．主减速器的装配调整

主减速器的装配调整顺序一般是在总体装配前，先分别调整主、从动齿轮各轴承预紧度，再在装配中调整主、从动锥齿轮啮合印痕和间隙。另外，对于从动锥齿轮背面有止推装置的，还要有止推装置的调整。对双级主减速器，还要有二级减速齿轮的装配调整。

（1）轴承预紧度的调整

轴承预紧度的调整。轴承预紧度一般都是通过螺纹、垫片或隔套等改变两锥轴承内环或外环之间的距离来调整的。

1）主动锥齿轮轴承预紧度的调整：主动锥齿轮轴承预紧度广泛使用调整垫片调整，其中又多半是两轴承外环距离已定，用改变两轴承的内环之间的距离来调整，垫片厚度增加，距离加大，轴承预紧度减小；反之，轴承预紧度加大。

轴承预紧度的定量检查是：按规定扭矩扭紧突缘螺母后，在各零件润滑的情况下用弹簧秤测突缘盘拉力或用扭力扳手在锁紧螺母上测主动锥齿轮的转动力矩。

轴承预紧度的经验检查方法是：调整好后，用手转动应灵活，轴向推拉无间隙。

2）从动锥齿轮轴承预紧度的调整：单级主减速器从动锥齿轮轴承就是差速器轴承。对整体式桥壳来说（如 EQ1090），通常是通过两差速器轴承外侧的螺母来调整的。旋紧螺母预紧力加大，反之则减小。对与变速器在一起的组合式结构来说（如奥迪 100），通常是通过增减两差速器轴承外环与壳体间的垫片 3 和 4 的厚度来调整的。两组垫片总厚度增加，预紧度增加；反之减小。类似的，分段式桥壳（如 BJ2020），通常也是通过增减两差速器轴承内环（或外环）与差速器壳（或桥壳）间两组垫片总厚度来调整的。

双级主减速器第一级为锥齿轮者（如 CA1091），其从动锥齿轮与第二级主动圆柱齿轮共同支承于中间轴上，轴承预紧度是通过中间轴两端轴承盖下的垫片调整的。

（2）圆锥齿轮啮合印痕与啮合间隙的调整

啮合印痕和间隙的调整方法：啮合印痕和间隙调整前应先进行检查。

啮合印痕检查：在从动齿轮上相同 120°的三处用红丹油在齿的正反面各涂 2～3 个齿，再用手对从动齿轮稍施加阻力并正、反向各转动主动齿轮数圈。观察从动齿轮上的啮合印痕。

常用的格里森制齿轮和双曲线齿轮，啮合印痕应沿齿长方向在齿的中部偏向小端，离小端端面 2～7mm，长度不小于齿长的 50%；沿齿高方向应不小于有效齿高的 50%，一般离齿顶应为 0.8～1.6mm，如图 8-1 所示。

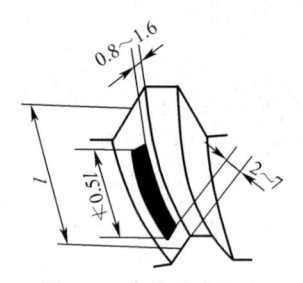

图 8-1　齿轮啮合印痕

啮合间隙检查：一般方法是将百分表抵在从动齿轮正面的大端处，用手把住主动齿轮，然后轻轻往复摆转从动齿轮即可显示间隙值。该啮合间隙对中型及以上的车辆应为 0.15～0.50mm，轻型车约为 0.10～0.18mm，使用限度 1.00mm。

格里森制齿轮啮合印痕的调整可总结为"大进从、小出从、顶进主、根出主"。印痕合适后若间隙不符，则通过轴向移动另一齿轮进行调整。即：印痕在齿的大端时，向里（靠近主动齿轮）移进从动齿轮，若因此间隙过小时向外移出主动齿轮。其他的以此类推。

啮合印痕和啮合间隙是同时进行调整的。

啮合印痕和间隙的调整原则。在啮合印痕和间隙调整中，特别是旧齿轮往往难以使二者同时达到理想状态。此时宁可使间隙稍大些也要保证啮合印痕，否则将加剧齿轮磨损。但当啮合间隙超过大修要求或使用限度时便应成对更换（因制造时是配对研磨的，不可互换）。

（3）双级主减速器圆柱齿轮的调整

圆柱主、被动齿轮应对中，不可偏向一端。如 CA1091 双级主减速器是在装配从动圆柱齿轮时通过差速器轴承螺母进行调整的。

圆柱齿轮啮合间隙应为 0.15～0.70mm，超过时也应成对更换。

（4）从动齿轮止推装置的调整

中型及以上车辆单级主减速器由于从动齿轮直径较大，为提高支承刚度往往在其相对于主动齿轮的背面有止推装置。在调整了齿轮的啮合印痕和间隙之后应对该止推装置进行调整，使其与从动齿轮背面具有规定的间隙。

任务五　制动系统维修

【任务描述】

一装有盘式制动器货车，行车制动时制动距离过大，经制动力检测，发现右前轮制动力过小，达不到制动力标准。

【相关知识】

一、鼓式制动器检修

1. 制动鼓

（1）制动鼓检验及技术要求

1）制动鼓出现任何裂纹时，应更换。检验方法为目测、敲击检验或渗透探伤检验。

2）在相互成直角的摩擦表面的宽窄两边缘处测量制动鼓的磨损量；在圆周上每隔45°的各点且在最深沟槽的底部测量制动鼓的直径。制动鼓直径超过基本尺寸4mm；或虽未超过报废尺寸，但经过切削加工后，其直径超过安全修理尺寸2.8mm的制动鼓应更换。

3）制动鼓摩擦表面圆度误差超过0.15mm的制动鼓，应更换。检验方法如图8-2（a）所示。

4）制动鼓同轴度误差检验方法如图8-2（b）所示。

5）制动鼓摩擦表面由于制动热能引起金相组织结构发生变化而产生硬点时，应更换。

（2）制动鼓的修理及操作要点

制动鼓工作表面磨损可采用镗削或车削修理。

1）制动鼓切削加工时，同轴上左、右制动鼓必须用相同的方法切削加工到相同的直径，以保证制动效果在两个车轮上相同。

2）切削时不得采用一次深切削的方法，要采用多次浅切削的方法进行。

3）切削时主轴线速度150m/min；粗切削时的每转横向进给量0.15~0.20 mm；精切削每转横向进给量不大于0.05 mm。

（3）制动鼓修竣技术要求

1）制动鼓摩擦表面的圆度误差或圆柱度误差不大于0.05mm。

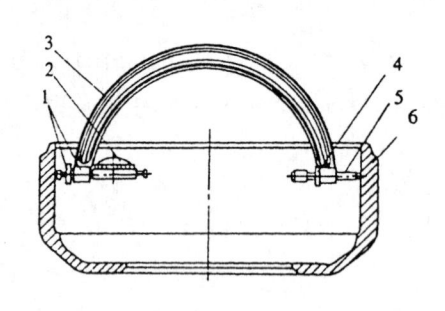

(a) 制动鼓圆度误差检验
1—锁紧装置；2—百分表；3—弓形架；
4—锁紧螺母；5—调整杆；6—制动鼓

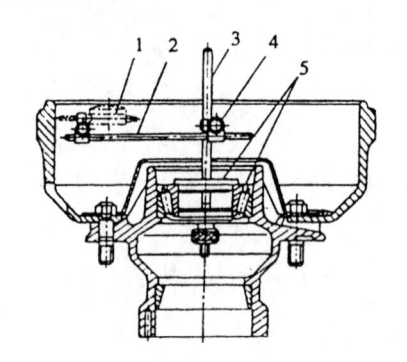

(b) 制动鼓同轴度误差检验
1—百分表；2—支架；3—中心杆；
4—锁紧装置；5—夹具

图 8-2 制动鼓磨损与变形检验

2）制动鼓摩擦表面对轮毂轴承孔轴线的径向圆跳动不大于 0.12mm。
3）制动鼓的壁厚差不大于 1.00 mm；同轴上的左右制动鼓的直径差值不得大于 0.5mm。

2. 制动蹄总成

（1）摩擦片

1）检查制动蹄摩擦片表面：摩擦片有裂纹、老化或烧蚀，应更换制动蹄摩擦片。

2）检查制动蹄摩擦片厚度：摩擦片剩余厚度最薄处小于 7mm 或磨损到距铆钉头 1mm 时，应更换制动蹄摩擦片。

3）制动蹄摩擦片的安装：用清洁溶剂彻底冲洗制动蹄摩擦片，消除全部毛刺和不平点；从新摩擦片的中心开始安装和紧固连接铆钉，交替向外到两端；检查制动蹄和摩擦片之间的间隙，任意两个铆钉之间，蹄、片的间隙不大于 0.02 mm；粘接摩擦片时，其粘接表面必须洁净，粘接剂及粘接强度应符合要求。

4）制动蹄摩擦片同轴左右轮应同时成组更换。

（2）制动蹄

1）制动蹄有裂纹、表面变形或脱焊时应更换。
2）制动蹄上的铆钉孔出现椭圆时应修理或更换。
3）清洁制动蹄及消除全部毛边和不平点。
4）制动蹄与支承销的配合间隙使用极限不得大于 0.30 mm。

（3）制动底板

1）制动底板有弯曲变形或裂纹出现时应更换。
2）确保制动底板螺栓和用螺栓固定的支撑销按规定扭矩拧紧。
3）制动底板的蹄凸台应无锈蚀或其他表面缺陷；用砂纸打磨凸台表面的磨损沟槽；砂纸打磨后仍有沟槽，则应更换。

（4）弹簧

1）制动蹄回位弹簧和压紧弹簧，自由长度发生变化及有扭转、弯曲或钩环损坏时应更换。

2）弹簧由于制动器过热而损失弹性时应更换。

二、盘式制动器检修

1. 盘式制动器定期检查

盘式制动器至少应 3 个月定期检查一次以下项目。推荐的检查周期是最低要求，根据车辆的不同使用情况，制动系统可能需要更频繁的检查。检查项目及规定要求，如表 8-1 所述。

表 8-1　盘式前桥定期检查项目

检查对象	检测参数	规定要求
摩擦片（磨损限度）	最小摩擦片厚度	3mm　带底板 11mm
	磨损最大不均匀量	1mm
制动盘（磨损限度）	最小厚度	37mm
	每边最大磨损厚度	4mm
制动钳相对托架的水平滑动	最大阻力	100N

摩擦片的磨损必须定期目测检查，例如每次检查轮胎气压时同时检查摩擦片或每三个月检查一次制动盘和摩擦片的磨损限度。

当制动盘和摩擦片磨损到指定的最小厚度时制动效能降低，必须立即更换；摩擦片烧焦或被油污染必须立即更换。

摩擦片必须以轴为单位更换，不能单片更换。必须使用指定厂家的摩擦片。

2. 摩擦片检查及技术要求

开始检查维修服务前，确认行车（脚）制动、驻车（手）制动及客车用的临时停车制动没有应用，并且将车辆固定好，车轮不能移动。

拆下密封帽，用棘轮扳手逆时针旋转调整螺栓，使摩擦片松开即可。拆下摩擦片后，如图 8-3 所示进行测量，从制动块底面（含底板）至摩擦面，最小允许的厚度（含底板）为 11mm。要求使用游标卡尺选取周向均匀分布的 4 个不同点进行测量，应避开毛边磨损严重处。

同时检查摩擦片是否磨损均匀，最大允许的不均匀量为 1mm（测量 8 个点），要求使用游标卡尺选取周向均匀分布的 8 个不同点进行测量，避开磨损严重部分。

如磨损不均匀，检查制动钳在滑销上的滑动功能是否正常，并检查摩擦片底板和整体推盘之间是否有灰尘，以及自调机构的间隙调节功能是否正常。

更换摩擦片时同一车桥两制动器的所有摩擦片必须同时更换，而且更换的新摩擦片要选择重汽指定的原装配件。

图 8-3　制动块总成摩擦片检查

注意：由于轻刹的原因，内摩擦片的磨损量可能比外摩擦片多。

3. 制动盘尺寸检查

制动盘尺寸检查项目如图 8-4 所示。

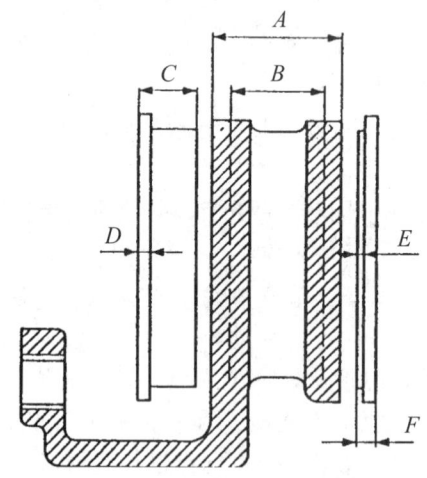

A－制动盘厚度，新盘；B－磨损后至一定尺寸，必须更换；C－摩擦片总厚度（新片）；D－底板；E－摩擦材料的最小厚度（3mm）；F－摩擦材料及底板总厚度的最小允许值（1mm）

图 8-4　制动盘尺寸检查项目

如制动盘厚度磨损超过 8mm，必须更换制动盘。测量制动盘最薄处的厚度，由于会有毛边，应避免在制动盘边缘测量厚度。

4. 制动盘表面裂纹检查

制动盘表面裂纹检查如图 8-5 所示。

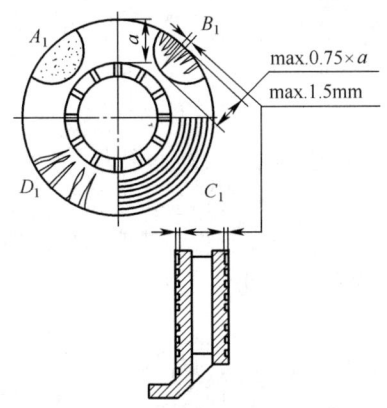

a—摩擦片接触面积；A_1—分布于表面的小斑点，允许使用；
B_1—微小裂纹；C_1—环形沟槽；D_1—深度裂纹

图 8-5　制动盘表面裂纹检查

裂纹深度及宽度小于 1.5mm 且呈辐射状，长度小于摩擦片接触区域宽度 3/4，允许使用。环形沟槽且深度小于 1.5mm，允许使用。

裂纹深入到盘的通风冷却通道或从摩擦片接触区域（a）的内侧贯穿到外侧（径向）是不允许的。此时制动盘必须更换。

如果发生 A_1、B_1、C_1 的情况，制动盘仍可使用，直至达到磨损的极限厚度。

制动盘是免维护的，并且在更换摩擦片的时候不需要对表面抛光，但抛光会更好些。例如制动盘的摩擦表面出现严重沟槽后，抛光可增大摩擦片与制动盘的接触面积。为满足安全需要，抛光后的制动盘最小厚度必须大于极限厚度 2mm。

5. 制动钳滑动功能的检查

如图 8-6 所示，检查制动钳的最大滑动阻力是否超过 100N，检查是否存在灰尘、杂物等妨碍了制动钳的滑动。

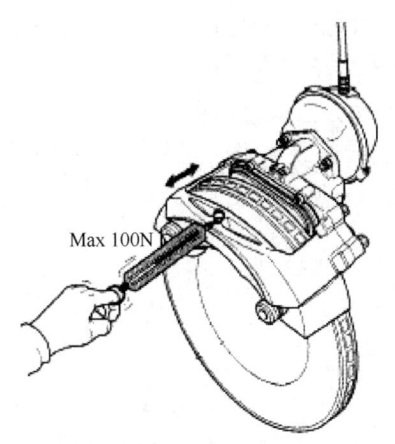

图 8-6　检查制动钳的最大滑动阻力

【任务实施】

1. 盘式制动器调整结构及原理

手调机构由手调齿轮、手调轴、弹簧、橡胶帽等部件组成，如图8-7所示。手调轴与手调齿轮过盈配合，壳带动手调齿轮转动，手调齿轮与一个推杆相啮合。将手调轴另一端的橡胶帽取下后，即可用工具拧动手调轴，使手调齿轮带动活塞总成的轮系转动。顺时针转动手调轴使制动间隙减小，逆时针转动手调轴使制动间隙变大。

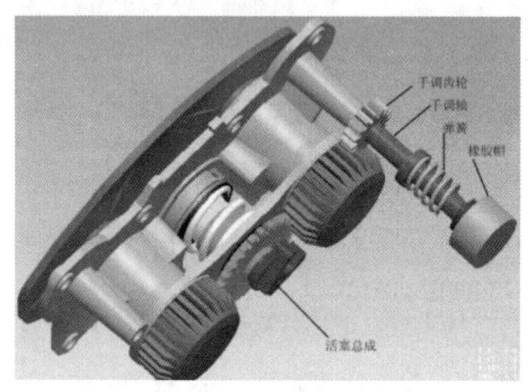

图8-7 盘式制动器强制间隙调整

2. 调整步骤

1）将制动钳沿导向销推向内侧。使用适当的工具将整体推盘与内制动块分离，测量推盘与内制动块背板的间隙，此数值应为0.7～1.0mm。如果间隙过大或者过小，自调机构不能正常工作，需进行以下检查。

2）打开橡胶帽，用扳手逆时针拧转手调轴的六角头，使制动块与制动盘之间产生间隙。将扳手放在手调轴的六角头上，施加5次制动（大约200kPa），如果自调机构正常工作，扳手应该顺时针转动一段小的距离（随制动次数增加，转动距离递减）。自调机构在几次制动后会将间隙调整到正常值。

注意：如果扳手上施加16N仍无法转动手调轴的六角头，必须更换制动钳，因为这说明制动钳内部存在故障。制动时，如果扳手不动，或只在第一次制动时转动，或随着每次制动前后转动，说明该自调机构已失效，必须更换制动钳。

任务六　自动变速器维修

【任务描述】

一轿车，采用自动变速器，汽车行驶过程中自动变速器不定期存在升降挡时间延长现象；

另外有时出现掉挡现象。

【相关知识】

一、自动变速器检修注意事项

1. 充分利用自诊断系统和检测仪器

电控自动变速器系统出现故障时，电脑的自诊断系统会记录下故障代码，因此在检修前首先进行故障自诊断操作。即利用检测仪器或特定的方法将故障代码从 ECU 中读出，为迅速地诊断故障的范围提供依据。

2. 自动变速器检修步骤

1）根据驾驶员的故障叙述进行确认操作。
2）根据确认的故障进行直观检查。
3）利用检测仪器或自诊断系统，读取故障代码。如果有故障代码，按代码进行故障的范围检查；如果无故障代码，进行下一步检查。
4）根据故障的现象，进行必要的试验操作，确定故障的性质和具体的范围。
5）根据上一步的试验结果，按范围和部位检修自动变速器。
6）进行道路试验，检验故障是否排除。

二、项目检查

1. 检查油平面高度

将汽车停放在平坦的地方，起动发动机，使油温上升至 70℃～80℃。在发动机怠速状况下，将挡位手柄从 P 位至 L 位逐挡稍微停留一下，再返回 P 位，然后拔出油尺查看油平面（本田车规定在发动机熄火时检查）。

1）油平面过高：可能使油从加油管或通风管喷出，严重时使机罩内起火；控制阀体上的排油孔被阻塞，排油不畅，影响离合器，制动器平顺分离，换挡不稳。可以从加油管吸出或从油底螺塞处放出多余的油。

2）油平面过低：自动变速器油过少会使离合器和制动器打滑，加速性能变坏，行星齿轮系统润滑不良。必要时要加油，但首先需检查自动变速器油的质量，如果油有焦味或发黑，应予以更换。

2. 空挡起动开关检查

检查手柄和手控制阀的位置是否对应，以确保在 P 及 N 位能起动发动机，而其他位置不能起动发动机。否则应对空挡起动开关进行调整。一般是在 N 位时，将变速器上的控制拉臂调整至与地面垂直，其调节位置因车而异，见图 8-8 所示。

3. 超速挡控制开关检查

当自动变速器油的温度正常（50℃～80℃）时，将发动机熄火，打开点火开关，接通超速挡（O/D）开关，听变速器中的电磁阀有无操作声，再进行路试，当接通（O/D）开关时，车速应有明显提高。

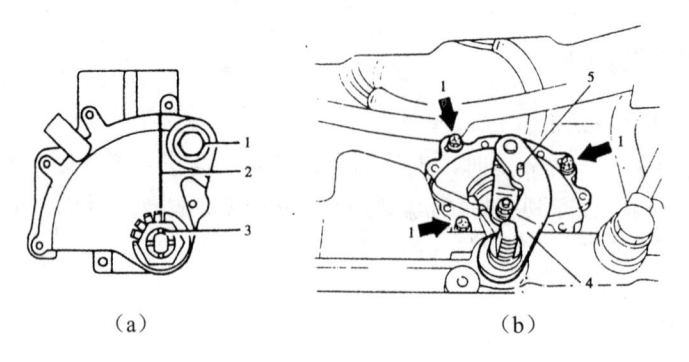

1—固定螺栓；2—基准线；3—槽口；4—摇臂；5—调整用定位销

图 8-8　空挡起动开关调整图

4. 换挡机构的检查

操纵杆及挡位开关调整不当，会出现变速器挂不进倒挡或前进低挡、操纵杆位置与仪表盘上挡位指示灯的显示不符以及发动机无法起动等现象。调整部位如图 8-9 所示，调整方法如下：

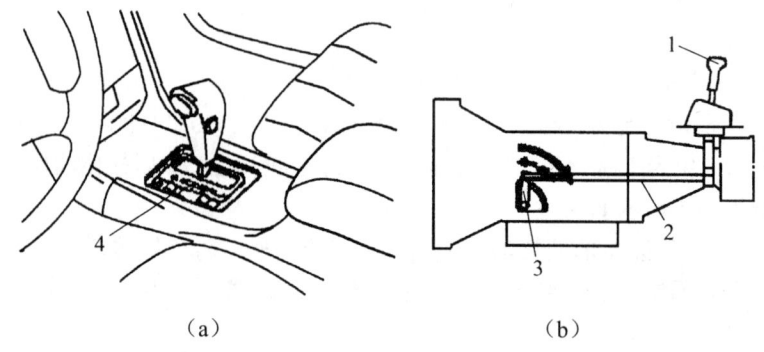

1—操纵手柄；2—连杆；3—手动阀摇臂；4—空挡位置

图 8-9　操纵杆的调整

1）拆下连杆，将操纵杆拨至 N 位置。
2）将手动阀摇臂拨至 N 位置。
3）稍用力将操纵杆靠向 R 位，接上连杆，检查挡位指示灯与操纵杆位置是否一致。
4）将操纵杆分别拨至各位置，检查挡位指示灯与操纵杆位置是否一致。
5）检查操纵杆在 P 位和 N 位时发动机能否起动、R 位时倒挡指示灯是否亮。如不符，应松开挡位开关的固定螺钉，转动挡位开关进行调整。
6）有些自动变速器的挡位开关上刻有基准线或有一个定位孔，调整时应和摇臂轴上的槽口或定位孔对齐，如图 8-10 所示。

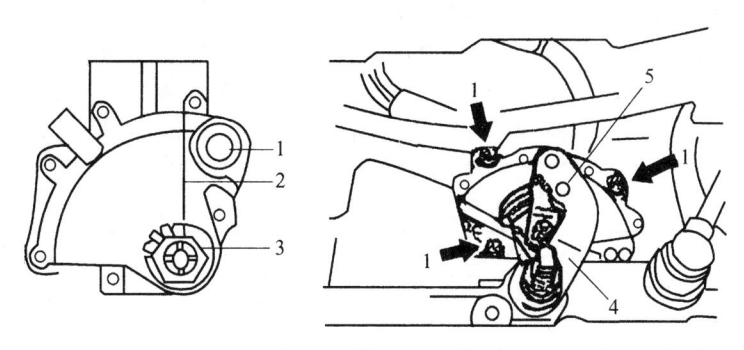

1—固定螺钉；2—基准线；3—槽口；4—摇臂；5—调整用定位销

图 8-10 挡位开关的调整

三、自动变速器性能试验

1. 失速试验

失速试验目的是为了全面检查发动机和变速器的性能，因试验时发动机和变速器均为满负荷，所以应严格遵守以下规定：试验时间每次决不要超过 5s。若进行重复试验，须间隔 3min 左右，以防止变速器油压过高。

试验方法如下：

1）选择一块宽敞平整的场地，停放车辆。

2）用驻车制动器或脚制动器将车轮抱死。

3）变速杆分别处在 D 位或 R 位。

4）起动发动机，使变速器油温在 50%～80%。

5）用三角木将 4 只车轮前后均堵住，防止车辆窜动。

6）发动机怠速运转，猛踩一脚加速踏板，使节气门全开，转速上升至稳定时，迅速读取转速数据，这个转速就是失速转速，见表 8-2。然后分别在 D 位和 R 位各读取一个失速转速数据，如图 8-11 所示。

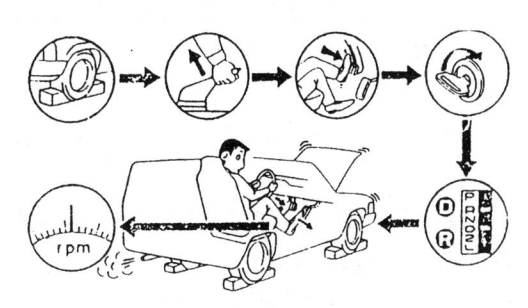

图 8-11 失速试验

对试验结果应进行分析。

试验数据比标准数据低，原因有以下几个方面：发动机输出功率不足；变矩器中的导轮的单向自由轮打滑；如果试验数据比标准失速转速低 600r/min 以上时，可能是由于变矩器故障。

试验数据比标准数据高，原因有以下几个方面：变速器控制油压偏低；因漏油或磨损造成的离合器打滑；如果失速转速高于规定值 500r/min 以上，可能变矩器已损坏。

表 8-2　常见车型失速转速

车型（变速器型号）	丰田（A-140E）	宝马（ZF4HP$_{22}$/EH）	克莱斯勒（AW-4）
失速转速（r/min）	2050～2350	1980～2140	1700～2000

2．时滞试验

时滞试验是利用升降挡时的时间差来分析故障的，是对失速试验的进一步的验证，其方法如下：

1）起动发动机，待温度升至 50℃以上时，调整怠速，拉紧驻车制动。

2）保持发动机怠速运转，将挡位由 N 位换到 D 位，开始计时，当感觉到上挡的轻微震动时，计时终止。这个时间即"D"位上挡滞后的时间。

3）仍保持发动机怠速运转，将挡位由 N 位换至 R 位，开始计时，当感觉到上挡的轻微震动时，计时终止。这个时间即"R"位上挡滞后的时间。

对试验结果分析如下：N-D 标准值 1.2s；N-R 标准值 1.6s。时滞过长是由于控制油压太低，前进离合器活塞漏油，离合器片磨损等原因造成。时滞过短是由于控制油压过高，片间和带毂间隙调整不当。试验一般进行 3 次，取平均值，每次间隔约 1min。

3．油压试验

测量控制管路中的油压，用来判断各种泵、阀的工作性能好坏，其方法为：

1）拔去变速器壳体上的检查接头塞，接上压力表。

2）启动发动机，拉紧驻车制动，在油温正常（50℃～80℃）时进行试验，并用三角木将 4 只车轮前后均塞住。

3）踩下制动踏板，换入 D 挡位，先测怠速下的主油路管道的压力。

4）将加速踏板踩到底，测发动机达到失速转速时油路的最高压力。

5）在 R 位重复试验，将测得的数值与规定值比较。

对试验结果可分析如下：

1）任何范围油压均高于规定值：故障原因可能是节气门拉索调整不当；节气门阀失效；调整阀失效。

2）任何范围油压均低于规定值：原因可能是节气门拉索调整不当；节气门阀失效；调压阀失效；油泵失效；0/D 直接离合器损坏。

3）只在 D 挡位油压低：原因可能是 D 挡位置油路漏油；前进离合器故障。

4）只在 R 挡位油压低：原因可能是 R 挡位置油路漏油；直接离合器故障或倒挡制动器故障。

4. 道路试验

路试的目的是进一步检查自动变速器的使用性能和换挡性能，重点放在升挡、降挡、换挡冲击、振动和打滑等方面。重现故障的现象，分析故障的原因，从而确定故障的部位并将其排除。

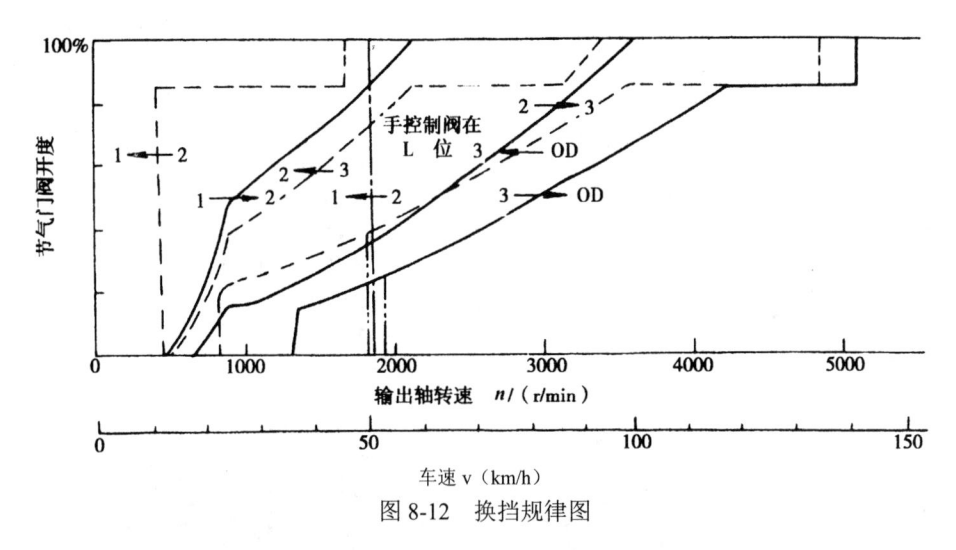

路试前必须排除发动机和底盘的故障，使变速器的油温为50℃～80℃，分项进行试验。由于路试需要凭操纵者的感觉和记录车速表、转速表的速度才能检查其性能，因此最好选择技术熟练的操纵者，并将记录下的数据与此车型的换挡规律图进行对照。图8-12是自动变速器的换挡规律图。换挡规律图的纵坐标表示节气门的开度，关闭为0，全开为100%。横坐标一般有两条，上一条表示变速器输出轴的转速（r/min），下一条表示汽车行驶的速度（km/h）。图中的实线表示由低速挡换入高速挡，如：2－3、3－4；而虚线表示高速挡换入低速挡，如：2－1、4－3。

图 8-12　换挡规律图

1）D 挡试验：在正常和加力模式下进行，挡位按顺序自动变速，属正常情况。按自动变速程序，检查1－2和2－3挡升速到位情况。如果不能从一挡换至二挡，可能是2号电磁阀故障、换挡阀故障等。如果不能从二挡换至三挡，可能是1号电磁阀故障、换挡阀故障等。如果不能从三挡换至超速挡，可能是换挡阀故障。

检查锁止机构，以 O/D 挡行驶至锁止离合器接合（约 75km/h），轻轻加一下油，发动机转速表如有跳动，则没有锁止。

2）2 挡试验：在 2 挡运转时，2 挡齿轮啮合，放开加速板，检查发动机制动的效能。如果没有，则 2 挡减速制动有故障。反复踩加速踏板，检查升速（1－2）和降速（2－1）时有无异响，有无出现震响。

3）L 挡试验：在 L 挡运转时，放开加速踏板，检查发动机制动效能。如果没有，则 1 挡与倒挡制动有故障。反复踩加速踏板，检查变速器不正常的响声。

4）R 挡试验：停车后换入 R 挡，能迅速倒车，不打滑为好。

5）P 挡试验：车辆在倾斜坡道（斜率 9%）上停车，同时换入 P 挡，逐渐地放开驻车制动器操纵杆，检查制动效果，为了安全需要预防车辆滑移及溜车。

【任务实施】

一、液力变矩器的检修

液力变矩器因其故障较少，大多采用焊接式的整体结构，不可分解，其检修工作主要是检查和清洗。

1. 检查

查看外部有无裂纹、变形，轴套和驱动油泵的缺口有无磨损，如有异常则更换。装在飞轮上，用百分表检查轴套的偏摆量，如图 8-13（d）所示，应小于 0.03mm，否则应更换。单向离合器的检查如图 8-13（a）（b）（c）所示。

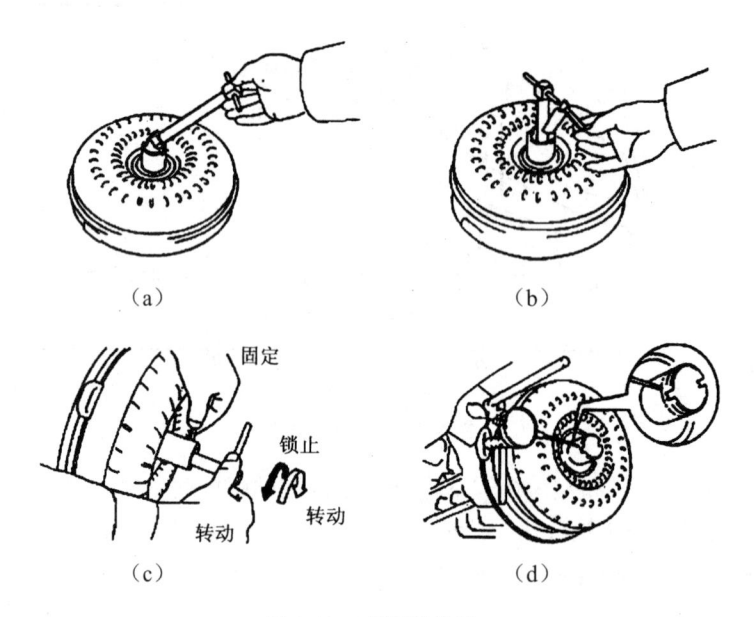

图 8-13 变矩器检修

2. 清洗

倒出残液，注入约 2L 干净的 ATF，晃动后倒出，再重新进行一次。

二、离合器、制动器的检修

1. 摩擦片、制动带的检查

1）摩擦片如有烧焦、表层脱落、翘曲变形等应予以更换。有些摩擦片的表面上印有符号，若被磨去，则需更换摩擦片，如图 8-14 所示。也可通过测量其厚度进行检验，当小于极限值时则更换。

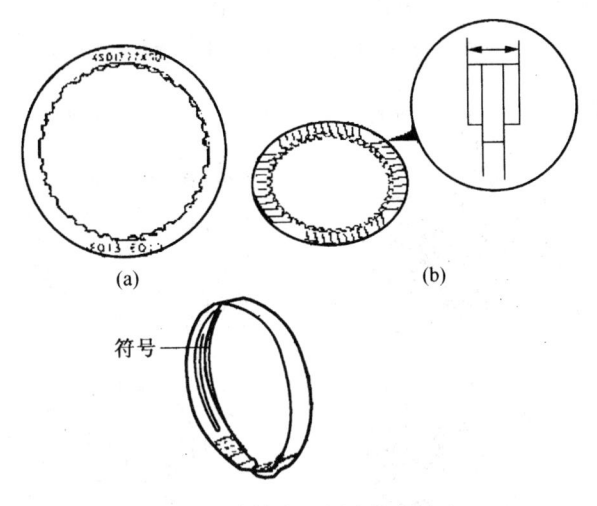

图 8-14 摩擦片和制动带的检查

2）制动带表面烧焦、脱层、符号被磨去时应换用新件。

2. 钢片的检查

如果钢片磨损、翘曲变形，则应予以更换。

3. 挡圈的检查

如果挡圈的摩擦面磨损，则应予以更换。

4. 活塞的检修

1）用压缩空气检查，如图 8-15 所示，活塞表面应无损伤、拉毛现象，其上的单向阀密封应良好，否则换用新件。

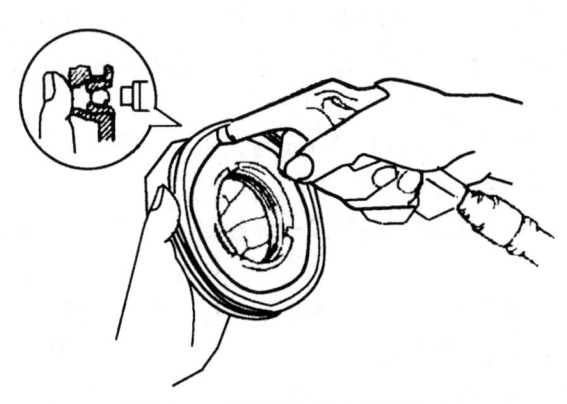

图 8-15 活塞单向阀密封性检查

2）活塞回位弹簧的自由长度应符合要求，且不能有变形现象。

5. 离合器、制动器毂的检查

离合器、制动器毂的液压缸内表面应无损伤、拉毛，与钢片配合的花键槽应无磨损，否则应换用新件。离合器、制动器的装配与检查如图8-16所示。

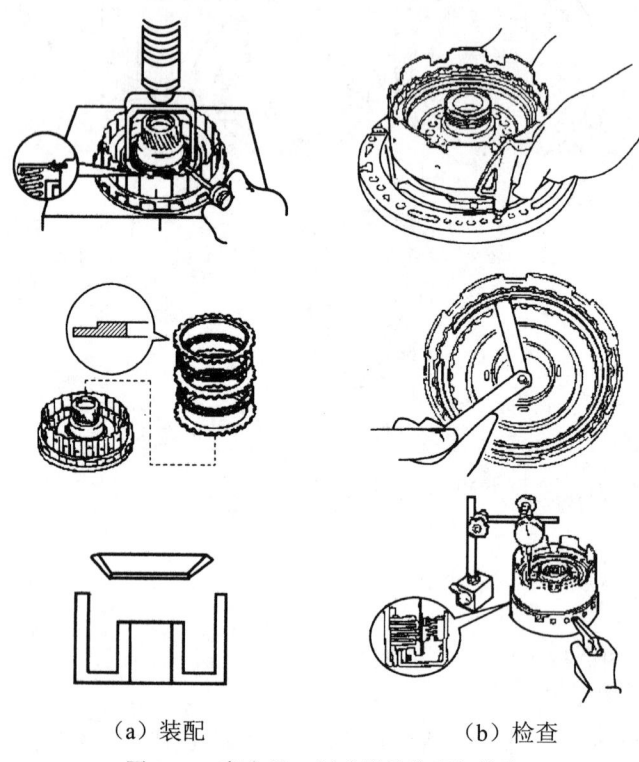

（a）装配　　　　（b）检查

图8-16　离合器、制动器的装配与检查

1）装前将所有零件清洗干净，并涂少许液压油。油道、单向阀孔等用压缩空气吹过。

2）更换摩擦片或制动带时，应先将其在干净的液压油中浸泡15min。

3）卡环安装要到位。

4）摩擦片和钢片交错安装，原则上无方向性。通常挡圈平整一面和摩擦片接触，有台阶的一面背离摩擦片。对于旧片则按原位安装。

5）有碟形环的离合器或制动器，应将碟形环放置在下面第一片的位置上，与活塞接触，并使凹面向上。

6）每个制动器或离合器装配后，应检查活塞是否工作。方法是：将钢片和摩擦片压紧，用压缩空气吹入油道，看活塞能否移动。

7）用厚薄规或千分表检查离合器、制动器的自由间隙。不符合时，可更换不同厚度的挡圈进行调整或直接换用新件。

三、行星机构及单向离合器的检修

1. 太阳轮、行星架、齿圈的检查

检查太阳轮、行星架、齿圈等零件的齿面，如有磨损、疲劳剥落，则需更换行星排。

2. 行星轮与架的间隙检查

检查行星轮与架的间隙，间隙应为 0.2～0.6mm，最大不超过 1.0mm，如图 8-17 所示。如果不符，则应更换架和行星轮组件。

图 8-17　行星轮与架的间隙检查

3. 行星机构磨损检查

检查太阳轮、行星架、齿圈等零件轴颈或滑动轴承处有无磨损，如有异常则换用新件。

4. 单向离合器检查

如果出现滚柱破裂、保持架断裂、内外圈滚道起槽、不能锁止或有卡滞等现象时，应予以更换。

四、阀体检修

阀体的安装位置和外形结构如图 8-18 所示。阀体上装有大量的阀，其制造、装配精度较高。由于浸泡在液压油中，得到良好的润滑，故实际工作中很少损坏。通常拆检自动变速器时，阀体尽量不分解，以免破坏其装配精度。只有在换挡规律失常、摩擦片严重烧坏致使阀体内沾有大量摩擦粉末时，才要拆检清洗。不同自动变速器的阀体结构各有差异，但检修方法基本相同。

将阀体各零件用清洁的煤油或汽油洗干净，查看阀心表面情况：轻微划伤可用金相砂纸打光；阀心卡死在孔中，则更换阀体总成。对所有纸质衬垫、塑胶球阀则应全部换用新件。检修阀体应注意以下问题：

1）拆检时切不可让阀心掉落地上，以防变形；铁丝和螺钉旋具等硬物不可伸入阀孔中，以免破坏配合面。

2）各零件清洗后，用压缩空气吹干，不准用棉布擦拭，以防沾上纤维丝，造成阀心卡死。

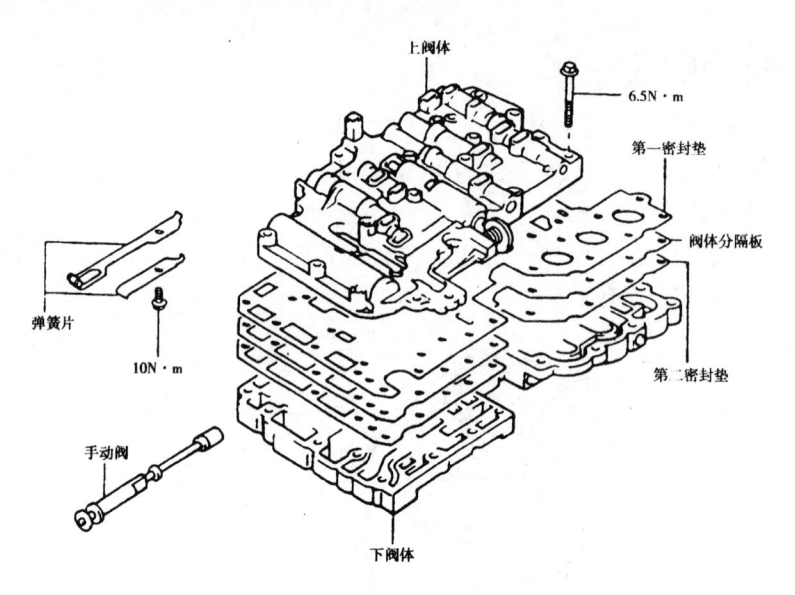

图 8-18 阀体的安装位置和外形结构

3）安装时应检查阀心在孔中能否移动自如。如有卡滞，应拆下清洗。

4）不可在衬垫、隔板、上下阀体之间涂密封胶或黏合剂。

5）更换隔板衬垫时，应新旧进行对比，确认后再安装。

6）分解阀体时最好有详细的技术资料，以作为对照。如没有，则分解时应画出草图，对每个制动阀的位置及组成零件做好记录。

【项目总结】

1. 离合器

在维修离合器时做好预防措施非常重要。离合器维护包括调整联动机构和润滑外部联动机构。当离合器盘不能被牢靠地夹紧在飞轮和压盘之间时，就会发生打滑现象。离合器盘面浸油或磨损、压盘翘曲、弹簧软化、分离轴承与分离杠杆接触并施加作用力都会导致离合器打滑。如果离合器盘在完全踩下离合器踏板时不能完全释放，就会发生离合器拖滞，离合器盘翘曲、离合器盘摩擦面松动、分离杠杆存在缺陷、离合器踏板自由行程过大等因素都会导致离合器的拖滞。

2. 手动变速器

合适的润滑对于延长变速器或变速桥的寿命至关重要，必须按照制造商建议的间隔检查和更换变速器齿轮油。齿轮油中存在金属颗粒和磨屑表明内部磨损或损坏严重。诊断变速器和变速桥故障的第一步是确定故障发生在变速器还是变速桥的内部,离合器和传动轴发生的问题经常表现为变速器或变速桥故障。初步目检包括检查衬垫和油封是否存在泄漏，检查变速器固定装置，检查换挡联动装置，检查驱动轴和等速万向节。传动轴支撑错位，换挡联动装置磨损或失调，齿轮之间的间隙过大，轴承严重磨损，都会导致跳挡。润滑油油面过低，换挡联动装置失调，内部零件损坏，都会导致变速器或变速桥发生锁挡。一定要按照维修手册的建议从车上拆卸变速器和变速桥，并进行拆解。

3. 传动轴和驱动桥

等速万向节可以在较大的工作角度范围内进行等转矩和等转速传动。润滑剂是维持等速万向节寿命长久的最重要因素。万向节失效或传动轴损坏可以呈现很多症状，变速器换挡时产生沉闷响声是最为常见的故障，异响、运转不平稳和振动也很常见。可以根据异响和振动发现前轮驱动系统的大多数故障。后轮驱动汽车的主减速器和差速器安装在驱动桥壳或差速器壳体中。半轴的作用是将由主减速器和差速器输出的驱动力矩传给汽车的驱动车轮。半轴通常有半浮式、3/4浮式和全浮式三种类型。半轴轴承可以支撑汽车的质量，但一定要减小转动摩擦。

4. 鼓式制动器

许多轿车和轻型卡车的后轮仍然采用鼓式制动器。制动鼓固定在轮毂上，制动时，轮缸利用液压将两个制动蹄压靠在制动鼓内表面，在制动蹄摩擦片与制动鼓之间产生摩擦力，使制动鼓和车轮减速。制动蹄支撑销作为制动蹄的限位装置，阻止制动蹄随制动鼓一起旋转，产生了放大制动力的楔紧作用。制动蹄和轮缸固定在制动底板上，回位弹簧、限位装置和连接杆件等配套零件也都固定在制动底板上。主蹄或领蹄朝向汽车前方，而次蹄或从蹄朝向汽车后方。制动鼓具有吸收并散发制动摩擦热的作用，如果制动鼓内径不超出安全限值（报废尺寸），可以用制动器车床重新修整。要对行车制动器进行全面系统的检查，仅更换部分已经磨损或损坏的零件不仅不能解决制动问题，而且还可能损坏安装的新零件。

5. 盘式制动器制动系

与鼓式制动器相比，盘式制动器具有抗热衰退性好、抗水衰退性好、直线停车能力强和制动间隙可自调这四个方面的优点。制动钳的两侧都装有制动衬块，跨装在制动盘上。有些制动衬块设有磨损指示器。制动时，固定式制动钳不会移动，浮动式制动钳在销子或螺栓上来回滑动，滑动式制动钳在加工的光滑表面上滑动。制动钳解体检修的完整步骤包括：拆卸制动钳、拆卸制动衬块、拆解制动钳、组装制动钳、安装制动衬块、安装制动钳。

6. 自动变速器

应按规定里程和时间间隔检查ATF的液位。检查油液液位时，汽车应行驶到变速器达到工作温度，然后水平停放。油液液位过高和过低都可能造成油液混气现象，这会引起一系列变速器问题。更换油液时，应使发动机和变速器或变速桥处于正常工作温度，泄放油液后，应检查油底壳并更换滤清器。如果从油泵油封泄漏ATF，必须将变速器从汽车上拆下，才能更换油封。其他衬垫或油封发生磨损或损坏后，不用拆下变速器就可以更换。对于壳体存在的砂眼，可以用环氧树脂密封剂封堵。电磁阀可以通过测量电阻或向其供电而听、感其运动进行检查，也可以用示波器或数字式万用表进行检查。换挡点不合适可能是由于调速器或调速器齿轮传动系统存在故障或者节气门联动机构调整不当引起的。通过进行汽车路试可以检查变速桥或变速器是否存在打滑、换挡不平顺、升挡和降挡速度不当等问题。必须了解不同挡位时各个行星齿轮控制装置的工作情况，才能进行准确诊断。

【项目训练】

一、单项选择题

1. 离合器总成中最容易产生损伤的零部件是（ ）。
   A．压盘　　　　　　B．离合器盖　　C．分离杠杆　　D．从动盘
2. 离合器打滑的根本原因是（ ）。
   A．发动机扭矩过大
   B．制动器摩擦元件抱死
   C．摩擦元件的摩擦系数下降或压紧元件的压紧力下降，使其传递扭矩的能力降低
   D．变速器一挡行驶
3. 分离杠杆高度是指（ ）。
   A．分离杠杆内端至飞轮表面或压盘表面或其他规定平面的距离
   B．分离杠杆内端面至分离轴承端面距离
   C．分离杠杆外端面至压盘表面的距离
   D．分离杠杆长度
4. 正常情况下踏板自由行程主要是（ ）在踏板上的反映。
   A．从动盘的移动距离
   B．压盘的移动距离
   C．分离杠杆内端面轴向移动距离
   D．分离杠杆内端与分离轴承间间隙
5. 离合器的调整内容包括三项，即离合器（ ）、踏板自由行程和中间压盘。
   A．分离杠杆高度　　　　　　　　B．从动盘厚度
   C．压紧弹簧压力　　　　　　　　D．传力片角度
6. 机械操纵式离合器踏板自由行程的调整，一般是通过（ ）进行的。
   A．踏板位置调整螺钉　　　　　　B．分离杠杆高度
   C．压盘初始位置　　　　　　　　D．分离叉拉杆调整拉杆或钢索长度
7. 单从动盘离合器不存在（ ）调整。
   A．分离杠杆高度　　B．踏板自由行程　C．中间压盘
8. 双片离合器中间压盘一般用（ ）限制并调节其分离行程。
   A．限位弹簧　　　　B．限位螺钉　　　C．分离杠杆高度
9. （ ）是变速器最常见的故障。
   A．自动脱挡　　　　B．乱挡　　　　　C．换挡困难　　D．齿轮磨损
10. 惯性式同步器摩擦锥面螺旋槽磨损和锁环或锁销的锁止倒角磨损将导致（ ）。

A．换挡时间缩短　　B．换挡时间延长　C．换挡时间不变
11. 主减速器调整时以（　　）。
    A．主动锥齿轮轴位置为主
    B．从动锥齿轮轴位置为主
    C．啮合印痕调整为主，啮合间隙调整为辅
    D．啮合间隙调整为主，啮合印痕调整为辅
12. 单级主减速器从动锥齿轮轴承就是（　　）。
    A．轮毂轴承　　　　B．差速器轴承　　C．主动锥齿轮轴轴承
13. 主减速器的装配调整顺序一般是在总体装配前，应（　　）。
    A．先分别调整主、从动齿轮各轴承预紧度，再在装配中调整主、从动锥齿轮啮合印痕和间隙
    B．先在装配中调整主、从动锥齿轮啮合印痕和间隙，再分别调整主、从动齿轮各轴承预紧度
    C．主、从动齿轮各轴承预紧度和间隙同时调整
14. 图 8-19 所示为制动鼓摩擦表面（　　）误差检验。
    A．圆度或圆柱度　　B．平面度　　　　C．沟槽深度　　　D．同轴度

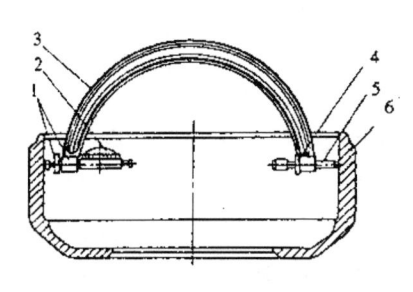

图 8-19

15. 图 8-20 所示为制动鼓摩擦表面（　　）误差检验。
    A．圆度或圆柱度　　B．径向圆跳动　　C．沟槽深度　　　D．同轴度

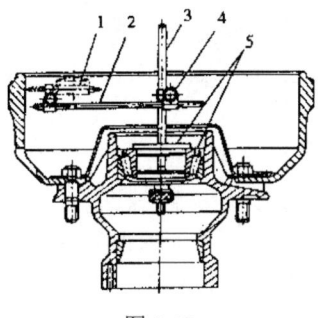

图 8-20

16. 自动变速器换挡时机取决于（　　）。
    A．车速和发动机转速　　　　　　B．发动机扭矩和发动机负荷
    C．发动机转速和负荷　　　　　　D．车速和发动机负荷
17. 失速工况试验步骤是：发动机在怠速运转时，（　　）。
    A．换挡手柄放在前进挡或倒挡；踩下制动踏板；踩下加速踏板
    B．踩下制动踏板；换挡手柄放在前进挡或倒挡；踩下加速踏板
    C．换挡手柄放在前进挡或倒挡；踩下加速踏板；踩下制动踏板
    D．踩下加速踏板；踩下制动踏板；换挡手柄放在前进挡或倒挡
18. 自动变速器锁止离合器用于锁止液力变矩器的（　　）。
    A．泵轮和导轮　　　B．泵轮和涡轮　　　C．涡轮和导轮
19. 在城市道路行驶时，自动变速器和机械式变速器相比油耗较高是因为变扭器（　　）。
    A．低速时传递效率低　　　　　　B．低速时传递效率高
    C．高速时传递效率低

二、判断题

1．离合器主要故障表现为离合器咬死、起步发抖、分离不彻底和噪音。
2．离合器发抖其根本原因是主、从动盘接合过程中沿圆周产生的摩擦力不均。
3．符合高度规定的分离杠杆运动干涉量小，传动效率高，高度相一致时离合器分离彻底接合平稳。
4．中间压盘装配后应调整限位螺钉，使中压盘的分离行程约为后压盘分离行程的 5/6，以便从动盘均能有效地分离。
5．乱挡是与变速杆配合的有关部位间隙过大而造成的变速杆挡位失准。
6．一般变速器在总装前需先进行组合件装配，主要有中间轴、第二轴及变速器盖。
7．传动轴等速传动的必要条件是输入轴和输出轴在同一平面内。
8．传动轴等速传动的必要条件是传动轴两端万向节叉在相互垂直的平面内。
9．传动轴大修后应重新进行静平衡。
10．制动鼓工作表面磨损可采用镗削或车削修理。
11．制动蹄摩擦片同轴左右轮应同时成组更换。
12．制动块摩擦片必须以轴为单位更换，不能单片更换。
13．制动鼓出现任何裂纹时，应焊修。
14．制动鼓摩擦表面由于制动热能引起金相组织结构发生变化而产生硬点时，应更换。
15．盘式制动器定期检查时，至少应 6 个月检查一次。
16．盘式制动器因有间隙自调机构，不会出现间隙过大或者过小的情况。
17．液力式自动变速器节气门阀拉索过松会导致换挡迟后；过紧会导致换挡冲击。
18．自动变速器的性能试验包括失速试验、液压试验、迟滞试验和台架试验。

19．自动变速器主油路油压不随发动机工况变化。
20．自动变速器换挡过程中存在短暂的动力中断。

三、简答题

1．离合器调整内容有哪些？
2．如何保证十字轴万向节等速传动性？
3．主减速器调整内容有哪些？如何调整？
4．制动盘常见损伤及技术要求是什么？
5．简述失速实验方法及相关故障诊断。
6．如何判断自动变速器油的量和质？

参考资料

[1] 刁立福. 汽车性能与使用技术. 北京：中国水利水电出版社，2010.
[2] 高延龄. 汽车运用工程（第3版）. 北京：人民交通出版社，2004.
[3] 吴光强. 汽车理论. 北京：人民交通出版社，2007.
[4] 刘玉梅. 汽车节能技术与原理. 北京：机械工业出版社，2003.
[5] 孙凤英. 汽车性能与使用技术. 北京：机械工业出版社，2002.
[6] 董敬，庄志，常思勤. 汽车拖拉机发动机. 北京：机械工业出版社，1998.
[7] 冯晋祥. 汽车构造. 北京：人民交通出版社，2007.
[8] 余志生. 汽车理论（第5版）. 北京：机械工业出版社，2009.
[9] 郎全栋，曹晓光. 汽车使用技术. 北京：高等教育出版社，2005.
[10] 陈文华. 汽车发动机构造与维修. 北京：人民交通出版社，2004.
[11] 王维，刘建农，何光里. 汽车制动性检测. 北京：人民交通出版社，2005.
[12] 王新祥. 汽车底盘构造与维修. 杭州：浙江科学技术出版社，2006.
[13] 余志生. 汽车理论（第5版）教学光盘. 北京：机械工业出版社，2009.
[14] 郝连超，辛莉. 汽车发动机构造与维修. 北京：北京航空航天大学出版社，2009.
[15] 陈焕江. 汽车运用基础（第2版）. 北京：机械工业出版社，2008.
[16] 田国华，张学利，何勇，何光里. 汽车动力性检测. 北京：人民交通出版社，2001.
[17] 闵永军，万茂松，周良. 汽车故障诊断与维修技术. 北京：高等教育出版社，2007.
[18] [美]D.威德尔. 汽车发动机构造与诊断维修. 北京：机械工业出版社，2006.
[19] 田夏. 桑塔纳2000俊杰轿车使用与维修手册. 北京：机械工业出版社，2002.
[20] 交通高职教育工作委员会. 汽车底盘构造与维修. 北京：人民交通出版社，2001.
[21] [美]Jack Erjavec，司利增等编译. 汽车底盘及其诊断维修. 北京：电子工业出版社，2006.
[22] 高维，强爱民. 现代汽车故障诊断与检测技术项目化教程. 青岛：中国海洋大学出版社，2011.